国际经贸治理评论

Journal of Global Trade and Economic Governance

2019年　第3辑

张磊◎主编　应品广◎副主编

中国政法大学出版社

2019·北京

本书出版得到世界贸易组织讲席计划（WCP）、上海对外经贸大学贸易谈判学院、世界贸易组织讲席（中国）研究院、教育部国别和区域研究备案基地世界贸易组织（WTO）研究中心、上海高校智库国际经贸治理与中国改革开放联合研究中心的支持。

世界贸易组织讲席（中国）研究院
WTO CHAIR INSTITUTE-CHINA

编 委 会

　　改革开放是我国一项长期的基本国策。特别是加入世界贸易组织以来，我国坚定不移地以开放促改革，有力地推动了经济社会全面发展，取得了举世瞩目的辉煌成就，得到了世界贸易组织成员的普遍认可和国际社会的高度赞誉。但是，我国当前的改革开放也面临着新形势和新要求：从国内看，发展中不平衡、不协调、不可持续问题日益突出，一些深层次的体制机制矛盾日益凸显，重点领域和关键环节的改革亟待取得实质性突破；从国际看，全球经济治理出现新变革，同时世界经济风险明显增多，各种形式的保护主义抬头，国际环境愈趋复杂。更为重要的是，在当前国际经贸治理体系内，国际经济规则仍主要由发达国家主导制定，这与我国的经济体量不相匹配，也使我国的经济利益受到潜在的威胁。因此，如何在进一步改革开放中参与全球经贸治理，已经成为中国当前的重要课题。

　　在此背景下，"国际经贸治理与中国改革开放联合研究中心"（以下称为"智库"）作为上海市教委支持设立的首批高校智库之一，于2013年在上海对外经贸大学正式成立。智库以中外合作为基础，以世界贸易组织讲席为学术支撑，集中了诸多国际组织和研究机构的研究力量。《国际经贸治理评论》（以下简称"《评论》"）由智库经过精心筹备推出，旨在构建一个全新的观点交流平台，容纳来自不同领域的关于国际经贸治理的真知灼见，为我国实行更加积极主动的开放战略以及完善互利共赢、多元平衡、安全高效的开放型经济新体系并参与国际经贸治理献计献策。

　　本卷设置了"上海自由贸易港（区）研究""'一带一路'研究""国际仲裁研究"和"学术专论"四个栏目。在"上海自由贸易港（区）研究"部分，围绕上海自贸区金融监管法律制度和税收制度展开了研讨；在"'一带一路'研究"部分，围绕保护伞条款的适用和政治风险的防范等问题展开了分析；在"国际仲裁研究"部分，对国际商事仲裁中的早期驳回程序和国际投资中第三方资助的透明度问题开展了研究；在"学术专论"部分，对区域经济合作机制、美国外资国家安全审查机制、国际经贸体制的阶段性特征和判断当事国缔结国际条约意图的标准等问题展开了研讨。

最后，感谢所有作者为本卷的问世做出的辛勤耕耘。期待《评论》在社会各界的支持下越办越好！

张　磊　应品广

上海高校智库上海对外经贸大学

国际经贸治理与中国改革开放联合研究中心

目 录

CONTENTS

上海自由贸易港（区）研究

上海自贸区金融监管法律制度现状与完善探析[1]

王海峰[2]　　刘明辉[3]

摘　要： 自上海自由贸易试验区挂牌至今，上海自贸区在人民币资本项目开放、外汇管理改革、利率市场化、人民币跨境使用、离岸金融市场建设、金融服务业开放等方面已取得了令人瞩目的成绩。随着未来上海自贸区的改革创新深入，上海自贸区需要进一步加大金融监管法律制度建设，细化相应监管细则，吸收国际先进经验，不断提升区内金融监管法治化水平。

关键词： 自由贸易区　金融监管　扩大开放

---

　　[1]　本文为上海财经大学上海国际金融中心研究院"上海自由贸易港建设亟需解决的热点法律问题"项目的阶段性研究成果。
　　[2]　王海峰，上海社会科学院研究员。
　　[3]　刘明辉，上海社会科学院研究生。

2013 年 9 月 29 日，上海自由贸易试验区（以下简称"上海自贸区"）正式挂牌成立。作为中国的首个自贸区，上海自贸区肩负着我国金融开放创新先行者的历史重任。上海自贸区除了是一个"自由贸易园区"外，更是一个"金融开放试验区"。在五年的自贸区建设探索过程中，上海自贸区内金融开放创新成果显著，部分经验在全国获得推广。2018 年 11 月，习近平主席在首届中国国际进口博览会开幕式上的主旨演讲中表示，中国将支持自由贸易试验区深化改革创新，持续深化差别化探索，加大压力测试，发挥自由贸易试验区改革开放试验田作用，同时宣布将增设中国上海自由贸易试验区的新片区。[1] 对标国际成熟经验，上海自贸区在进一步发展开放的过程中，仍旧有诸多可探索可创新的尝试，上海自贸区的金融开放和创新不仅事关自贸区的发展成效，更与上海国际金融中心的建设紧密相关。

一、上海自贸区金融监管法律制度现状

早在国务院 2013 年的《中国（上海）自由贸易试验区总体方案》中便将深化金融领域的开放创新列为主要任务和措施，并就此明确了两个工作方向，即"加快金融制度创新"和"增强金融服务功能"。在"加快金融制度创新"上，该方案要求："在风险可控前提下，可在试验区内对人民币资本项目可兑换、金融市场利率市场化、人民币跨境使用等方面创造条件进行先行先试。在试验区内实现金融机构资产方价格实行市场化定价。探索面向国际的外汇管理改革试点，建立与自由贸易试验区相适应的外汇管理体制，全面实现贸易投资便利化。鼓励企业充分利用境内外两种资源、两个市场，实现跨境融资自由化。深化外债管理方式改革，促进跨境融资便利化。深化跨国公司总部外汇资金集中运营管理试点，促进跨国公司设立区域性或全球性资金管理中心。建立试验区金融改革创新与上海国际金融中心建设的联动机制。"而在"增强金融服务功能"上则提出："推动金融服务业对符合条件的民营资本和外资金融机构全面开放，支持在试验区内设立外资银行和中外合资银行。允许金融市场在试验区内建立面向国际的交易平台。逐步允许境外企业参与商品期货交易。鼓励金融市场产品创新。支持股权托管交易机构在试验区内建立综合金融服务平台。支持开展人民币跨境再保险业务，培育发展再保险市场。"[2] 之后，国务院在 2015 年印发的《进一步深化中国（上海）自由贸易试验区改革开放方案》中将深化完善"以资本项目可兑换和金融服务业开放为目标的金融创新制度"作为上海自贸区的发展目标，并将"深入推进金融

---

〔1〕 参见"习近平在首届中国国际进口博览会开幕式上的主旨演讲（全文）"，载央视网，http://news. cctv. com/2018/11/05/ARTIuCxQkrUrpk8ulDRYHu6v181105. shtml，最后访问时间：2018 年 11 月 6 日。
〔2〕 《国务院关于印发中国（上海）自由贸易试验区总体方案的通知》（国发〔2013〕38 号）。

制度创新"单列为了工作重点，明确要求"加大金融创新开放力度，加强与上海国际金融中心建设的联动。具体方案由人民银行会同有关部门和上海市人民政府另行报批"。[1]2017年，国务院又再次印发《全面深化中国（上海）自由贸易试验区改革开放方案》，该方案将"深化金融开放创新和有效防控风险的金融服务体系"作为上海自贸区的建设目标之一，并要求上海自贸区建设进一步深化金融开放创新。"加强与上海国际金融中心建设的联动，积极有序实施《进一步推进中国（上海）自由贸易试验区金融开放创新试点加快上海国际金融中心建设方案》。加快构建面向国际的金融市场体系，建设人民币全球服务体系，有序推进资本项目可兑换试点。加快建立金融监管协调机制，提升金融监管能力，防范金融风险。""增强'一带一路'金融服务功能。推动上海国际金融中心与'一带一路'沿线国家和地区金融市场的深度合作、互联互通。加强与境外人民币离岸市场战略合作，稳妥推进境外机构和企业发行人民币债券和资产证券化产品，支持优质境外企业利用上海资本市场发展壮大，吸引沿线国家央行、主权财富基金和投资者投资境内人民币资产，为'一带一路'重大项目提供融资服务。大力发展海外投资保险、出口信用保险、货物运输保险、工程建设保险等业务，为企业海外投资、产品技术输出、承接'一带一路'重大工程提供综合保险服务。支持金砖国家新开发银行的发展。"[2]

外汇局、原"一行三会"[3]、发改委等国家机构以及上海市政府也积极配合国务院关于上海自贸区的战略部署，陆续出台了一系列促进上海自贸区金融创新开放的法规和规范性文件，内容涉及人民币资本项目开放、外汇管理改革、利率市场化、人民币跨境使用、离岸金融市场建设、金融服务业开放等方面。

目前上海自贸区金融监管秉承了"境内关外"的监管特点，即"一线审慎监管，二线有限渗透"。自贸区区内与境外为相隔"一线"，资金在区内和境外间可以自由流动。区内与境内区外，资金流动受到监管隔离，避免对境内金融安全造成冲击。

（一）关于人民币资本项目开放

资本项目开放一直以来被视为人民币国际化进程中的重要标志之一，虽然早前我国的国际收支平衡表中的经常账户已经完全开放，但是资本账户处于渐进式开放的探索过程中。上海自贸区首创的自由贸易账户体系（即FT账户），使得区内企业在进行投融资活动时资金运转高效。这一体系大幅取消了区内的资本项目管制，体现了分账管理、离岸自由、双向互通、有限渗透的核心。

---

〔1〕《国务院关于印发进一步深化中国（上海）自由贸易试验区改革开放方案的通知》（国发〔2015〕21号）。

〔2〕《国务院关于印发全面深化中国（上海）自由贸易试验区改革开放方案的通知》（国发〔2017〕23号）。

〔3〕"一行三会"原指中国人民银行、中国银行业监督管理委员会、中国证券监督管理委员会和中国保险监督管理委员会。根据十三届全国人大一次会议表决通过的关于国务院机构改革方案的决定，原中国银行业监督管理委员会和中国保险监督管理委员会已整合组建为中国银行保险监督管理委员会。为便于本文部门规章和规范性文件规制范围的厘清，本文中发文机关的名称表述依旧使用改革前的发文机关，表述为"原中国银监会""原中国保监会"。

2014 年 5 月，中国人民银行上海总部印发的《中国（上海）自由贸易试验区分账核算业务实施细则（试行）》和《中国（上海）自由贸易试验区分账核算业务风险审慎管理细则（试行）》是《中国人民银行关于金融支持中国（上海）自由贸易试验区建设的意见》中关于"创新有利于风险管理的账户体系"若干意见的实施细则，受益于此政策，自贸区内资本项目下的资金划拨变得更便捷和自由。

2015 年 4 月，中国人民银行上海总部发布《关于启动自由贸易账户外币服务功能的通知》，区内企业可以进行本外币一体化管理，享有账户内本外币资金兑换便利。[1]

2016 年 11 月，中国人民银行上海总部发布《关于进一步拓展自贸区跨境金融服务功能支持科技创新和实体经济的通知》。该通知将 FT 账户功能进行了进一步拓展。根据此通知，自贸区内金融机构可通过自由贸易账户向引进的海外高层次人才提供收益与经常转移、投资理财、股权激励等全方位金融服务，这意味着自由贸易账户已向有条件的个人开放。同时，通知支持金融机构在现有本外币账户服务基础上，依托分账核算单元为科技创新提供全生命周期的各项跨境金融服务。只要符合相关要求，FT 账户将为上海区外的科技创新企业提供融资的便利。[2]

2018 年 7 月，上海发布《上海市贯彻落实国家进一步扩大开放重大举措加快建立开放型经济新体制行动方案》（简称"上海扩大开放 100 条"），其中 4 条提及 FT 账户，明确"在风险可控前提下，为保险机构利用自由贸易账户开展跨境再保险与资金运用等业务提供更大便利""对通过自由贸易账户向境外贷款先行先试，试点采用与国际市场贷款规则一致的管理要求""支持境外投资者通过自由贸易账户等从事金融市场交易活动"。

在推动人民币资本项目开放方面，"一线"上海自贸区实现了有效探索。利用 FT 账户放开了区内企业与境外的资本项目兑换。区内企业和有条件的个人可直接通过银行办理跨境金融业务和外汇兑换业务，从而可以直接参与如投资境外的证券市场等金融活动。另外，在对外融资的限制上，上海自贸区也进行了放宽，从而拓宽了企业的对外融资的渠道。在"二线"上海自贸区也实现了有限渗透。上海在有关人民币的资本项目开放方面也有所探索，例如支持区内的金融机构按照有关规定可在上海的二级市场进行证券投资，允许区内设立分支机构的企业在区外的境内资本市场进行融资等。

（二）关于外汇管理改革

由于外汇对于国家金融安全管理的重要性，目前上海自贸区的外汇管理制度与全国大致一致，都是基于《中华人民共和国外汇管理条例》而进行管理。关于上海自贸区的外汇管理，目前主要执行的是国家外汇管理局上海市分局印发的《进一步推进中国（上海）自由贸易试验区外汇管理改革试点实施细则》。该实施细则的主要创新体现

---

〔1〕《关于启动自由贸易账户外币服务功能的通知》（银总部发〔2015〕26 号）。
〔2〕《关于进一步拓展自贸区跨境金融服务功能支持科技创新和实体经济的通知》（银总部发〔2016〕122号）。

在：一是允许区内企业（不含金融机构）外债资金实行意愿结汇，允许区内符合条件的融资租赁收取外币租金；二是进一步简化经常项目外汇收支手续，允许区内货物贸易外汇管理分类等级为 A 类的企业外汇收入无需开立待核查账户，银行按照"了解客户""了解业务""尽职审查"等办理经常项目外汇业务；三是支持发展总部经济和结算中心，放宽跨国公司外汇资金集中运营管理准入条件，进一步简化资金池管理；四是支持银行发展人民币与外汇衍生产品服务，允许注册在区内的银行为境外机构办理人民币与外汇衍生产品交易。[1]现阶段，上海自贸区在外汇管理改革上正处于积极探索过程中，目前成果主要体现在促进贸易投资便利化、改进跨国公司外汇管理方式、便利开展大宗商品衍生品柜台交易和简化经常项目外汇收支手续等业务。

（三）关于利率市场化

上海自贸区在 2013 年成立之初，我国尚未基本实现利率市场化。上海自贸区根据规划要求，对利率市场化的改革采取了先外币后本币，先贷款后存款的步骤。2014 年 2 月，中国人民银行上海总部印发了《关于在中国（上海）自由贸易试验区放开小额外币存款利率上限的通知》，放开了自贸区 300 万美元以下的小额外币存款利率上限。此外，上海自贸区利率市场化的探索还包括：首批 8 家试点银行成功发行自贸区跨境同业存单、成立上海银行业利率市场秩序自律委员会。得益于上海自贸区的有效探索，2015 年 10 月，中国人民银行宣布对境内的商业银行和农村合作金融机构等不再设置存款利率浮动上限，自贸区的先行试验获得了有效推广。

（四）关于人民币跨境使用

人民币跨境使用的便捷是人民币国际化的标志之一。无论是之前的"央行 30 条"，[2]还是之后的"金改 40 条"，[3]都对鼓励跨境使用人民币做了强调，其中"央行 30 条"明确，上海自贸区内企业可以设立双向人民币资金池。"金改 40 条"进一步重申这一内容，同时对企业可以开立双向资金池的范围进行了扩大，在额度使用上也有所松动。

上海自贸区正不断完善配套的基础设施，简化各项业务操作流程，通过组建自律组织、扩大人民币境外发债规模等方式，促进人民币跨境使用。

---

〔1〕 参见《关于印发〈进一步推进中国（上海）自由贸易试验区外汇管理改革试点实施细则〉的通知》，2015 年 12 月 17 日发布。

〔2〕 "央行 30 条"指代《中国人民银行关于金融支持中国（上海）自由贸易试验区建设的意见》，全文共 30 条，为学界及媒体通俗说法。

〔3〕 "金改 40 条"指代中国人民银行、商务部、银监会、证监会、保监会、外汇局、上海市人民政府关于印发《进一步推进中国（上海）自由贸易试验区金融开放创新试点　加快上海国际金融中心建设方案》的通知，全文共 40 条，为学界及媒体通俗说法。

（五）关于离岸金融市场建设

试点离岸金融业务是上海自贸区金融创新亮点之一。在《中国（上海）自由贸易试验区总体方案》中就已经明确，在完善相关管理办法，加强有效监管的前提下，允许试验区内符合条件的中资银行开办离岸业务。[1]

目前，上海自贸区的双向资金池和 FT 账户的建立给跨境结算提供了便利，加上 2014 年"沪港通"的上线，以及预期中的"沪伦通"的推出，都对上海自贸区建设离岸金融市场提供了有利条件。人民币离岸金融市场除了要解决人民币的跨境交易问题外，还需要关注人民币回流机制的建设。当前，我国人民币回流渠道主要是出口、直接投资、国内企业和政府机构到海外发行人民币债券、海外贸易商获得的贸易项下的人民币对国内银行间金融市场产品的投资以及 RQFII 渠道。[2]"金改 40 条"明确："拓宽境外人民币投资回流渠道。创新面向国际的人民币金融产品，扩大境外人民币境内投资金融产品的范围，促进人民币资金跨境双向流动。"这为人民币回流渠道建设指明了方向，也将加快促进自贸区离岸金融市场的建立。

（六）关于金融服务业开放

在 2013 年国务院的《中国（上海）自由贸易试验区总体方案》中便对金融服务业的开放作出了规定，内容涉及允许符合条件的外资金融机构设立外资银行，符合条件的民营资本与外资金融机构共同设立中外合资银行。在条件具备时，适时在试验区内试点设立有限牌照银行；试点设立外资专业健康医疗保险机构；融资租赁公司在试验区内设立的单机、单船子公司不设最低注册资本限制；允许融资租赁公司兼营与主营业务有关的商业保理业务。

当时的方案是具有战略意义的，因为方案中还明确，允许金融市场在试验区内建立面向国际的交易平台，逐步允许境外企业参与商品期货交易，鼓励金融市场产品创新，支持股权托管交易机构在试验区内建立综合金融服务平台，支持开展人民币跨境再保险业务，培育发展再保险市场。之后的"金改 40 条"也提出，通过探索市场准入负面清单制度，探索金融服务业对外资实行准入前国民待遇加负面清单模式，扩大对符合条件的民营资本和外资机构开放。

受益于上海自贸区的金融服务业开放规划，包括金砖国家开发银行、中保投资公司等在内越来越多重要金融机构选择在上海自贸区开业。目前上海自贸区已集聚了上海股权托管交易中心、上海黄金交易所、上海保险交易所、中国信托登记公司、上海票据交易所、中国外汇交易中心国际资产交易平台、上海清算所等各大金融创新平台。上海证券交易所利用"沪港通"的有效创新，打通了内地与香港投资者证券市场投资

---

[1]《国务院关于印发中国（上海）自由贸易试验区总体方案的通知》（国发〔2013〕38 号）。

[2] 参见徐明棋："上海自由贸易试验区金融改革开放与人民币国际化"，载《世界经济研究》2016 年第 5 期。

的便利。

上海的自贸区金融服务业开放试验经验目前也已在全国层面获得了有效的推广应用。2017年以来，我国进一步扩大金融业对外开放的信号不断被释放，其中不乏已在上海自贸区成功的实践经验。2018年9月，上海自贸区管委会发布《中国（上海）自由贸易试验区关于扩大金融服务业对外开放 进一步形成开发开放新优势的意见》（以下简称"25条举措"），内容涵盖了吸引外资金融机构集聚、便利外资金融机构落户、全面深化金融改革创新、金融服务科创中心建设、集聚发展高层次金融人才、构建与国际规则接轨的金融法治环境等六个方面。商务部的《自由贸易试验区外商投资准入特别管理措施（负面清单）（2018年版）》已经明确，自2021年将取消资本市场服务和保险业两个大类的外资持股比例准入条件，现有的"证券公司的外资股比不超过51%""证券投资基金管理公司的外资股比不超过51%""寿险公司的外资股比不超过51%"将成为历史，中国金融服务业将进入全面开放时代，在此背景下的"25条举措"将更有利于吸引外资金融机构在自贸区进行业务拓展，提升自贸区金融服务业的开放水平。[1]

二、上海自贸区金融监管法律制度存在的问题

上海自贸区成立五年多以来，实现了金融创新开放从无到有、从小到大的发展。但在金融监管法律制度建设上，依旧存在着不少的问题，值得在上海自贸区进一步建设中注意和改进。

（一）自贸区金融监管立法缺失，现有法律文件重原则轻细则

目前，关于自贸区的金融创新开放的法律文件包括国务院发布的各项关于上海自贸区的建设方案、上海市人大常委会颁布的《中国（上海）自由贸易试验区条例》，以及原"一行三会"和外汇管理局等部门颁布的各类规范性文件，法律位阶仅停留于行政法规、地方性法规、部门规章或地方政府规章。国家最高立法机关尚未就自贸区金融发展，甚至是自贸区发展，制定基本法律。在依法治国的大背景下，立法位阶过低会造成自贸区金融业参与主体对自贸区监管制度认知度的偏差，不利于自贸区金融创新开放。特别是在当今贸易摩擦可能升级的背景下，立法位阶过低不利于吸引优质外资机构参与上海自贸区的金融创新开放建设。

此外，尽管目前各金融监管单位陆续出台有关金融创新开放的具体实施细则，但诸如外汇管理、资本市场投资、融资租赁、商业保理等开放重点领域的监管实施细则尚未完全厘清。这些缺失一方面不利于区内金融机构进行业务创新；另一方面不利于自贸区进一步出台金融开放政策，吸引外部金融机构参与上海自贸区的金融建设。

---

　　[1] "25条举措"指代《中国（上海）自由贸易试验区关于扩大金融服务业对外开放 进一步形成开发开放新优势的意见》，全文共25条，为学界及媒体通俗说法。

（二）监管责任主体分散，监管重"点"轻"面"

中国的金融业监管已从原来的"一行三会"转变为了"一委一行两会"，[1]但对于上海自贸区的发展来说，过多的监管机构并不利于区内金融创新与开放。虽然上海市政府早期已经发现了这个问题并推出了《发挥上海自贸试验区制度创新优势开展综合监管试点探索功能监管实施细则》，将上海自贸区所有的金融服务业均纳入监管，着力解决监管竞争、信息分割、协调困难等制度缺陷。但相比于全球其他成熟的自贸区（自由港），多机构的监管仍不利于自贸区金融创新的发展。另外，监管责任主体分散，也造成了各部门公开信息的分散，不利于境外新进金融机构在区内进行业务拓展和合规工作开展。

上海自贸区对于金融业务的监管创新之处在于以事中和事后监管的模式取代了事前监督的做法。但在目前实施细则不尽完善的情况下，对于金融业务的监管往往集中于某些环节，例如对 FT 账户每笔资金业务的监控，以控制相应的风险。但目前的监管手段，更多的是对于一个特定行为的监督，即一个"点"的监督，缺乏一个全"面"连贯的监督。考虑到未来上海自贸区的形成，金融业务扩大、融资方式丰富后，银行等金融机构的业务体量和风险都将随之变大，现有的监管细则需要进一步完善。

（三）金融机构准入严格，退出机制不完善

目前，区内金融机构的设立注册资本要求与我国金融法律法规规定的注册资本要求一致。实际情况中，资本实力雄厚的外企金融机构，通常早在自贸区成立之前就已经在华开展业务，目前的设立门槛对其影响不大。并且这些机构通常已经对我国的经商环境有了较为深入的了解，可以在较短时间内实现盈利，从而实现较高的股东权益回报率（ROE）。而对一些中小型金融机构，特别是一些"一带一路"沿线国家的中小型金融机构，目前区内金融机构设立的标准同其可能实现的业务体量相比，要求较高。受制于客户规模、业务开展、品牌知名度等因素，此类金融机构在区内实现盈利的时间可能较长，前期利润额也可能较低，过高的注册资本要求也将影响其 ROE 的表现，进而影响其股东方的投资决策，不利于上海自贸区的金融创新和离岸金融市场的建设。另外，目前区内金融机构的退出机制同样参照的是我国金融法律法规，区内外一致，这也提高了外资新进入金融机构的业务经营风险，对自贸区金融的进一步开放产生一定负面影响。

---

〔1〕 2018 年 3 月 13 日的全国两会上国务院公布了《国务院机构改革方案》，将银监会和保监会合并为中国银行保险监督管理委员会，作为国务院新的直属事业单位。从此中国金融监管模式变成了一委（国务院金融稳定发展委员会）领导下的一行（中国人民银行）和两会（中国银行保险监督管理委员会和中国证券监督管理委员会）。

（四）金融创新立法滞后，影响金融创新发展

上海自贸区作为我国对外开放的一块"试验田"，其金融创新发展应符合世界主流趋势。除了最早规划的一些创新发展领域外，近几年金融科技、区块链等新的金融创新业态开始产生，上海自贸区现有监管法律法规在这些新的金融创新上的监管几近空白。金融创新立法的落后，一方面对区内金融创新不利，另一方面也可能造成因利用新业态所产生的过度投机，给金融市场造成风险。

上海自贸区在利率市场化改革探索中曾尝试设立"利率市场秩序自律委员会"，类似这样的自律组织在金融创新监管中具有积极的意义，可以推广至其他金融领域的创新监管中。但对于此类自律组织的法律地位及其职能，自贸区金融监管法律制度未有载明，自律组织履行的到底是法定自律管理职能还是法律法规授权监管职能，这一问题不明确，不利于自律组织进一步创新和成熟经验的推广。

三、中外自贸区金融监管法律制度建设经验

目前全球共有各类自由贸易区 1000 余个，其中约三分之二集中于发达国家和地区。这之中不乏一些在金融监管法律制度建设上较为成功的自贸区（自由港）。

（一）中国香港特别行政区经验

中国香港特别行政区堪称全世界最自由、最开放也是最多功能的自由港。针对金融业的发展，香港制定了严密的法律和条例，并可以在政府网站上获得简体中文、繁体中文、英文三种版本，满足各类金融业务参与者的需要。中国香港特别行政区涉及金融的法律法规主要有《银行业条例》《证券及期货条例》等。在香港特别行政区，从事任何经济活动，都可以找到法律依据，并受到法律的监督。同时，随着经济的发展，香港特别行政区这些经济法规又在不断进行补充、修改、完善。

作为世界上银行机构最密集的城市之一，中国香港特别行政区实行自由汇兑制度，不设外汇管制，借助地处有利时区的区位优势，外汇市场达到成熟。香港特别行政区的货币市场主要为银行同业市场为主，以金融机构的批发活动最为活跃。

香港特别行政区的银行体系由香港金融管理局监管，香港金融监管局通过高度专业水平发挥着中央银行的功能并维护货币及银行稳定。在香港特别行政区，可接受存款机构被分为三级，即持牌银行、有限制牌照银行及接受存款公司。由于国际化程度较高，不少海外银行也在香港特别行政区设立办事处。在香港特别行政区，只有持牌银行可办理往来账户及接受任何数额和期限的存款。有限制牌照银行主要从事商人银行及资本市场活动。接受存款公司多由持牌银行持有或与其他持牌银行联营，从事消费信贷等多样活动。[1]

---

〔1〕 参见范宏云、孙光永："香港建设自由贸易港的经验"，载《特区实践与理论》2008 年第 3 期。

香港特别行政区的股票市场交易产品种类数量繁多，保持着不断金融创新，股票市场从普通股票至期权、认股权证、单位信托基金和债券等，一应俱全。香港特别行政区法律不对外资企业在香港特别行政区参与当地证券交易设立限制。外来公司或个人只需开立买卖证券账户就可以随时交易。作为拥有全球最开放的债券市场的金融中心，国际投资者可以在香港特别行政区自由投资其发行的债券工具，外来借款人可自由利用香港本地的债券市场发行的各种债券工具为其业务融资。香港特别行政区私营机构债券市场交易十分活跃，市场具有很高的流动性。

（二）新加坡经验

新加坡于1969年通过了《自由贸易区法》，并在裕廊码头内建立了第一个自贸区。[1]目前，新加坡全境共设有9个自贸区，分布在5个地理区域内，分别由新加坡国际港务集团、裕廊海港私人有限公司和樟宜机场集团负责管理。新加坡作为全球最符合国际惯例、开放程度最高、制度建设最完善、发展最为成熟的自由港之一，体现了全球范围内最自由、最开放的贸易政策和投资政策。

新加坡是内外分离型的金融市场。政府将国内银行业与离岸银行业进行分离，在促进离岸金融中心发展的同时，保证国内银行业务和货币政策的独立操作，维持国内金融市场的稳定，避免因国际资本大量频繁进出造成不利影响。

新加坡自由港区内的金融自由化水平较高，可以自由兑换外汇，没有资金流动限制，汇出收入、利息、利润、分红以及投资所得没有限制。新加坡自贸区内还设有离岸金融中心，实行与境内市场分割的模式，豁免法定储备金率、无利率管制、无外汇管制、不收资本所得税等。由于宽松的金融政策和优惠措施，新加坡得以促进自身金融中心的形成和发展。新加坡的金融开放首先从逐步放宽外汇管制开始，其次逐步放宽黄金交易的限制，并不断修改税务条例以提供各种优惠税收。

在新加坡，金融市场可以满足企业全面的融资需求。外国企业只要符合一定条件，便可以在新加坡交易所发行股票或债券。

新加坡金融市场针对不同类型的贸易企业有不同的融资业务模式，如石油类贸易公司采用背对背信用证融资模式，中小贸易公司在不同发展阶段可以分别采用初创融资和成长期融资等各种贸易贷款。对于投资海外的企业，新加坡金融机构设计了保险加贷款的融资模式。这些个性化的金融服务为新加坡企业的经营发展起到了巨大的推动作用。[2]

新加坡金融管理机构为新加坡金融管理局（Monetary Authority of Singapore，简称MAS），其监管范围为新加坡所有金融机构和持有资金市场服务执照的公司，财富管

---

〔1〕 参见缪琦："全球自贸港对比：新加坡10秒搞定申报，汉堡做出废除决定"，载第一财经网，http://www.yicai.com/news/5361941.html，最后访问时间：2018年5月25日。

〔2〕 新加坡青岛工商中心："新加坡自由贸易港政策简析"，载 http://bofcom.qingdao.gov.cn/n32208327/n32208722/n32208723/n32208725/171128104924009173.html，最后访问时间：2018年5月26日。

理、信用评级等准金融类机构也在其管辖之中。金融监管法律体系由证券法、银行法、保险法、基金管理法、期货交易法、外汇交易法以及 MAS 发出的信函及其他相关法规所组成，这些法律主要由 MAS 制定并经国会批准后颁布实施。

（三）迪拜经验

作为世界最繁忙的货物集散地之一，地处阿联酋的迪拜不仅是中东最大的自由贸易中心，更是世界著名的经济金融中心。

阿联酋本身对外汇没有管制。因此，在迪拜自由区内，同样没有任何外汇管制，外资汇兑自由、外资出入和经营自由、投资自由，企业和个人可任意持有和买卖外汇，对企业或个人的工资收入或经营所得汇出境外没有任何限制。

依据阿联酋宪法，迪拜国际金融中心（Dubai International Financial Centre，简称DIFC）是一个独立于该国其他地区的法律特区，具有独立的管辖权，有其独立适用的民商法律体系。这一法律体系完全与世界接轨，法规用英语编撰，同时适用英格兰法作为其解释的依据。金融中心的运作主要由三个机构完成，即管委会、迪拜金融服务管理局（DFSA）、DIFC 法院。

依据《迪拜金融中心基本法》，管委会作为日常事务的管理部门，主要负责制定迪拜国际金融中心的政策、行政管理事务，以及就业法、合同法、财产法、合伙法等非金融服务活动法律法规的执行。DFSA 主要负责在迪拜国际金融中心的相关机构执照授予及其金融服务活动的持续监管。DFSA 可以定义成综合性的管理机构，监管范围包括资产管理、银行和信贷服务、证券、集体投资基金、商品期货交易、托管和信托服务、伊斯兰金融、保险，是一个国际证券交易所以及一个国际大宗商品衍生品交易所。同时，该局还负责涉及反洗钱、反恐融资、制裁合规的人员的监督与管理。[1]DIFC 法院，则主要负责区内民商事案件的审理与执行以及区内法规解读等工作。

虽然迪拜的税收优惠措施与一些"避税天堂"的做法类似，但迪拜却是一个在岸金融中心。相比离岸金融中心允许一家公司在当地注册但在其他地方运营，在岸金融中心则是要求公司在 DIFC 注册后有实体公司进行运作。

在 DIFC，金融监管主要受到金融监管法、市场交易法、证券定价法、接管法和特许交易机构法等法律法规约束。

四、上海自贸区金融监管法律制度完善探析

上海自贸区成立五年多以来，在金融创新开放和金融监管上已经取得了令人瞩目的成绩。展望未来上海自贸区金融监管法律制度建设，除了继承先前的成功经验外，还可以在金融法治化、金融风险监管、金融监管机构整合和跨区域合作、金融人才管

---

〔1〕 参见赵记伟："上海自贸区的立法和制度创新"，载法制网，http://www.legaldaily.com.cn/locality/content/2014-07/08/content_5657703.htm? node=31369，最后访问时间：2018 年 9 月 29 日。

理上有进一步突破。

(一) 完善自贸区基本法律立法，推进金融创新开放法治化进程

针对目前自贸区基本法律制度缺失的问题，上海自贸区扩区建设过程中应加速基本法律的建设，这将提升外来资本对于上海自贸区的认同。目前全球自贸区（自由港）建设较为成熟的国家（如新加坡）都是由国家最高立法机关制定自贸区基本法律。此外，考虑到金融创新开放对自贸区建设的重要性，制定完备的基本法律应对自贸区内金融创新开放，确立金融创新开放在整个自贸区建设中的地位。

考虑到未来上海自贸区扩区后的监管并非一个"从 0 到 1"的过程，因此在立法的时间上，建议再加快推进，这一做法符合国际成功自贸区（自由港）立法惯例，有利于树立上海自贸区将对标国际最高标准"依法治区"的法治文明形象。

金融创新开放将是一个充满着变化的过程，这对金融监管提出了更高的要求。未来上海可以探索改进自贸区金融监管制度建设中重原则轻细则的作法，通过加强外部环境研判，及时出台各项细化监管制度，使监管操作有法可依，提升自贸区金融法治化水平。

(二) 整合金融监管机构，形成全面监管链条

自贸区试验过程中金融监管机构过多的问题较为明显。对标国际成功经验，未来自贸区可探索整合金融监管机构，减少金融监管责任主体数量。理想状态下，可以学习迪拜、新加坡等国家和地区的经验，成立一个专门的金融监管局，负责自贸区内金融创新开放的监管工作。同时推动该机构参加金融监管的国际合作，参与最前端的金融业态发展方向的监管合作。

针对监管的连贯性问题，未来上海自贸区金融业务的扩大，融资方式的丰富，都将使得银行等金融机构的业务体量和风险不断增加，因此作为金融监管层应及时细化现有监管细则，打造一条完整的监管链条，形成全面的监管机制。

(三) 设置分类监管体系控制风险，保障开放平稳有序

自贸区在金融机构的行业准入上应考虑金融机构的来源地区、历史、经营水平等情况，进行分类监管。未来自贸区在设立相应金融监管指标时可以考虑到区内不同机构的情况，相关标准可参照国际标准，减少自贸区内金融活动参与者的经营成本和合规成本。例如在金融机构准入上，应根据机构开展业务的实际情况，给予同其业务相适应的准入限制。又例如在会计准则的使用上，可根据企业的不同情况，允许使用除中国会计准则以外的其他普遍认可的会计准则。

伴随着自贸区金融创新和开放的不断深入，金融风险也将随之增加，自贸区金融风险监管的有效性很大程度上将决定着金融创新开放的成败。可以预测的是，未来自贸区会继续延续目前自贸区的金融开放步骤和方向，进一步推动资本项目开放、汇率

管理改革、人民币跨境支付、离岸金融市场建立等方面创新开放。然而目前的国内宏观环境与外部政治经济环境较自贸试验区成立时已发生了不小的变化，因此未来自贸区需要建立起一套灵活可控的金融风险监管体系，以宏观审慎监管为理念，根据现实情况完善监管措施，利用立法手段明确风险发生或内外部经济形势出现重大变化时监管机构的职责权限，防范金融系统性风险。

（四）金融监管与时俱进，紧跟国际前沿发展

2018 年 8 月 7 日，英国金融行为监管局（Financial Conduct Authority，简称 FCA）宣布已经与 11 家金融监管机构和相关机构达成合作，正式创立"全球金融创新网络"（Global Financial Innovation Network，简称 GFIN）。作为新成立的机构，GFIN 主要拥有三大功能：一是充当监管机构网络，在各个国家和地区的金融市场中进行合作并分享创新经验，包括新兴技术和商业模式；二是为各监管机构联合政策工作和讨论提供论坛；三为企业提供试验跨境解决方案的环境。[1]GFIN 的成员将在金融大数据、金融科技、区块链等领域展开合作，目前新加坡、迪拜的金融监管当局都已经加入了此网络。扩区后的上海自贸区金融监管机构亦可尝试融入此类国际网络，提升金融监管的国际化水平以及应对创新金融业态的监管专业性。未来上海自贸区的金融监管应保持与世界最先进的监管理念同步，从而实现金融业发展与国际主流金融中心对接。

---

〔1〕 "全球金融创新网络正式成立"，载 http://www.sohu.com/a/246808599_825259，最后访问时间：2018 年 9 月 30 日。

上海自由贸易港税收制度设计
——以新加坡、我国香港特别行政区税收制度为借鉴

陈　晖〔1〕

　　摘　要：本文以上海自由贸易港建设为大背景，对比分析了新加坡与我国香港特别行政区在自由贸易港（区）建设中的税收制度的构建与发展。通过借鉴和总结新加坡与我国香港特别行政区发展离岸贸易、优化税制结构、完善税收法制的成功经验，探寻上海自由贸易港税收制度设计的思路。具体而言，本文从简化税制、提供优惠税率、强化税收监管、明确纳税指引规范、明确税收优惠对象以及完善税收法律制度等方面，提出了上海自由贸易港税收制度改革的设计方案。

　　关键词：上海自贸港　税制　税率　改革

---

　　〔1〕　陈晖，香港大学博士研究生。

一、背景

2017 年 3 月，国务院印发《全面深化中国（上海）自由贸易试验区改革开放方案》（以下简称《方案》）。它是上海自由贸易区（以下简称上海自贸区）设立以来国家出台的第三个改革方案，因此也被称为"上海自贸区改革的 3.0 版"。对比 2013 年与 2015 年的改革方案，3.0 版改革方案的最大亮点包括"提出设立自由贸易港区"以及将"投资贸易便利化"更新为"投资贸易自由化"。[1] 具体来说，就是在洋山保税港区和上海浦东机场综合保税区等海关特殊监管区域内，设立自由贸易港区，对标国际最高水平，实施更高标准的"一线放开""二线安全高效管住"的贸易监管制度。在 2020 年，上海自贸试验区要率先建立同国际投资和贸易通行规则相衔接的制度体系，并成为投资贸易自由、监管公平高效、营商环境便利的国际高标准自由贸易园区。

目前，国际上对于自由贸易港（区）并没有统一的定义。例如，《京都公约》中关于"自由区"（Free Zone）的定义是"'自由区'系指一国的部分领土，在这部分领土内运入的任何货物就进口税及其他各税而言，被视为在关境之外，免于实施惯常的海关监管制度"；《欧盟海关法典》将自由贸易区（Free Trade Zone）定义为"共同体关境内的一部分，或者是位于关境内但与关境内其他地区相隔离的地域"；在我国，习近平总书记于党的第十九次全国代表大会上强调："赋予自由贸易试验区更大改革自主权，探索建设自由贸易港"。以此为前提，汪洋同志在人民日报发表的文章《推动形成全面开放新格局》中，为自由贸易港（以下简称自由港）给出了定义：自由港是设在一国（地区）境内关外、货物资金人员进出自由、绝大多数商品免征关税的特定区域，是目前全球开放水平最高的特殊经济功能区。考虑到本国的实际国情，本文将采用此定义。

二、上海自由贸易港的定位

党的十九大报告中提到，要赋予自由贸易试验区更大改革自主权，探索建设自由港。与此前的自贸区相比，自由港的建设不仅仅是空间上、规模上的扩大。从我国香港特别行政区、新加坡等建设自贸港（区）的经验来看，自由港是一个比自由贸易试验区空间范围更广的概念。需要指出的是，空间范围和经济体量并不是自由港的核心要素所在。根据汪洋同志对自由贸易港的定义，自由港核心在于它是"全球开放水平最高"的特殊经济功能区。我国经济已由高速增长阶段转向高质量发展阶段。对我国而言，

---

〔1〕 参见姚建莉、毛汪蕾："上海拟年内形成自由港区方案　离岸税制改革已有进展"，载新浪财经网，http://finance.sina.com.cn/China/dfjj/2017-05-17/doc-ifyfecvz1623228.shtml，最后访问时间：2018 年 12 月 1 日。

自由港的最大价值在于对标"全球最高开放水平",形成高效率的开放型经济制度。基于效率提升的更优营商环境,也必将对我国经济形成更全面、更强的辐射效益。因此,自由港并非空间上、规模上的扩大,而是在我国"全面开放新格局"的节点上,探索出一种更适宜经济增长的制度。同时,以此为背景,促进我国开放型经济创新发展。[1]

目前,上海、陕西、浙江、福建、广东、四川等多地正在启动或酝酿探索自由港建设方案,这意味着我国新一轮对外开放的大幕即将拉开。我国已经初步形成了"1+3+7"共11个自由贸易试验区的"雁阵"格局。在自贸区建设的基础上探索自由港建设,能够推动我国更高层次开放型经济体系的形成,为我国的经济发展开辟新的局面。[2]

三、现阶段关于自由港税收制度的学术研究成果

正如前文所述,自由港的建置主要是为了推动开放型经济创新,推广新型贸易体制。而要实现经济创新和扩大贸易,税收改革无疑是首先需要考虑的问题。

20 世纪美国的供给学派认为,通过降低税率可以改变劳动力的供给和资本的投入,进而引导生产要素的分配。降低税负来刺激供给,可以刺激经济发展。而从我国当前面临的国际挑战角度来讲,在上海自由港设计并践行税收制度改革更是当务之急。比如,特朗普担任美国总统后,针对制造业发展,提议将最高联邦企业所得税率从目前的 35% 降至 15%,同时提议对美国企业海外利润一次性征收 10% 的税,以此实现其将流向海外制造业的机会重新带回美国的目的。同时,此主张也延续了 2008 年金融危机后美国当局"再工业化"政策。[3]

目前,对于我国税收制度改革冲击最为直接的,无疑是特朗普于 2017 年 12 月 22 日在白宫签署的 1.5 万亿美元税改法案。对发展中国家而言,美国赋税大减若引发美国企业大批撤离海外市场,对相关国家的国际收支、外汇储备、本币汇率也会带来潜在冲击。中国常驻日内瓦联合国代表团前副代表周小明曾表示,税改有助于推动对美投资和美国在外资本回流,且减税后的贸易与投资成本大大减少。因此,税改有助于提高美国产品的竞争力。随着在美国投资设厂的增加,美国占全球出口份额也会增加,有可能从中国手中夺回贸易出口大国的头把交椅。[4]

另外,美国虽然退出了《跨太平洋合作伙伴关系协定》的谈判,其后续版本《全面与进步跨太平洋伙伴关系协定》(以下称为 CPTPP)仍将对我国对外经贸环境造成深远影响。CPTPP 是新西兰、澳大利亚、文莱、加拿大、智利、日本、马来西亚、墨

---

〔1〕 参见盘和林:"自由贸易港并非空间上、规模上的扩大",载光明网,http://guancha.gmw.cn/2017-11/15/content2678259.htm,最后访问时间:2018 年 12 月 1 日。

〔2〕 参见熊厚、孙南翔:"自贸港探路全面开放新格局(新论·共话新征程)",载《人民日报》2017 年 12 月 5 日,第 5 版。

〔3〕 参见鲁政委:"美国'再工业化'初见效",载华尔街见闻网,http://wallstreet cn.com/articles/278311,最后访问时间:2018 年 12 月 1 日。

〔4〕 参见师琰:"从美国税改到 CPTPP 一个政策大比拼时代来临",载新浪财经网,http://finance.sina.com.cn/roll/2017-12-06/doc-ifpnqvn0363242.shtml,最后访问时间:2018 年 12 月 1 日。

西哥、秘鲁、新加坡和越南于 2018 年 3 月 8 日正式达成的自由贸易协定。它将使得我国有可能被迫接受他国制定的"游戏规则"，而 CPTPP 谈判国也会不遗余力推销其新规则。[1]我国在国内推行自由港，建立政策洼地的同时，推动经济创新，发展自由贸易，很大程度上也是为了应对新时期国际贸易格局带来的挑战。

因此，为了防止我国面临"二次入世"的困境，我们需要主动出击，制定属于自己的自由贸易发展体系。同时，在自由港降低税率，顺应自由贸易发展潮流，完善税制改革，有助于应对美国再工业化背景下的税改政策，防止利益外流。

国内关于自由港建设的学术成果也不少，且大都是从整体规划角度对我国自由港的建设进行分析。如崔凡认为，自由港政策的最终方向应该有利于发展离岸贸易，而发展离岸贸易最大的障碍来自于支付结算问题和税收问题。[2]也有学者提出，现行金融税法及由其形成的规制陈旧、滞后，而实行"贯彻税法基本原则""补缺金融税法规则""健全涉税金融信息共享机制""明确离岸金融税收政策"是当下推进自贸区金融创新的迫切要求。[3]从动态角度分析，有学者提出，在自由港的不同发展阶段，需要配套建立不同的发展模式，并为其发展提供相对稳定的政治环境和相对独立的行政单元。[4]

需要指出的是，从 2013 年我国开始建设自贸区，到如今《方案》提出设立自由港，上海都扮演着国家改革排头兵的角色。目前，国内专家学者对于发展自由贸易税改措施的讨论，主要是针对上海自贸区基础上的税收制度升级与完善。如今，上海自由港税收制度改革迫在眉睫。上海自由港税收制度及配套法律制度的构建，无疑是上海充分履行其改革职能，推动其金融创新及制度改革的先行要素。对此，我国香港特别行政区、新加坡等自由港（区）的先进经验值得上海研究与借鉴。

四、我国香港特别行政区的自由港建设与税收优惠制度

我国香港特别行政区作为世界上最自由的经济体之一，其开放型的经济管理政策以及关税减免的成套法律体系对于上海的自由港建设有借鉴意义。由于转口贸易成本逐渐升高，加之我国加入 WTO 之后内地对外直接贸易增加，香港特别行政区通过进一步完善港口措施、便利清关条件、发展地理区位优势等要素，充分发挥离岸贸易，贯彻"大市场、小政府"的行动方针和"积极不干预主义"的处事原则，为其自由港转型提供便利。[5]

〔1〕 参见师琰："从美国税改到 CPTPP　一个政策大比拼时代来临"，载新浪财经网，http://finance.sina.com.cn/roll/2017-12-06/doc-ifyqnqvn0363242.shtml，最后访问时间：2018 年 12 月 1 日。

〔2〕 参见孙艳芳："自贸港政策应有利于离岸贸易的发展"，载《中国外汇》2017 年第 24 期。

〔3〕 参见曾杨欢、余鹏峰："中国自贸区金融创新的税法规制"，载《时代法学》2017 年第 6 期。

〔4〕 参见陈会珠等："香港自由港模式发展演化、动力机制及启示"，载《热带地理》2015 年第 1 期。

〔5〕 参见宋新刚、吴靖："香港从转口贸易向离岸贸易转型的原因及影响"，载《对外经贸》2014 年第 12 期。

　　香港特别行政区经历了转口贸易、加工贸易、综合型与跨区域综合型自由港的转型，致力于打造国际物流、金融、贸易和旅游中心。所以，香港特别行政区的贸易、国际中转、金融市场等开放程度极高。香港特别行政区也长期奉行自由贸易经济政策，不设置任何贸易壁垒，大大简化了进出口程序。一般而言，除汽车首次登记、进口、在本地制造四类应课税品——酒类、烟草、碳氢油类、甲醇之外，货品进出口香港特别行政区无需缴税。另外，根据香港特别行政区法例第 112 章《税务条例》，香港特别行政区只设三种直接税，包括利得税、薪俸税、物业税，并设有配套的免税额制度。[1]

　　具体而言，根据香港特别行政区法例第 109 章《应课税品条例》，对于摄氏 20 度的温度下所得酒精浓度以量计多于 30% 的酒精课税 100%，反之免征关税；对于烟草，每 1000 支课税 1906 港币、雪茄每公斤 2455 港币、中国熟烟每公斤 468 港币、其他烟草每公斤 2309 港币；对于碳氢油类，飞机燃油每升 6.51 港元、汽油每升 6.82 港币、无铅汽油每升 6.06 港币；对于甲醇及甲醇混合物，每百升 840 港币，酒精浓度超过 30% 的物品，每多 1% 按 28.1 港币每百升收税。对于非离岸贸易的企业，2017 至 2018 年度，香港特别行政区利得税的税率对于法团业务（有限公司）是 16.5%，对于非法团业务（以非公司形式经营业务）是 15%。对比离岸贸易，香港特别行政区免征企业利得税，同时免征资本利得税、利息预扣税、股息预扣税、印花税等间接税。

　　同时，香港特别行政区建立了一整套完善的税收法律体系。香港特别行政区通过《基本法》和《货品售卖条例》对进出口货物税收的基本制度进行了规定，同时结合《进出口条例》《进出口（登记）规例》《应课税品条例》等具体法令对相应的具体税收工作进行分类管理，并清楚划分各部门职权。

五、新加坡自贸区建置特点及税收制度

（一）新加坡自贸区建置特点

　　新加坡自贸区与中国香港特别行政区自由港在诸多领域具有相似性，例如两者均将其自由港（区）定位为物流中心，均以贸易和国际中转为其主要功能，均采取包括落地签证等在内的宽松的入境政策，且均实施了一定的税赋优惠政策等。但是，与香港特别行政区将其整个地区作为自由港的建置规划不同，新加坡于 1969 年通过《自由贸易区法案》，规定了新加坡自贸区采用"境内关外"的制度。[2]

　　目前新加坡境内共有 9 个自贸区，都以围墙与外界隔离，进出自贸区的通道由海

---

〔1〕 参见张磊："离岸税收立法：上海自贸港建设之始"，载《WTO 经济导刊》2018 年第 1 期。
〔2〕 参见江玮："新加坡：高度开放的贸易自由港是如何建成的"，载搜狐财经网，http://bussiness.sohu.com/20140105/n392955896.shtml，最后访问时间：2018 年 12 月 1 日。

关查检站管理，进出人员和车辆都必须接受检查。[1]新加坡自贸区的主要职能是鼓励在该地区和全球范围内进行交易，自贸区通过新加坡运输和促进货物转运以及货物的再出口。自贸区也可以用于货物的临时存放。新加坡自贸区通过修建专用的区域，配上灵活积极的货物中转政策和相关行业紧密协作，使得新加坡港快速转变成为地处亚洲的国际中转中心。

新加坡税收制度是以属地原则进行征税。即任何人（包括公司和个人）在新加坡发生或来源于新加坡的收入，或在新加坡收到或视为在新加坡收到的收入，都属于新加坡的应税收入，需要在新加坡纳税。即使是发生于或来源于新加坡之外的收入，只要是在新加坡收到，就需要在新加坡纳税；相应地，如果收入来源于新加坡境外，并且不是在新加坡收到或视为收到，则不需在新加坡纳税。[2]

另外，新加坡为城市国家，全国实行统一的税收制度。任何公司和个人（包括外国公司和个人）只要根据上述属地原则取得新加坡应税收入，则需在新加坡纳税。新加坡现行主要税种有：企业所得税、个人所得税、商品和服务税、不动产税、印花税、车船税等。此外，新加坡还对引进外国劳工的新加坡公司征收劳工税。[3]

（二）新加坡自贸区主要税收优惠政策

新加坡自贸区税收优惠主要体现在以下几个方面：

第一，消费税优惠。根据新加坡法律，所有商品和服务都必须支付商品和服务税。但是，对于仍在自贸区内的货物，免征商品和服务税，直到货物出口到当地消费市场。另外，对于在新加坡进出自贸区的海外货物，也免除进口商品和服务税。但是，如果海外货物进入关税区，则需要进口许可证，因为货物仍需要通过海关清关程序，需要支付进口税和关税。如果货物属于商品和服务税豁免方案，则商品可以免除征收商品和服务税，并可在没有支付商品和服务税的情况下被允许转入零税率的商品和服务税仓库。如果货物是用于转运或再出口而未进入当地市场的，商品及服务税也将免除。[4]

第二，关税优惠。新加坡《海关法》规定，进口商品分为应税货物和非应税货物，应税货物包括石油、酒类、烟类和机动车辆等4大类商品，而非应税货物为上述4大

---

[1] 参见兴证交运吉理、张晓云、龚里："自贸港的未来：香港、新加坡'自由贸易港'政策梳理"，载华尔街见闻网，http://wallstreet.cn.com/articles/3036604，最后访问时间：2018年12月3日。

[2] 参见中华人民共和国驻新加坡共和国大使馆经济商务处："新加坡税务体系和税收制度"，载中华人民共和国驻新加坡共和国大使馆经济商务参赞处网站，http://sg.mofcon.gov.cn/article/gqjs/20090206050402.shtml，最后访问时间：2018年12月4日。

[3] 参见中华人民共和国驻新加坡共和国大使馆经济商务处："新加坡税务体系和税收制度"，载中华人民共和国驻新加坡共和国大使馆经济商务参赞处网站，http://sg.mofcon.gov.cn/article/gqjs/20090206050402.shtml，最后访问时间：2018年12月4日。

[4] 参见樊一帆："新加坡自由港模式对中国（上海）自由贸易试验区的启示"，天津师范大学2014年硕士学位论文。

类商品之外的所有商品。应税货物和非应税货物进口到新加坡都要征收 7% 商品和服务税，应税货物除征收商品和服务税外，还需征收国内货物税和关税。根据中新签署的自由贸易协议，2009 年 1 月 1 日起，新加坡取消从中国进口货物的关税（主要为酒类），新加坡进口中国商品只需缴纳国内货物税，以及商品和服务税。[1]总之，作为进口商，需要先确定商品进入新加坡时是否应缴纳关税、商品和服务税。货物留在自贸区内时，免除商品和服务税。如果货物直接用于本地流通，应缴纳商品和服务税。当货物从自贸区或入境点转入海关许可的处所（例如，零商品和服务税仓库或特许仓库）时，只要货物存放在许可的处所内，关税、商品和服务税就会被免除。

第三，新加坡有具体税收优惠计划提供给贸易商。新加坡海关或新加坡相关税务局提供的优惠税收计划主要包括：主要出口商计划（MES）、获批准的进口商品及服务税免除计划（AISS），以及进口商品和服务税延期计划（IGDS）。MES 旨在减轻转口大量进口的公司的现金流。按照正常规则，企业必须支付进口到新加坡海关的货物的商品和服务税，并在提交商品和服务税申报表后，从国内税收局获得退税。但这种做法可能会阻碍出口商品的现金流，因为没有从零税率的供应品中收取商品和服务税以抵消其进口的最初现金流出。而享受 MES 的公司，可以对进口到新加坡的非应税货物和从零商品及服务税仓库中取出货物免除商品和服务税。AISS 旨在减少航空航天业的现金流，其申请对象包括国际航空公司、维修行业公司、原始设备制造商和合格飞机部件的分销商；IGDS 旨在通过延迟进口时的进口商品和服务税支付来缓解应税贸易商的现金流。注册的 IGDS 贸易商必须通过"Trade Net 系统"为 IGDS 货件申请相关的进口许可证。[2]

第四，企业所得税优惠。除了关税优惠之外，新加坡对内外资企业实行统一的企业所得税政策。企业所得税的纳税义务人包括按照新加坡法律在新加坡注册成立的企业、在新加坡注册的外国公司，以及不在新加坡成立、但按照新加坡属地原则有来源于新加坡应税收入的外国公司（合伙企业和个人独资企业除外）。自 2010 年起，新加坡公司企业所得税税率为 17%，且所有企业可享受前 30 万新元应税所得部分免税待遇：一般企业前 1 万新元所得免征 75%，后 29 万新元所得免征 50%；符合条件的企业前 10 万新元所得全部免税，后 20 万新元所得免征 50%。[3]

第五，新加坡个税、印花税，以及财产优惠。在个人所得税方面，新加坡采用累

---

〔1〕 参见中华人民共和国驻新加坡共和国大使馆经济商务处："新加坡税务体系和税收制度"，载中华人民共和国驻新加坡共和国大使馆经济商务参赞处网站，http://sg.mofcon.gov.cn/article/gqjs/200902/20090206050402.shtml，最后访问时间：2018 年 12 月 2 日。

〔2〕 参见中华人民共和国海关总署："新加坡进出口货物通关须知"，载中华人民共和国海关总署网站，http://www.customs.gov.cn/customs/302427/302446/30245/zymyhbhgtgjs/xjp/399750/index.html，最后访问时间：2018 年 12 月 3 日。

〔3〕 参见国家税务总局广州市税务局："'一带一路'税收专栏——新加坡"，载国家税务总局广东省税务局网站，http://www.gd-n-tax.com.cn/gdsw/gbzn/2018-07/05/content_c3of575974545cdb2442753a6918962.shml，最后访问时间：2018 年 12 月 5 日。

进税率制，最高税率不超过 20%；印花税方面，只对不动产、股票和股份的相关凭证征收。印花税的税率根据凭证的类型和交易的价值有所不同。通常情况下，对财产的转让征收从价印花税，其他如银行担保、奖学金、器材服务及维修合同等，无须缴付印花税；财产税方面，根据新加坡的所有不动产的年价值的 10% 征收，包括房屋、建筑、酒店、土地和经济公寓，自用型房地产税率在 0~6% 之间，根据年价值进行缴纳。但是，公共的宗教礼拜场所、获得政府财政补助的公共学校、慈善目的，以及其他有利于新加坡社会发展的目的建筑免交财产税。[1]

第六，新加坡鼓励出口的税收优惠政策。新加坡政府还有相应的鼓励出口奖励，比如：出口贸易奖励，即工业产品出口额在 1000 万新元以上、非工业产品出口额在 2000 万新元以上的出口创收利润可以免交所得税，根据不同企业的情况，免税期一般为 5 年~10 年；服务出口奖励，即出口创收利润可以减征所得税 90%，根据不同企业的情况，减征期一般为 5 年~10 年，减税期满后，还可以享受 10%~15% 的税收减免，涉及行业包括工程技术咨询、工业设计、出版、教育、医疗、金融等服务业。

六、上海自由港建设税收制度设计

(一) 新加坡、我国香港特别行政区所代表的高标准税制

通过对比国内外较为成熟的自由港（区）税制，可以发现目前它们遵循的税制原则有以下几点：

第一，优化税制。即通过所征收税种以及其对应的税率的调整，达到一个最优化的组合，使得应税额符合国家（或者地区）调整税率与提供税收优惠的双重要求。比如，企业所得税的税率是外商进行投资的重要参考标准，而我国内地目前的企业所得税是 25%，远高于现诸多先进发达自由港口的税率。比较而言，国内外其他的自由港（区），企业所得税率基本都在 20% 以下。所以，上海自由港可以学习国际标准，统一港内企业所得税税率，尽可能将其维持在 20% 以下，使得港内税率跟港外税率有明显区分，以确保我国自由港在税制优惠方面的国际竞争力，从而促进自由港内投资、技术、货物之间的自由流动。[2]

第二，减少税种的征收。即在自由港内不征收某些税种，这实际上是减少了某些税种的征收。减少的税种应当包括个税、关税等。这是真正体现自由港之"贸易自由"的关键。比如，迪拜的杰贝阿里自贸区不征收个人所得税、进出口关税，以及来料加工再出口关税。同时，该自贸区实施 50 年内不征收公司税（企业所得税），对全资企业和完全控股等公司施行优惠税收政策。这在一定程度上减少了税种的征收。其实施

---

〔1〕 参见杨苏芯："近三年新加坡税制改革动向及成效研究"，载《现代商贸工业》2017 年第 17 期。

〔2〕 参见张逊："上海自贸区离岸贸易发展瓶颈——以英力士上海有限公司为例"，首都经济贸易大学 2016 年硕士学位论文。

的效果是，该自贸区内注册企业从 1985 年的 19 家增加到 2017 年的 7000 多家，其贸易额占迪拜非石油贸易总额的比重超过 25%。[1]

第三，简化税目。目前，我国各种税收所规定的征收子科目种类繁多，导致所适用的税率层次多，不利于税率的调整和税额的计算。通过简化税目，使得原来繁多的课税项目得以归类整合，这样做有利于税率的改革。例如，新加坡根据《新加坡关税合作理事会关税税则》的规定，自 1983 年起，用 2600 个税目代替了原来 5000 多个税目。此种方法减少了税目数量，也降低了关税计算的难度，便于关税的进一步整合与减免。[2]

第四，税收法制化。例如，新加坡自贸区的经济法规与税收立法体系相对完善，《自由贸易区法》是新加坡自贸区运行的核心法律，它全面规定了自贸区的制度安排，包括定位、功能、管理体制、优惠制度、监管制度等多个方面。其中，该法还规定了自贸区税收优惠制度，主要涉及税收豁免、所得税，以及其他税收减免。前文提到，我国香港特别行政区也拥有一套完整的税收法律体系。通过《基本法》和《货品售卖条例》进行宏观调控管理，同时配合《进出口条例》《进出口（登记）规例》《应课税品条例》对相应的具体税收工作进行分类管理，并划分各部门职权。[3]

（二）上海自由港与国际高标准税制的对接

前文提到，国际上高标准的税制原则主要有：优化税制、减少税种的征收、简化税目，以及税收法制化。与此相对应，为了对接国际高标准的税制，上海自由港可以借鉴新加坡、我国香港特别行政区在自由港（区）建设的相关经验。具体而言可以分为以下四个方面：

第一，从优化税制的角度，可以借鉴新加坡"境内关外"的税种税率设置，对上海自由港的离岸贸易税收进行规制。比如，新加坡对于"境内关外"的货物，免征增值税。而对于到境内消费的出口货物，进出自贸区的海外货物，也免征增值税。但是，如果海外货物进入关税区，货物需要进口许可证通过海关清关程序，这样就需要支付增值税还有关税。另外，新加坡还配套建立了增值税免除名单。对免除名单中的商品免除征收增值税，可在没有支付增值税的情况下被允许转入零税率的仓库。同样，如果货物是用于转运或再出口而未进入当地市场的，也会免除增值税。在各类优惠措施下，即使是各类以咨询服务为主的企业，其综合税收成本都能控制在 10% 以下。实践证明，这种税收优惠政策在新加坡形成了良好的投资吸引力，众多企业将亚洲总部甚至是全球总部设在新加坡。

第二，从降低税率角度，应当对上海自由港的税率进行适当减低。对比新加坡，

---

〔1〕 参见钟世川："迪拜自贸区五大经验足资借鉴"，载《南沙新区报》2017 年 11 月 14 日。

〔2〕 参见郭红书："上海自贸区税种与税率研究"，大连海事大学 2014 年硕士学位论文。

〔3〕 参见兴证交运吉理、张晓云、龚里："自贸港的未来：香港、新加坡'自由贸易港'政策梳理"，载华尔街见闻网，http://wallstreet.cn.com/artides/3036604，最后访问时间：2018 年 12 月 1 日。

我国内地的企业所得税税率较高。按照内地现行的《中华人民共和国企业所得税法》，企业所得税的税率为25%（新加坡仅17%）。因此，如果要在上海建设自由港发展离岸贸易，可以先参照深圳前海的标准对实行离岸贸易的企业实行15%的征税标准，同时免征增值税等其他流转税。之后，再根据实践的情况，进一步调低企业所得税，从而吸引企业在上海自由港发展离岸贸易。

第三，从简化税目的角度，上海自由港的未来发展趋势必将是关税"趋零化"，甚至是零关税。要实现这一目标，首先要简化现有的关税税目。我国内地的税目超过8000个，税目繁多，税制复杂，计算繁琐，不利于各个税率的调整。通过简化税目，分类整合，有助于对局部商品的关税有步骤地给予优惠。可以借鉴新加坡与我国香港特别行政区的税制，进一步简化内地的税目数量。

第四，从税收法制化的角度，国际上成熟的自由港（区）的建设，一般都有统一的中央层面立法为指引和依据。上海自由港（区）的建设，不应局限于地方法规的指引，也需要中央层面的统一立法对发展全局作出规划和协调。这样做的目的，是打破现有的"双授权"模式中存在的"一事一议"的局限，从国家层面对自由港的建设获得更大的法律授权和建设自主权。[1]

（三）上海自由港税制改革的制度设计

前文提到了上海自由港需要从优化税制、减少税种的征收、简化税目以及税收法制化四个角度与国际高标准税制进行对接，并简要提到了上海自由港可以从其他自由港（区）发展中借鉴的经验。而对于自由港税制改革的具体制度设计，则需要从建立简化税收制度、提供优惠税率、完善税收监管、明确纳税指引规范、明确税收优惠对象、完善税收法律制度等角度来推进。具体而言，从促进贸易自由化，更有利于上海自由港发展离岸贸易的角度出发，上海自由港的税收改制应当遵循以下几点：

第一，建立简化税收制度，即从税制简化的角度出发，鼓励企业在自由港内进行离岸贸易，并对间接税进行减免。例如，对股息税、利息的预扣税以及印花税进行免征。同时，只征收企业所得税，以及仅对部分商品征收增值税和关税。对于自由港内的货物，出口到境内消费市场，以及在进出自由港的海外货物，免除增值税。另外，配套建立增值税免除名单，对免除名单中的商品免除征收增值税，并可在没有支付增值税的情况下被允许转入零税率的仓库。同样如果货物是用于转运或再出口而未进入当地市场的，也应免征增值税。

第二，提供优惠税率。实行税收优惠政策是自由港的基本特征和通行惯例。[2]而优惠税率可以从企业所得税、个人所得税、增值税以及关税等方面进行考量。具体而言，企业所得税方面，可以参照内地走在前沿的企业所得税优惠政策，比如深圳前海

---

〔1〕 参见李猛、黄德海："中国自贸区法律制度构建路径探析"，载《中国流通经济》2018年第2期。
〔2〕 参见胡凤乔："世界自由港演化与制度研究"，浙江大学2016年博士学位论文。

对于利润来源于自贸区内的企业按照 15%的税率进行缴税；关税方面，上海自由港可以对需要设置关税的货物，比如烟、酒类、汽车等产品设置明确的税率征收标准，然后对课税名单以外的商品全部免征关税；个人所得税方面，目前为了国内外的人才引进，一方面可以借鉴上海自贸区适用的中关村等地区试点的股权激励个人所得税分期纳税政策，比如可以 5 年分期缴纳个税，在总体征税总额不变的情况下，给予引进人才分期缴纳的优惠，或者参考深圳前海的标准，对于海外高端人才和紧缺人才个税补贴，即对于已缴纳个税额度超过应纳税所得额的 15%的部分进行补贴，申请人取得补贴从而获得免征超过收入 15%额度的个人所得税。另外，上海自由港建设中可以设置个人所得税缴纳的上限，使得缴纳的总税款不超过一定的比例；增值税方面，参照新加坡消费税税率，可以对上海自由港设立的企业实行 7%的增值税税率。住宅财产的销售和出租以及大部分金融服务可免征增值税。同时，出口货物和服务的增值税税率为0；财产税方面，目前我国内地的房产税是以房屋为征税对象，按房屋的计税余值或租金收入为计税依据，向房屋产权所有人征收的财产税，房产税税率采用比例税率。上海自由港可以借鉴香港特别行政区物业税的征收，按照评估值征税。对于所有的工商业住房和个人住房，未来需要建立一整套的评估体系，包括有公信力的房产评估机构、完善不动产登记制度等；印花税及其他税费方面，内地贸易型合同的印花税制是我国的传统税制，但其不属于世界通行的自由港（区）税收制度，不利于自由港的创新发展。内地对贸易业务需缴纳印花税、城市维护建设税及教育费附加，种类繁多且税率较高，也使企业交易成本陡增。在上海自由港建设中，建议全部取消该类印花税及附加收费。

第三，完善税收监管，建立专管部门管辖上海自由港的离岸贸易，并明确其专管职权。应当明确上海自由港专管部门与其他相关部门（检验检疫、税务、工商、外汇、金融机构等）的联系合作机制，加强协同作用。[1] 在离岸贸易税收方面，由自由港专管部门实施税收征管工作，即常规税务部门在自由港（区）内设立专门的办事处，进行有别于我国其他地区税收制度的征管工作。依据最新出台的自由港优惠税收法律和政策，由专管部门对进行离岸贸易的企业实施优惠征税。同时，利用电子商务和网络服务的便捷，由专管部门在上海自由港推动税收制度创新，以网上自动赋码、网上自主办税等形式提高征管效率。[2]

第四，明确纳税指引规范。为防止企业利用上海自由港的税收优惠政策进行不正当牟利，对上海自由港的税收反规避措施应当进行明确指引。需要重点关注离岸贸易中比较常见的避税手段，即定价转移。比如，通过母公司与子公司之间以内部定价的方式买卖货物，将利润从高税率国家的子公司（在岸公司）转移到低税率的子公司（离岸公司），降低整个跨国公司集团的纳税总额。这种转移不一定伴随着实际的货物

---

〔1〕 参见李建萍："世界自由港的比较与启示"，载《中国外资》2013 年第 24 期。

〔2〕 参见张逊："上海自贸区离岸贸易发展瓶颈——以英力士上海有限公司为例"，首都经济贸易大学 2016年硕士学位论文。

转移。国际上通行的做法，就是通过"预约定价协议机制"，即让自由港内的离岸企业预先与税务机关进行协商讨论，对可能或将要发生的关联交易，进行协商纳税定价，将事后税务审计，变成事前约定。[1]这种关联交易定价，可以有效避免双重征税，也能够让企业自觉申报关联交易，同时在税务征收上保持了较高的灵活性，能够有效防范税基侵蚀及利润转移。

第五，明确税收优惠对象。由于上海自由港的建立目标之一是为了发展离岸贸易，离岸贸易企业也就成为上海自由港税收优惠的主要对象之一。因此，应当明确离岸贸易的界定标准，为税收征管机关提供明确指引。目前，国际上极少的公司是只从事标准的离岸贸易，即离岸公司、进出口商分别在不同国家的贸易。绝大部分公司从事该项业务，是包括了准离岸贸易。比如，离岸公司和出口商是同一国籍，然后转卖到境外的进口商，或者进行区内交易。这就相当于上海的离岸公司从海外进口货物，然后转卖给自贸区或者保税区中的其他进口商。为了避免企业通过从事离岸贸易来避税，应当对税收优惠的适用对象附加一定条件：比如，离岸货物贸易的收入必须超过50%、从事离岸服务贸易，或者属于国家鼓励项目等。因此，可以通过制定适用离岸贸易优惠税制的从业领域清单，来明确征管对象。[2]另外，从鼓励离岸贸易角度出发，对于离岸贸易的界定可以适当放宽。从传统意义上的"三方"（即进口商、出口商、贸易商）不同国籍或贸易商与进出口商不同国籍的离岸贸易模式，到贸易商、境内出口商、境外进口商的"准离岸贸易"，再到贸易商购买海外出口商货物转卖保税区或自贸区等区域内进口商的"区域离岸贸易"，[3]都应当涵盖在离岸贸易企业优惠税收制度的覆盖范围之内。而对于鉴定港区内从事离岸贸易的企业是否符合优惠收税对象标准，可以根据该企业前三年度从事离岸贸易的业务比重增长趋势来进行综合判断：如果企业的离岸贸易收入超过该企业平均年收入的50%，则该企业可以享受15%的企业所得税优惠。

第六，完善税收法律制度。国际上针对自贸区都有专门的立法，明确规定自贸区的性质和法律地位。比如，新加坡继承了相对完整的英国法体系，并以此为基础制定了一系列新的法律，形成了以宪法、国会法令与附属法规、司法判例、法律惯例为主要内容的完整法律体系。新加坡的《自由贸易区法》是新加坡自贸区运行的核心法律，它全面规定了自贸区的制度安排，包括定位、功能、管理体制、优惠制度、监管制度等多个方面，其中优惠制度主要涉及税收豁免、所得税、其他税收减免、投资，以及海关制度等内容。新加坡政府不对企业进行常规的工商、卫生以及环保等方面的行政管理，而由执法机构依据法律制度，对企业进行执法监督，并依法对违规者追究责任。

---

〔1〕 参见何骏等："中国（上海）自由贸易试验区离岸业务税收政策研究"，载《外国经济与管理》2014年第9期。

〔2〕 参见何骏等："中国（上海）自由贸易试验区离岸业务税收政策研究"，载《外国经济与管理》2014年第9期。

〔3〕 参见何骏、郭岚："TPP背景下我国自贸试验区离岸贸易税收政策研究"，载《江淮论坛》2016年第4期。

对比而言，上海自由港是政策"洼地"，但缺乏具体的法律作为指引和规范。对于上海自由港的法律地位，更是缺乏明确的法律依据。目前，应当从中央、地方、上海自贸区管委会三层级落实自贸区法律制度的建设。[1]中央立法层面，应先由全国人大或其常委会授权国务院制定"中国自由贸易港条例"，并以此为基础制定"中国自由贸易港法"，进而确定上海自由港的"法律特区"地位，给予自由贸易港管理委员会更多的自主权限。[2]而税收制度的具体设计则可参考国际通行规则，在自由港（区）法律框架体系下单独设立章、节来确立具体的税收优惠制度。这样做既满足自贸区税收优惠的统一性、透明度要求，同时也减少了税收相关执法的随意性。

七、结语

香港特别行政区由转口贸易港成功向离岸贸易自贸港转型，以自由度极高的经贸形式为载体，搭配小政府型的高效审批和简化通关程序，更以完整体系化的优惠税收法律制度鼓励离岸贸易发展。其自由港本质特点主要包括：在港开办企业、施工许可以及执行合同等方便快捷；税制简单，税率低，并实行单一的地域税收管辖权，对离岸公司的离岸所得不征税，为避税提供了优良的政策环境；香港特别行政区靠近内地，不仅仅是交通便利，而且与内地在语言上沟通也比较便利，促进与内地的经济往来；同时，香港特别行政区金融的自由度高，外汇兑换自由，全面取消外汇管制，客观上也促进了自由港的建设进程。[3]总的来说，香港特别行政区的企业税种少，税率低，没有增值税和营业税，主要的税种就是利得税。并且，税制适用的是"地域来源征税原则"，也就是"业务不在当地运作，利润来源自海外"可以申请政府豁免利得税。同时，香港特别行政区对于离岸贸易只征缴企业利得税，不征收印花税、增值税、关税等。但是，香港特别行政区的税制结构与内地差异较大，且香港特别行政区不分"境内关外"的自由港设置，也与内地目前情况不一致。尽管如此，香港特别行政区自由港的发展历程，包括其选择与其发展阶段相适应的自贸港发展模式，以及其建立完善的税收法律制度等方面，仍然值得上海自由港借鉴。[4]

对比而言，新加坡"境内关外"的自贸区设计，对上海自由港具有较高的参考价值。新加坡是世界上税制简易、税负最低的国家之一，这是其吸引跨国投资者落户新加坡的重要因素。通过对比新加坡与上海的税率可以发现：新加坡的企业所得税税率为17%，远低于上海的25%；新加坡个人所得税最高税率为20%，上海最高是45%；新加坡仅对进口产品征收7%的增值税，而上海的增值税税率为17%。所以，在企业及

---

〔1〕 参见李猛："中国自贸区法律制度的构造及其完善"，载《上海对外经贸大学学报》2017年第2期。

〔2〕 参见龚柏华："'一带一路'背景下上海自由贸易港构建的法治思维"，载《上海对外经贸大学学报》2018年第2期。

〔3〕 参见季祖强："香港自由港建设的主要特征、动力机制及镜鉴启示"，载《哈尔滨师范大学社会科学学报》2018年第2期。

〔4〕 参见陈会珠等："香港自由港模式发展演化、动力机制及启示"，载《热带地理》2015年第1期。

个人的税赋水平上，上海自贸区明显高于新加坡自贸区。当前，我国面临着激烈的全球化竞争，而税赋水平对全球投资的导向有着较大的影响。为更好地建设上海自贸港，借鉴新加坡的税收制度是完全有必要的。在税收政策上，新加坡以属地原则征税，而在新加坡收到的境外赚取的收入也须缴纳所得税，但税务豁免除外（比如股息、分公司利润、服务收入等）。对比而言，我国内地实行的是属人兼属地征税原则，我国居民纳税人就其全球所得负有纳税义务，非居民纳税人满足条件时也需要就其海外所得在我国纳税。此举加重了境外资本的税赋。因此，可以考虑对上海自由港内设立的企业及其工作人员，参照新加坡自贸区的标准进行征税，运用"修正的属地原则"征税，除去属人原则征税的规定。这样做有利于投资便利化和发展离岸贸易。另外，新加坡自贸区只有在商品进入新加坡关税区时才需要进行申报，境外商品可以自由进入自贸区，区内商品也可以自由地出口境外，在港内临时储存的货物也可以不进行申报。参照新加坡经验，上海自由港的推进过程中要进一步简化"境内关外"的税务申报手续，推进"一线放开"，允许企业凭借进口舱单使商品直接进入自由港内，简化甚至取消进出境备案清单的申报，进而提高境外与自由港之间商品进出港口的效率。

总之，上海自由港建设可以借鉴香港特别行政区与新加坡发展自由港（区）的成功经验，推动上海自由港税收制度改革，进一步落实对离岸贸易企业的税收优惠政策。为此，上海自贸港须对接国际税收制度"优化税制""减少税种的征收""简化税目"以及"税收法制化"的四个高标准原则性要求，通过"建立简化税收制度""提供优惠税率""完善税收监管""明确纳税规范指引""明确税收优惠对象""完善税收法律制度"等方面推进上海自由港税制改革。在依法治国的大环境下，贸易自由、投资自由、金融自由以及日常管理都应当以完善的法律制度为基础。我国应当加快跟进自由港税收法律法规体系建设，推动国家立法机关出台"中国自由贸易港法"，明确自由港之定义，为依法建设自由港提供法律基础，并对上海自由港建设的特殊地位进行确认。通过相关立法活动，授权各项政策和管理模式的确立实施，提高税收优惠政策的透明度和稳定性。[1]当前，自由港建设的发展已经走在了法制建设的前面，相关的税法规则已经不足以规制自由港内离岸贸易的税收行为。而考虑到目前全国人大常委会针对该项立法经验的不足，可以由全国人大常委会授权国务院制定统一的自贸区及自由港行政法规，内容包括自由港优惠税制、税种税率设置，以及专管税收部门与其他各部门的职权划分等，加快推动自由港税收法律制度的确立。[2]同时，在国家立法层面授权上海自由港管理委员会制定符合自身功能定位以及发展所需的地方法规、规章等。[3]最终，从国家、地方以及上海自由港三个层级，依法落实优化税制及优惠税率，促进上海自由港经济创新以及离岸贸易的健康快速发展。

---

〔1〕 参见李建萍："世界自由港的比较与启示"，载《中国外资》2013年第24期。

〔2〕 参见曾杨欢、余鹏峰："中国自贸区金融创新的税法规制"，载《时代法学》2017年第6期。

〔3〕 参见竺彩华："中国建设自由贸易港须立法先行"，载《国际商报》2018年2月27日，第2版。

"一带一路"研究

- 王超："一带一路"背景下保护伞条款的适用分析与策略运用

- 许俊伟：论"一带一路"对外投资中政治风险的防范路径——以推进人民币国际化法治建设为突破点

"一带一路"背景下保护伞条款的适用分析与策略运用

王 超[1]

摘 要：保护伞条款具有将投资协议中的国家违约责任上升为条约责任的功能，因而能明显扩大投资条约仲裁管辖范围，并加强对投资者的保护力度。关于该条款价值的争论错综复杂，其背后蕴藏着东道国与投资者深刻的利益博弈，所以理论和实践都有明显分歧，而在我国，主张摒弃这一条款的观点甚至一度占据主流。本文基于对新近仲裁实践的梳理，分析了影响该条款效力认定的四个方面因素，探寻能合理平衡东道国和投资者利益的最佳条款设计，并通过对"一带一路"区域特殊情势的考察，探寻充分发挥保护伞条款价值、最大化保护我国政府和投资者利益的模式设计。

关键词：一带一路 外国直接投资 双边投资协定 投资者—东道国争端解决机制 保护伞条款

---

[1] 王超，华东政法大学博士研究生。

一、引言

近年来，中国企业对外投资频频受挫。这其中既有企业自身的主观因素，也有东道国自身经济形势变化和政治力量干扰的客观原因。这些失败的投资不乏发生在"一带一路"国家中的案例，[1]由此也警醒我们应从法律角度严格规范经营流程，最大化地维护企业利益。

中国企业境外投资权利保护的主要法律基础是我国与东道国签订的投资协定以及企业与当地政府或代表政府参与经营的当地企业间的投资合同。投资合同是对中国企业的第一层保障。当一方在投资活动进行时存在不利于相对方的行为，而相关行为的禁止性规定又在合同中有所涉及时，相对方即可依据合同在当地请求法律救济。然而，由于地方保护倾向的影响和各方对国内法理解的差异，投资者可能难以通过当地救济获得足够公正的裁判，并最终只能依据国家间的投资协定诉诸独立的投资仲裁机构以维护自身权益。在投资协定没有设置保护伞条款时，只有当东道国行为达到违反国际投资法律义务的程度，投资者才可能通过国际投资仲裁裁决获得救济。而对于没有达到违反国际投资法义务的一般程度违约行为，即使存在东道国权力干涉的事实，也很难获得投资仲裁救济。但如果在投资者谨慎地在投资合同中细化了各方的权利义务的同时，投资协定又设置了保护伞条款，则能将合同义务上升为国际投资法律义务，从而较好地保护好我国企业的海外投资利益。

然而目前我国与多数"一带一路"国家之间的投资协定都没有纳入保护伞条款。考虑到这一区域许多国家政局动乱、民情复杂、法制殊异，相对于这些国家，我国又明显处于资本输出者的位置，因此，合理把握保护伞条款的法律适用，作好取舍，使其因地制宜地体现于投资协定之中，从而最大化地挖掘条款价值，具有较为重要的意义。

二、保护伞条款适用于合同义务的范围

仲裁中有三种代表性观点。一种以 SGS v. Pakistan 案为代表，反对合同争议依保护伞条款上升为投资条约争议，[2]Salini v. Jordan 案和 Joy Mining v. Egypt 案[3]体现了相

---

〔1〕 比如中国铝业投资参与的蒙古国矿产勘探和开采活动受到当局阻止；中国水电的莱比塘铜矿项目和中国电力的密松水电站项目在缅甸当局介入下停工；中国铁建的麦加轻轨项目因合同预算不足和权利义务条款不细而巨亏等。

〔2〕 See *SGS Société Générale de Surveillance S. A. v. Republic of the Philippines*, ICSID Case No. ARB/01/13, Decision of the Tribunal on Objections to Jurisdiction, 6 August 2003, p. 167.

〔3〕 See *El Paso Energy International Company v. The Argentine Republic*, ICSID Case No. ARB/03/15, Decision on Jurisdiction, 27 April 2006, p. 11.

同倾向；一种以 SGS v. Philippines 案为代表，认可依保护伞条款将合同争议纳入 ISDS 仲裁管辖，[1]Toto v. Lebanon 案[2]、SGS v. Paraguay[3]案也持这一观点；最后是以 El Paso v. Argentina 案为代表的观点，主张行为分商业性质和主权性质，仅当保护伞条款是依后一行为主张的违约请求依据时方可受理，[4]CMS v. Argentina 案[5]、Impregilo v. Pakistan（Ⅱ）案[6]和 Sempra v. Argentina 案[7]等持类似观点。

以上观点各有裁决支持，然而涉保护伞条款案例已数倍于上述裁决形成之时，其对合同争议的适用也有所变迁。2016 年年底裁决的 Garanti Koza v. Turkmenistan 案[8]可供参考。

该案申请人 Garanti Koza（以下简称"GK"）是一家英国公司。TAY 是土库曼斯坦（以下简称"土国"）国企。双方订立桥梁建造合同。在履约时因具体事项分歧及双方履约迟滞致使工程逾期。工期后延期间，因 GK 提供的保函到期，土国央行不再提供资金支持，TAY 未再继续付款，GK 也不愿再提供新保函，工程陷入停滞。此后双方发生争执，TAY 诉至土国仲裁法庭，结果不利于 GK，GK 遂向 ICSID 申请仲裁，并提出多项基于英国—土库曼斯坦 BIT（以下简称"英土 BIT"）保护伞条款的请求。

仲裁庭基于案件事实提出保护伞条款可适用于两方面：一是土国推迟批准保函和 TAY 在保函到期后停止付款导致的违约；二是土国要求 GK 提供基于 SMETA 的报价与总统令和合同不符。[9]英土 BIT 保护伞条款规定"各缔约方应遵守可能确立的与另一缔约国国民或公司投资有关的任何义务"。[10]仲裁庭引用 Eureko v. Poland 案指出保护伞条款的内涵及效力应依据《维也纳条约法公约》（以下简称《条约法》）第 31（1）款，"依其用语按其上下文并参照条约之目的及宗旨所具有之通常意义，善意解释之"。仲裁庭认为，保护伞条款通常意义并不模糊，"应遵守"的措辞强制而明确，"任何义务"外延趋于广泛，尽管对条款的广泛适用有所担忧，比如被申诉人认为国家机关违

---

〔1〕 See *SGS Société Générale de Surveillance S. A. v. The Republic of the Philippines*, ICSID Case No. ARB/02/6, Decision of the Tribunal on Objections to Jurisdiction, 29 January 2004.

〔2〕 See *Toto Costruzioni Generali S. P. A. v. Republic of Lebanon*, ICSID Case No. ARB/07/12, Award, 7 June 2012.

〔3〕 See *Société Générale de Surveillance S. A. v. The Republic of Paraguay*, ICSID Case No. ARB/07/29, Award, 10 February 2012.

〔4〕 See *El Paso Energy International Company v. The Argentine Republic*, ICSID Case No. ARB/03/15, Decision on Jurisdiction, 27 April 2006, p. 85.

〔5〕 See *CMS Gas Transmission Company v. The Argentine Republic*, ICSID Case No. ARB/01/8, Award, 12 May 2005, p. 299.

〔6〕 See *Impregilo S. p. A. v. Islamic Republic of Pakistan*, ICSID Case No. ARB/03/3, Decision on Jurisdiction, 22 April 2005, p. 260.

〔7〕 See *Sempra Energy International v. The Argentine Republic*, ICSID Case No. ARB/02/16, Award, 28 September 2007, pp. 310~311.

〔8〕 See *Garanti Koza LLP v. Turkmenistan*, ICSID Case No. ARB /11/20, Award, 19 December 2016.

〔9〕 See *Garanti Koza LLP v. Turkmenistan*, ICSID Case No. ARB /11/20, Award, 19 December 2016, pp. 336~338.

〔10〕 参见《英土 BIT》英文版第 6 条，http://investmentpolicyhub. unctad. org/Download/TreatyFile/2360，最后访问时间：2017 年 12 月 15 日。

反 "纯商事合同" 就不应依该条款上升为条约争议。[1]仲裁庭虽承认一项仅违反合同的请求的确超出 ICSID 管辖权，但也认为如果申请人是因在东道国的投资而提出条约请求，那么仲裁庭依然有权管辖。[2]

可见该案仲裁庭依循传统解释方法，严格从字面意义解释条文，同时考虑到投资条约意在处理投资相关法律问题，因此只有当合同问题也涉及投资争议时，才有保护伞条款适用余地，与投资无涉的 "纯商事合同请求" 不可依该条款获得仲裁。

但这引出另一个问题：何谓与投资无关的 "纯商事合同请求"？仲裁庭沿袭了 Global Trading v. Ukraine 案[3]裁决思路，认为 "投资" 应依投资条约自身解释，并对 BIT 投资定义条款依《条约法》规定的解释方法分析，得出桥梁建造是 "投资" 的结论。[4]对于 "纯商事合同"，仲裁庭举例，政府未依协定支付已交货物对价，因与 BIT 下 "投资" 无涉，所以是纯商事合同行为。[5]

有基于此，仲裁庭首先认定保函批准迟延责任在于 GK，而 TAY 在保函到期后停止付款属纯商事合同问题，不应从投资法视角分析，且 GK 因此蒙受损失的主因在于其商业决策，[6]所以土国未因此触犯保护伞条款；但对于土国以 SMETA 结算款项的做法，因是政府实施，且违反 TAY 在合同中代表国家所作承诺，行为本身也与投资直接相关，所以违反了保护伞条款。[7]

本案裁决思路是依《条约法》规则在文本约束下严格解释条款内涵，且只将东道国与投资有关承诺或义务纳入保护伞条款适用，而 "投资" 的认定只要非 "荒谬或显然与《华盛顿公约》不兼容"，就应依 BIT 解释。但无论如何，如购销合同这类 "纯商事合同" 不应引发任何投资争议。仲裁庭依此思路就两种行为是否适用保护伞条款作区别认定，对于我们厘清 ICSID 规则下保护伞条款适用的合同范围提供了重要指引。

Garanti Koza v. Turkmenistan 案不是支持保护伞条款适用于投资相关违约争议的孤例。EDF v. Argentina 案亦阐明 "（对保护伞条款）措辞清晰和一般解读涵盖了对投资者或投资有关义务的承担……特许协议在特定投资领域对外国投资者的授权……属于保护伞条款保护范围"。[8] Poštová Banka and Istrokapital v. Greece 案也体现了同一思路。申请人引用保护伞条款保护合同利益，然而仲裁庭以政府公债合同与投资无关而拒绝

---

[1] See *Garanti Koza LLP v. Turkmenistan*, ICSID Case No. ARB/11/20, Award, 19 December 2016, pp. 328~330.

[2] See *Garanti Koza LLP v. Turkmenistan*, ICSID Case No. ARB/11/20, Award, 19 December 2016, p. 244.

[3] See *Global Trading Resource Corp. and Globex International, Inc. v. Ukraine*, ICSID Case No. ARB/09/11, Award, 1 December 2010.

[4] See *Garanti Koza LLP v. Turkmenistan*, ICSID Case No. ARB/11/20, Award, 19 December 2016, pp. 228~234.

[5] See *Garanti Koza LLP v. Turkmenistan*, ICSID Case No. ARB/11/20, Award, 19 December 2016, p. 330.

[6] See *Garanti Koza LLP v. Turkmenistan*, ICSID Case No. ARB/11/20, Award, 19 December 2016, p. 345.

[7] See *Garanti Koza LLP v. Turkmenistan*, ICSID Case No. ARB/11/20, Award, 19 December 2016, p. 354.

[8] See *EDF International S. A. , SAUR International S. A. and León Participaciones Argentinas S. A. v. Argentine Republic*, ICSID Case No. ARB/03/23, Award, 11 June 2012, pp. 938~939.

适用。[1]

因此 Garanti Koza v. Turkmenistan 案反映了近年来仲裁界对适用保护伞条款的合同性质的正本清源。即便 SGS v. Philippines 案也是在详细论证合同与投资有关后才认可保护伞条款的适用。可以说争议与投资相关是提起 ICSID 仲裁的前提，理论[2]与实践[3]中支持这一点的都占多数，但非 ICSID 仲裁因不受《华盛顿公约》约束，仍有扩大保护伞条款适用范围的可能。

一般 ICSID 管辖权不会只因保护伞条款而与排他管辖约定冲突，其他如公平公正待遇、外汇汇兑转移及征收条款等都可能受约定牵扯。但因这些条款中条约和合同问题界限明晰，一般不影响仲裁庭管辖。保护伞条款特性在于当仲裁庭认可其适用于合同时，相关事项具有投资和合同争议双重属性，且该条款要求国家遵守涵盖管辖权条款的合同义务，所以分歧较大。SGS v. Philippines 案虽认可通过保护伞条款管辖合同争议，但又认为排他管辖协议优先适用，所以请求不可受理。BIVAC v. Paraguay 案仲裁庭认为东道国应遵守投资合同约定的救济程序，并尊重意思自治，以该程序优先，[4]因此在确认东道国行为可依保护伞条款适用 BIT 后，依然中止程序。[5]SGS v. Paraguay 案观点与 BIVAC v. Paraguay 案相左。该案认为合同实体义务和争端解决程序义务互相独立，[6]违反任一即可依保护伞条款申请条约仲裁。Toto v. Lebanon 案认定纯合同请求不能依保护伞条款引起条约管辖，继而当然承认了管辖协议排他性，但仲裁庭又认为，如果政府履约行为来自公权力，则违反合同即违反条约，这时仲裁庭可无视约定程序实施管辖。[7]近年裁决中，Bosh v. Ukrain 案虽以大学终止合同行为不归因于国家为由否认保护伞条款适用，但又认为即使国家担责，也优先适用合同程序条款，并表达了对 BIVAC v. Paraguay 案和 SGS v. Philippines 案观点的认可。[8]然而 Garanti Koza v. Turkmenistan 案又鲜明地站在了 SGS v. Paraguay 案这边。[9]

否认专属管辖协议对条约仲裁排除效力的另一原因是合同当事人非仲裁申请人。EDF v. Argentina 案申请人的合伙公司是合同一方大股东，非合同当事人，裁决以此为

〔1〕 See *Poštová Banka*, *a. s. and ISTROKAPITAL SE. v. Hellenic Republic*, ICSID Case No. ARB/13/8, Award, 9 April 2015.

〔2〕 See *OECD*, *International Investment Law*: *Understanding Concepts and Tracking Innovations*, Paris: OECD, 2008, pp. 106~109.

〔3〕 See *Garanti Koza LLP v. Turkmenistan*, ICSID Case No. ARB /11/20, Award, 19 December 2016, p. 125.

〔4〕 See *Bureau Veritas*, *Inspection*, *Valuation*, *Assessment and Control*, *BIVAC B. V. v. The Republic of Paraguay*, ICSID Case No. ARB/07/9, Decision of the Tribunal on Objecrions to Jurisdiction, 29 May 2009, pp. 147~148.

〔5〕 See *Garanti Koza LLP v. Turkmenistan*, ICSID Case No. ARB /11/20, Award, 19 December 2016, p. 161.

〔6〕 See *SGS Société Générale de Surveillance S. A. v. The Republic of Paraguay*, ICSID Case No. ARB/07/29, Award, 10 February 2012, p. 105.

〔7〕 See *Toto Costruzioni Generali S. P. A. v. Republic of Lebanon*, ICSID Case No. ARB/07/12, Award, 7 June 2012, p. 215~217.

〔8〕 See *Bosh International*, *Inc and B & P Ltd Foreign Investments Enterprise v. Ukraine*, ICSID Case No. ARB/08/11, Award, 25 October 2012, p. 254.

〔9〕 See *Garanti Koza LLP v. Turkmenistan*, ICSID Case No. ARB /11/20, Award, 19 December 2016, p. 245.

由否认管辖协议排除效力。[1]然在承认东道国违反合同实体义务即违反对申请人投资义务的同时，以申请人非合同主体为由否决管辖协议约束力，有行为客体认定不一致之嫌，且可能违背合同意思自治。Burlington Resources v. Ecuador 案即以合同当事人是申请人子公司、主体不一致为由，拒绝将合同争议上升为条约争议。[2]

学界观点亦莫衷一是。杰罗德·王批评 SGS v. Philippines 案中止程序致使保护伞条款管辖效力落空，且重启仲裁程序条件不明。[3]他认为既然可依保护伞条款提起条约仲裁，争议即有条约性质，条约与合同互不妨碍，且国家作为合同条约双重缔约方，如顾忌冲突，应主动释明。[4]乔纳森·波茨明确表示反对，认为仅为排除保护伞条款请求而作合同声明无意义，因为合同所涉其他条约争议管辖未受妨碍，投资者可依其他 BIT 条款获得投资条约仲裁。[5]管辖协议仅适用于纯国内法争端，如保护伞条款的适用使条约管辖排除协议，即是纵容和鼓励违约，[6]结果使管辖约定价值落空。波茨也批评 BIVAC v. Paraguay 案管辖协议为国家设立了条约义务的观点，因为该条款显然有利东道国，且该"隐含"义务法律依据不明。[7]波茨因此认为应尊重管辖协议，这不仅是尊重意思自治，投资者也可在谈判中借放弃条约管辖换取更多合同利益。[8]

保护伞条款是否排除管辖协议可谓仁者见仁，智者见智。然就既往案例来看，当违约事实被认为是借公权力实施，争议仍有较大可能被最终受理。

三、违约行为对国家的归因

保护伞条款主张多涉合同争议，国家往往回避直接与投资者订约，而是由政府部门或企事业单位参与。这些组织行为归因于国家是适用保护伞条款的前提。因此合同行为归因成为双方争议焦点。

《国家对国际不法行为的责任条款草案》（以下简称《草案》）第二章罗列了行为归因于国家的情形。作为普遍适用的国际习惯法规则，《草案》在 ISDS 中也被视作圭臬，其第4条规定："任何国家机关，不论行使立法、行政、司法职能，还是任何其他职能，不论在国家组织中具有何种地位，也不论作为该国中央政府机关或一领土单位

〔1〕 See *EDF International S. A. , SAUR International S. A. and León Participaciones Argentinas S. A. v. Argentine Republic*, ICSID Case No. ARB/03/23, Award, 11 June 2012, p. 930.

〔2〕 See *Burlington Resources Inc. v. Republic of Ecuador*, ICSID Case No. ARB/08/5, Decision on Liability, 14 December 2012.

〔3〕 See Jarrod Wong, "Umbrella Clauses in Bilateral Investment Treaties: Of Breaches of Contract, Treaty Violations, and the Divide Between Developing and Developed Countries in Foreign Investment Disputes", *George Mason Law Review*, 14 (2006), pp. 169~170.

〔4〕 See *Garanti Koza LLP v. Turkmenistan*, ICSID Case No. ARB /11/20, Award, 19 December 2016, pp. 169~172.

〔5〕 Jonathan B. Potts, "Stabilizing the Role of Umbrella Clauses in Bilateral Investment Treaties: Intent, Reliance, and Internationalization", *Virginia Journal of International Law*, 51 (2011), p. 1006.

〔6〕 See *Garanti Koza LLP v. Turkmenistan*, ICSID Case No. ARB /11/20, Award, 19 December 2016, p. 1043.

〔7〕 See *Garanti Koza LLP v. Turkmenistan*, ICSID Case No. ARB /11/20, Award, 19 December 2016, p. 1045.

〔8〕 See *Garanti Koza LLP v. Turkmenistan*, ICSID Case No. ARB /11/20, Award, 19 December 2016, p. 1042.

机关而具有何种特性，其行为都应视为国际法所指国家行为。机关包括依该国国内法具有此种地位的任何个人或实体。"据此，实践无不支持国家机关或职能部门在履行合同时代表国家。

但社会团体或国企的国家代表性却更复杂。既往案例多援用《草案》第5条和第8条。第5条规定："虽非第四条所指国家机关但经该国法律授权而行使政府权力要素的个人或实体，其行为应视为国际法所指国家行为，但以该个人或实体在特定情形下以此资格行事者为限。"下文以 Bosh v. Ukrain 案考察该条适用。

Bosh 是一家美国公司，B&P 是 Bosh 的子公司。B&P 与乌克兰某国立大学签约开发大学物业。B&P 需对项目投入资金等资源，作为回报，B&P 将拥有项目50%份额直至2027年，合同设立提前终止条款。随后在大学自身和政府部门两次审计中，项目被认定违反合同和国内法，因而触发提前终止条款，大学因此申请乌克兰法院终止合同并得到准许。为此，Bosh 和 B&P 提起 ISDS 仲裁，以大学提前终止合同行为违约为由主张乌克兰违反保护伞条款。

仲裁庭解读了《草案》第5条后指出，大学非国家机关，其行为视为国家行为至少应满足两点：（1）经乌克兰法授予行使政府权力要素；（2）大学相关行为与行使政府权力有关。[1]在考察乌克兰法并得出大学满足第一项条件后，仲裁庭认为依据乌克兰《高等教育法》，大学在同其他教育机构、组织或企业合作时其权利如同自治高等教育机构，因此第二个条件不满足。[2]同时美乌 BIT 第 I（1）（f）款和相应官方解读将国企与国家视作法律人格彼此独立的实体，所以即使国家应确保国企行使政府权力时遵守国家义务，也不能依此认定其行为归因于国家，[3]也就不可适用保护伞条款。[4]

总之，不仅有政府权力资格，且违约行为依此行事的非国家部门行为才是国家行为。Garanti Koza v. Turkumenistan 案也支持该观点。TAY 因总统授权而代表国家履行公路建设职能，履行时有多个国家机构配合，合同本身依总统令订立，[5]所以仲裁庭认为 TAY 依约支付进度款是代表政府行事。[6]

《草案》第8条规定："如果一人或一群人实际上是按国家指示或在其指挥或控制下行事，其行为应视为国际法所指的一国行为。"2014年裁决的 Tulip v. Turkey 案[7]即适用该条款。

该案所涉投资合同当事方 Emlak 公司39%股份属于土耳其负责公房管理的政府部

---

〔1〕 See *Bosh International, Inc. And B & P, Ltd Foreign Investments Enterprise v. Ukraine*, ICSID Case No. ARB/08/11, Award, 25 October 2012, p. 164.

〔2〕 See *Garanti Koza LLP v. Turkmenistan*, ICSID Case No. ARB/11/20, Award, 19 December 2016, p. 177.

〔3〕 See *Garanti Koza LLP v. Turkmenistan*, ICSID Case No. ARB/11/20, Award, 19 December 2016, pp. 181~184.

〔4〕 See *Garanti Koza LLP v. Turkmenistan*, ICSID Case No. ARB/11/20, Award, 19 December 2016, p. 246.

〔5〕 See *Garanti Koza LLP v. Turkmenistan*, ICSID Case No. ARB/11/20, Award, 19 December 2016, p. 352.

〔6〕 See *Garanti Koza LLP v. Turkmenistan*, ICSID Case No. ARB/11/20, Award, 19 December 2016, p. 354.

〔7〕 See *Tulip Real Estate and Development Netherlands B. V. v. Republic of Turkey*, ICSID Case No. ARB/11/28, Award, 10 March 2014.

门，合同项目是开发商住两用不动产。作为回馈，开发商可以出售项目中的商住单元期房，收益在开发商和 Emlak 间分配。[1]

履约发生争议，Emlak 单方终止合同。申请人分别援引《草案》第 4、5、8 条主张 Emlak 终止合同行为可归因于国家。[2]仲裁庭以未找到法律依据为由认定 Emlak 行为不满足第 4 条和第 5 条。[3]接着仲裁庭指出不可仅因 Emlak 由国家部门多数控股就认定行为满足第 8 条。此时仲裁庭引用条款特别起草人 James Crawford 的《国际法委员会国家责任条款：简介、条文和评注》（以下简称《评注》）的观点："……必须想到国际法承认公司实体一般分离于国家，除非'公司面纱'仅是欺骗或回避的策略或工具。国家创建公司的事实无论依特别法或其他都不足以依此将实体后续行为归因于国家……另一方面，如有证据表明公司正行使公权力，或国家正利用其拥有或者控制公司的所有者权益获得特定目的，则争议行为可归因于国家。"[4]

在分析了公司受国家控股的事实及组织章程、专家意见等依据后，仲裁庭认为某些情况下，Emlak 行为确可依第 8 条归因于国家。[5]但在分析了 Emlak 内部会议记录后，仲裁庭认定终止合同并非"依国家指示或在其指挥或控制下行事"，不满足《草案》第 8 条规定。

上述两案以《草案》为基本依据，以《评注》为重要参考，以国际法、既往案例、权威著述、国内法及公司内部章程作参考。在考虑第 5 条的适用时，法律文件被作为主要参照；在考虑是否符合第 8 条时，若无明确法律规定则倚重行为事实。无论最近裁决的 Almås v. Poland 案，[6]还是更早的 Hamester v. Ghana Noble 案[7]、Ventures v. Romania 案[8]、EDF v. Romania 案[9]等保护伞条款案件都印证了这一思路。然而就此认定仲裁已对归因达成一致过于草率。可授权个人或实体行使政府权力的法律文件范围如何确定？政府权力要素行为标准如何界定？以同年作出裁决的 Almås v. Poland 案和 Garanti Koza v. Turkumenistan 案对比，单就事实很难理解为何前案国家部门监管下的农业政策组织管理耕地行为是一般市场行为，[10]而后案基建行为却是政府职能。在 Bosh v. Ukrain 案中，仲裁庭以国内和国际法文件为认定依据，但假如行为实际上是行

---

〔1〕 See *Garanti Koza LLP v. Turkmenistan*, ICSID Case No. ARB /11/20, Award, 19 December 2016, pp. 65~69.

〔2〕 See *Garanti Koza LLP v. Turkmenistan*, ICSID Case No. ARB /11/20, Award, 19 December 2016, p. 233.

〔3〕 See *Garanti Koza LLP v. Turkmenistan*, ICSID Case No. ARB /11/20, Award, 19 December 2016, pp. 281~300.

〔4〕 See *Garanti Koza LLP v. Turkmenistan*, ICSID Case No. ARB /11/20, Award, 19 December 2016, p. 306.

〔5〕 See *Garanti Koza LLP v. Turkmenistan*, ICSID Case No. ARB /11/20, Award, 19 December 2016, p. 308.

〔6〕 See *Mr. Kristian Almås and Mr. Geir Almås v. The Republic of Poland*, PCA Case No. 2015-13, Award, 27 June 2016.

〔7〕 See *Gustav F W Hamester GmbH & Co KG v. Republic of Ghana*, ICSID Case No. ARB/07/24, Award, 18 June 2010.

〔8〕 See *Noble Ventures, Inc. v. Romania*, ICSID Case No. ARB/01/11, Award, 12 October 2005.

〔9〕 See *EDF (Services) Limited v. Romania*, ICSID Case No. ARB/05/13, Award, 8 October 2009.

〔10〕 See *Mr. Kristian Almås and Mr. Geir Almås v. The Republic of Poland*, PCA Case No. 2015-13, Award, 27 June 2016, p. 219.

使政府职能，又可否通过国内法规避对政府权力要素的认定呢？此外如在适用国际法和国内法时出现矛盾，又该如何取舍？或许有人认为既然是投资约仲裁，自然国际法优先适用。但考虑到进入东道国的投资一般受国内法调整，合同也会专门约定准据法，适用国内法更贴近国情，符合国民待遇原则，仲裁庭是否可能向国内法倾斜呢？笔者认为归因问题在结合法律与事实考量的同时，合适论断仍存在个案差异。

四、保护伞条款对非合同义务的适用

保护伞条款常用于东道国合同义务，所以最受关注的问题是适用的合同义务性质。但并非非合同义务就不能适用保护伞条款，对其认识也存在差异。

非合同义务包括立法和抽象行政行为下的义务和其他单边行为产生的义务。因保护伞条款中的义务只能是法律义务，[1]而单边行为脱离合同和法律，所以只能以法律为载体才能转化为有约束力的义务。Enkev Beheer v. Poland 案即以缺乏法律依据为由否认政府单方承诺是法律义务，驳回保护伞条款请求。[2]

而立法和抽象行政行为来自公权，有时会与其他 BIT 条款请求重合，因此一些案例尽管涉及保护伞条款请求，仲裁庭仍先予以回避，转而适用其他条款。当请求依其他条款成立，即无需考虑保护伞条款的适用，反之，如其他法律依据被驳斥，仲裁庭也可以相同理由驳回保护伞条款请求。Tulip v. Turkey 案仲裁庭即在申请人以行为违反国内法和 BIT 其他条款为由提出适用保护伞条款时，依上述思路认定保护伞条款请求不成立。[3]Ascom and Others v. Kazakhstan 案仲裁庭在以公平公正待遇条款支持申请人请求后，也以其未依保护伞条款提出额外救济为由不再考虑。[4]

也有案例正面回应了立法义务是否适用保护伞条款。以 SGS v. Pakistan 案和 SGS v. Philippines 案为例，前者认为保护伞条款义务可包含"当地立法、行政或其他缔约方单方措施"；[5]后者认为义务虽不限于合同，但须对应于特定投资，所以不包括所有"当地立法、行政或其他缔约方单边措施"，但该案裁决考虑了瑞菲 BIT 与瑞巴 BIT 文本区别，瑞菲 BIT 保护伞条款将义务限定于与特定投资有关，这不同于瑞巴 BIT。[6]

21 世纪初，阿根廷因比索危机连续颁布调整政策，遭致数十起 ISDS 仲裁，其中多

〔1〕 See *CMS Gas Transmission Company v. The Republic of Argentina*, ICSID Case No. ARB/01/8, Decision on Annulment, 25 September 2007, p. 89.

〔2〕 See *Enkev Beheer B. V. (of the Netherlands) v. The Republic of Poland*, PCA Case No. 2013-01, First Partial Award, 29 April 2014, p. 378.

〔3〕 See *Tulip Real Estate and Development Netherlands B. V. v. Republic of Turkey*, ICSID Case No. ARB/11/28, Award, 10 March 2014, pp. 448~451.

〔4〕 See *Ascom Group S. A., Anatolie Stati, Gabriel Stati, Ascom Group S. A. and Terra Raf Trans Traiding Ltd v. Kazakhstan*, SCC Case No. 116/2010, Award, 19 December 2013, pp. 1313~1316.

〔5〕 See *SGS Société Générale de Surveillance S. A. v. Islamic Republic of Pakistan*, ICSID Case No. ARB/01/13, Decision of the Tribunal on Objections to Jurisdiction, 6 August 2003, p. 166.

〔6〕 See *Garanti Koza LLP v. Turkmenistan*, ICSID Case No. ARB /11/20, Award, 19 December 2016, p. 121.

起直击立法是否产生保护伞条款义务问题。首先是 LG&E v. Argentina 案，该案仲裁庭认为因阿根廷于 20 世纪 90 年代颁布的《货币兑换法》《天然气法》等法律与投资直接相关，不是一般性质立法，所以违反它们足以适用保护伞条款。[1]接下来是 Enron v. Argentina 案，该案裁决指出只要与投资有关，国内法下义务也属于保护伞条款下义务。[2]最后是 CMS v. Argentina 案撤销裁决，该裁决指出：①美阿 BIT 保护伞条款措辞——"可能确立的与投资有关的任何义务"清晰表明义务是独立于 BIT 的东道国法或可能的国际法下针对特定人的合意性义务；②义务与投资专门有关，不包括东道国法的普遍性要求；③义务当事人不因保护伞条款改变；④义务指向投资公司的，未取得控制地位的股东不受约束。[3]

《能源宪章条约》第 10（1）款也包含保护伞条款，规定"缔约各方应遵守其确立的与任何其他缔约方一名投资者或一名投资者的一项投资的任何义务。"Al-Bahloul v. Tajikistan 案仲裁庭认为该条款包涵"法令和合同在内的任何义务"，但须是与特定投资者及其投资间的义务，因此不指向法律中的一般义务。[4]Khan Resources v. Mongolia 案则认可东道国《外国投资法》中的义务也属于第 10（1）款下的义务。[5]

诸多相关案例中，2016 年 7 月裁决的 Philip Morris v. Uruguay 案作为涉知识产权投资的案件值得特别关注。该案中乌拉圭通过立法对烟草包装提出要求，包括在烟草外包装规定区域以规定形式和大小印上警示图片和文字以及各品牌烟草只使用一种包装或描述。这些要求缩小了烟草商标在外包装上的面积，也迫使一些知名烟草包装退市。申请人声称东道国行为违反其通过商标授予而承担的义务，并提起保护伞条款请求。[6]仲裁庭指出从政府观点与仲裁实践来看，保护伞条款义务与投资者投资有关，不包括法律中的一般义务。[7]所以应确认商标究竟是一般立法下义务，还是基于其分别授权特点而属于针对特定投资或投资者的义务。仲裁庭认为商标仅意味着允许投资者进入一个统一开放的商标体系，因而不同于批准或合同，乌拉圭未因授予商标而确立关于投资的特定义务。此外商标下的义务不确定，它只是一项一般法律框架的一部分，其被授予权利可依法律内容改变。[8]因此商标不是保护伞条款义务，该请求因此被拒。

---

　　[1]　See *LG&E Energy Corp. , LG&E Capital Corp. and LG&E International Inc. v. Argentine Republic*, ICSID Case No. ARB/02/1, Decision on Liability, 3 October 2006, p. 174.

　　[2]　See *Enron Creditors Recovery Corporation（Formerly Enron Corporation）and Ponderosa Assets, L. P. v. Argentine Republic*, ICSID Case No. ARB/01/3, Award, 22 May 2007, p. 274.

　　[3]　See *CMS Gas Transmission Company v. The Republic of Argentina*, ICSID Case No. ARB/01/8, Decision of the Ad hoc Committee on Argentina's application for Annulment, 25 September 2007, p. 95.

　　[4]　See *Mohammad Ammar Al-Bahloul v. The Republic of Tajikistan*, SCC Case No. V 064/2008, Partial Award on Jurisdiction and Liability, 2 September 2009, p. 257.

　　[5]　See *Khan Resources Inc. Khan Resources B. V. CAUC Holding Company Ltd. v. The Government of Mongolia MonAtom LLC*, PCA Case No. 2011-09, Decision on Jurisdiction, 25 July 2012, pp. 437~438.

　　[6]　See *Philip Morris Brand Sàrl（Switzerland）, Philip Morris Products S. A.（Switzerland）and Abal Hermanos S. A.（Uruguay）v. Oriental Republic of Uruguay*, ICSID Case No. ARB/10/7, Award, 8 July 2016, p. 450.

　　[7]　See *Garanti Koza LLP v. Turkmenistan*, ICSID Case No. ARB /11/20, Award, 19 December 2016, p. 478.

　　[8]　See *Garanti Koza LLP v. Turkmenistan*, ICSID Case No. ARB /11/20, Award, 19 December 2016, pp. 480~481.

可见当仲裁庭考虑立法下的义务是否适用保护伞条款时意见有所不同,但从发展趋势来看,如果抽象行为下的义务专门针对投资,受其直接影响的投资者可对违反义务的行为主张适用保护伞条款。

五、"一带一路"背景下的保护伞条款适用策略

(一)价值基础——东道国权力与投资者权利的平衡

在寻求通过条款的设计促进投资条约发挥价值时,我们应首先理解 BIT 的价值基础。许多 BIT 被冠以"促进投资"的名义,然而就数据来看,BIT 似乎并未体现出与海外直接投资明显的正相关性。以联合国贸易和发展会议(以下称为"UNCTAD")于2016 年 6 月发表的世界投资报告[1]和富国银行投资研究所于同年 10 月发布的全球投资战略报告[2]披露的数据为参考,近三十年来,投资条约数量的增长速度与每年全球海外直接投资总额的变化并未体现出明显的正相关性。尤其是在 1996 年至 2007 年间,世界经济经历了亚洲金融危机、"9·11 恐怖袭击"、阿富汗和伊拉克战事以及世界主要国家经济泡沫过度膨胀等动荡的冲击,尽管投资在波动中整体呈现迅速增长的趋势,新签订投资条约的数量却呈明显下降趋势。或许关联效果的产生会有一定滞后性,然而在不清楚这一滞后时长的前提下,投资条约与海外投资间的关系是无法得以体现的。[3]并且从 20 世纪下半叶各国经济发展的成功经验来看,真正能决定投资兴衰的应该是各国国内的法制、生态、政治和经济等宏观环境,这也是投资者选择东道国时考虑的主要因素,投资条约的作用是极其次要的。正如 UNCTAD 在其报告中所述,"由于对外直接投资的流动由多重因素决定,期待仅通过与对外直接投资部分政策框架有关的双边投资协议促进投资环境是不合理的"。[4]

然而,虽然一份考虑周全的投资协定不一定是吸引投资者的主因,但一份极为糟糕以致影响投资环境稳定性的协定却可能打击投资积极性。因此,尽管一国不能通过投资协定为投资者积极提供利益,但却可以通过协定使投资者在现有环境下所能期待的利益得到保障。假定 A 国环境极不适合开展投资,而且很难在短期改善,同时对外投资需求很小,那么在 BIT 订立时该国向投资者利益让步,将使其面临较大的与投资者法律对抗风险。由于国际仲裁一般认定 BIT 有保护和促进投资的目的,BIT 内容也与

〔1〕 See UNCTAD, "World Investment Report 2016 - Investor Nationality: Policy Challenges", p. 101, http://unctad. org/en/PublicationsLibrary/wir2016_ en. pdf, last visited on 8 September 2018.

〔2〕 See Wells Fargo Investment Institute, "Global Investment Strategy Report: Globalization is Evolving, Not Ending", https://www08. wellsfargomedia. com/assets/pdf/personal/the-private-bank/GISR_ Globalization_ Evolving_ Not_ Ending_ 103116_ ADA. pdf, last visited on 8 September 2017.

〔3〕 See Jan Peter Sasse, *An Economic Analysis of Bilateral Investment Treaties*, Wiesbaden: Springer Gabler, 2011, p. 69.

〔4〕 See UNCTAD, "World Investment Report 1998: Trends and Determinants", 1998, p. 20, http://unctad. org/en/Docs/wir1998_ en. pdf, last visited on 8 September 2018.

突出投资者权利保障有关，因此，A 国卷入 ISDS 纠纷且管辖权被接受时，结果多会对其不利。出于这方面考虑，A 国在 BIT 谈判中不可避免地会对授予投资者的利益有所保留。然而，引进投资是从落后走向繁荣的必经之路，经济发展之后也必然需要资本对外扩张，所以但凡正常国家都会存在利益动机为投资提供合理的制度保障。比如，对于本土环境差的国家而言，由于国内经济往往落后，需要通过境外资本和技术带动本国发展。而条约又有一定的政治宣示作用，如果一份 BIT 明显对投资者不利，就如同一块清楚直白的警示牌，告诉投资者此国危险，请勿靠近，外资因此敬而远之，导致国家与国际发展的脱轨，对国家存百弊而无一利。而对于本土环境较好的国家，由于投资者的利益期待会与其实际获得利益接近，发生国家与投资者冲突的概率更低，且这类国家经济条件亦尚可，有一定的对外投资需求，就更无需避免在投资协定中为投资者可能获得的利益提供合理保障与承诺了。再顾及投资环境缺陷尚可通过后续制度手段予以改善，投资者利益保护在国际谈判中却不可回避，为达成共识，BIT 双方必然不能过分关注东道国利益，BIT 的缔结自然就成为国家权力向投资者权利妥协的结果了。

综上，两国在 BIT 谈判中既不可能过分迁就于投资者，为其提供明显的超国民待遇，以致损害国家和境内国民的利益，又需要对投资者权利提供合理的承诺与保障，由此兼顾国家与投资者利益的平衡，并制定出一份符合各自国情的法律文件。出于这一考虑，投资条约才会在长期发展中形成近似框架，包含相近条款，比如表述相近的序文、投资定义条款、国民待遇条款、最惠国待遇条款、公正与公平待遇条款、征收条款、资产转移条款和争端解决条款等，而各国在这一框架下展开谈判，并针对彼此情况对具体内容"微调"，从而缔结投资条约，最终形成当代的国际投资法秩序，若对这一基本框架都不接受，很难取得任何法律成果。

（二）基本思路——基于营商环境与境外投资的国别分析

虽然投资条约的订立要兼顾东道国和投资者利益，但正如前述，在基本框架确定的前提下，投资条约已不再能承担促进引资的重任，且国家一般不希望管理国内投资的经济主权过分受制于国际条约，所以就谈判各方而言，主要考虑的投资者利益应当是本国海外投资者利益，并将谈判重心放在本土利益和本国海外投资的利益平衡上，以促进帕累托最优的实现。又由于在一般情况下，一国可能遭受的来自国际法冲击的大小受其本土投资环境影响，本土环境越差，则与一般国际条约要求的差距越大，就越会对投资协定带来的冲击有所顾忌；本土环境越好，就越可能满足甚至超过国际条约的要求，对投资协定的冲击顾忌也就越小。我们可以依本土投资环境和海外投资利益两个因素，对"一带一路"沿线国家分类，以此判断这些国家各自需要怎样的投资条约。在此基础上，笔者以本土投资环境的好坏为横轴，以海外投资利益大小为纵轴，建立如下象限仪（见图 1）：

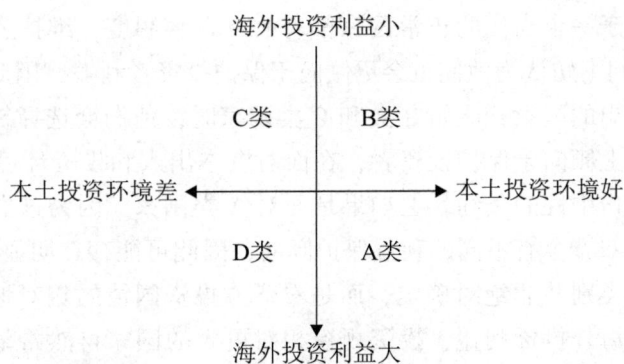

海外投资利益小

C类　　　B类

本土投资环境差 ←　　　　　　　　　→ 本土投资环境好

D类　　　A类

海外投资利益大

图1　象限仪

基于该象限仪，笔者将国家分为四种类型：A 类国家本土投资环境较好，海外投资利益较大；B 类国家本土投资环境较好，海外投资利益较小；C 类国家本土投资环境较差，海外投资利益较小；D 类国家本土投资环境较差，海外投资利益较大。笔者以世界银行 2017 年发布的"经济体营商效率排名"评估一国本土投资环境，[1] 以美国中央情报局发布的对外直接投资存量排名（数据更新至 2017 年年底）[2] 来评估一国的海外投资利益。在"一带一路"国家中，A 类国家代表是新加坡、阿联酋和马来西亚，这三国营商效率排名都在前 25 名，同时对外投资存量也在 35 名以内；B 类国家代表是马其顿、爱沙尼亚和拉脱维亚，这三个国家营商效率排名进入前 20 名，但对外投资存量偏小，排在 60 名开外；C 类国家代表是叙利亚、也门、阿富汗，这三个国家的营商效率排在 170 名开外，对外投资几乎没有；D 类国家代表是印度、科威特和菲律宾，这三个国家海外投资存量进入世界前 45 名，但营商效率却在 95 名开外。依据这四类国家各自所体现的本土环境与海外投资规模，我们可以分别推断其将如何兼顾海外投资与本国利益平衡，进而在投资条约谈判中选择采取何种立场。

A 类国家对苛刻的国际投资环境标准的融入能力较强，因而在投资谈判时会更多考虑投资者利益的保护，不仅希望条约能添加更多有利于投资者的内容，而且在细节把握上也更多地向投资者倾斜。B 类国家因为本国与境内外国投资者冲突风险和对外投资利益都较小，因此其在条约谈判中需要顾虑的因素更少，容易向其他谈判方立场倾斜。C 类国家更希望条约内容的设置偏向于东道国，由于投资条约内容基本上与保障投资者利益有关，因此他们会在细节上追求条款的内容向东道国倾斜，细节上无法灵活通融的条款，则会追求文本的模糊化、简约化处理。D 类国家既希望条约能维护东道国利益，又希望投资者的利益得到保障，条约的同一条款看似很难同时兼顾投资者

---

〔1〕 See The World Bank, "Ease of doing business index", updated to 31 October 2017, http://data. worldbank. org/indicator/IC. BUS. EASE. XQ? year_high_desc=false, last visited on 8 September 2018.

〔2〕 See Central Intelligence Agency, "Stock of Direct Foreign Investment-Abroad", updated to 31 December 2017, https://www.cia. gov/library/publications/the-world-factbook/rankorder/2199rank. html, last visited on 8 September 2018. 笔者在引用该数据时，考虑到欧盟并非一个单一国家，不宜与其成员国并列比较排名，故未将其计入排名内。

和国家利益，但由于一个当代的正常国家都有改良自身制度，维护公正并融入国际社会的"善性"，我们不妨认为他们也会更倾向于保护投资者利益，因此，至少在面对投资关系呈资本净输出的国家，比如 B 类和 C 类国家时，他们会选择在条款的措辞上更加严谨精确，细节上倾向于保护投资者，在面对资本出入和投资环境相当的 D 类国家时，则愿意达成一份中性的条约。但如果是面对 A 类国家，因为这类国家能承受更高的投资环境要求，双方会有不同的利益保护倾向，因此可能存在明显立场差异。当然，谈判国双方所处的类别并非绝对确定，而是看双方投资国情的相对地位。投资规模也不一定能全面反映海外投资利益，投资规模相对更大的国家自然希望本国海外投资者利益能得到对方更好的保护，但即使绝对规模偏小，在本国经济总量中所占比值很重，该国也具有较强的投资利益。因此具体立场推断还是要依具体国情比较确定。但无论如何，依海外投资利益和本国投资环境来评估谈判立场，是确定应对策略的基本思路。

（三）策略实现——以保护伞条款模式的变换为手段

虽然保护伞条款的适用存在前述四方面的不确定性，但这些不确定性可以通过条款的措辞予以明确，从而消除争议，因为从投资条约仲裁法理与实践来看，东道国与母国间的投资条约才是最根本和直接的依据。从这一角度考虑，条款的不确定性反而是可以被利用的可变因素，促进投资协定谈判的策略实现。

首先，关于适用的合同是否只限于投资性质的合同，如果双方将保护伞条款表述为"东道国应遵守与投资或投资者有关的包括商事和非商事性质在内的一切合同义务"，则应当将投资者与东道国间的商事合同也纳入适用，这样即使因争议事项超出"投资"的范围而不能依照《华盛顿公约》获得裁决，也可以依 BIT 设立的其他国际仲裁机制处理；但如果表述为"东道国应遵守与缔约另一方投资者与投资有关的合同义务"，则显然只保护投资合同上的义务。其次，关于管辖权条款，如果希望在出现违约争议时，依据投资合同具体约定的管辖权条款优先或排他处理争议，则可以在条约的争议解决部分规定当东道国与另一国投资者或其投资间就争议解决另有约定时，则依据该约定解决双方争议；但如果希望保护伞条款的适用超越管辖权条款时，则可以在条约争议解决部分明确，东道国与另一国投资者或其投资间的争议解决条款不得排除或优先于本条约争议解决机制适用。再次，对于可归因于国家的违约行为，如果希望只有国家机关在行使职权时违背了对投资者的承诺才适用保护伞条款，可以约定东道国的政府部门应遵守与另一国投资相关的承诺；但如果希望国家机关以外的具有国家权力资格的机构的一切涉投资行为也适用保护伞条款，则可以约定国家及国家授权机构不得在任何情况下违背针对另一国投资的一切承诺。最后，对于非合同上的义务，如果希望即使国家针对不特定对象作出的承诺亦能适用于保护伞条款，则可以约定东道国应遵守其所确立的与另一国投资有关的任何形式的义务；如果希望只有合同义务或特定义务适用保护伞条款，则可以约定东道国应遵守与另一国的一项投资有关的特定合同义务。

综上，谈判国可以通过对保护伞条款的四个不确定要素的灵活调控使本国投资者在相对方境内获得合适的保护，同时又避免本土利益因为条款的设置而受到过分冲击。

就中国情况而言，在世界银行 2017 年营商效率排名中我国位居第 78 位，[1] 在 CIA（美国中央情报局）同年的对外投资存量排名中我国位居第 11 位，[2] 本土投资环境欠佳，但对外投资规模较大，因此可把我国归为 D 类国家，需要在对外投资协定谈判中对协定给本土环境的冲击和对海外投资的保护都给予充分考量。中国对外投资的迅速增长主要发生于 21 世纪后的十余年，且在最近几年增长尤为迅速，2016 年我国对外直接投资达到 1701 亿美元，[3] 达到峰值，虽然 2017 年回落至 1200 多亿美元，位居世界第三，但 2018 年 1 月至 7 月，对外直接投资同比增长 14.1%，近十年年均增速达到 27.2%，[4] 整体趋势依然平稳，可以预计今后的海外投资利益依然十分显著。此外，虽然我国营商效率排名位居中游，但也要注意随着改革深化，我国在引资上已走过盲目混乱、各自为政、财税倒贴的初级阶段，更加注重基本制度的改良，且政局稳定，经济基本面较好，涉外投资争议很少，因此实际投资环境可能优于营商效率排名情况，具有向 A 类国家转变的潜质。

而"一带一路"沿线国家中，除新加坡、马来西亚等少数国家外，鲜有在华投资存量超过中国在其本土投资存量的，甚至绝大多数国家和地区与中国双向投资明显不对称，所以如果以中国为参照基准，该地区许多国家都可视作 B 类或 C 类国家。另外，促进本国资本"走出去"是"一带一路"意义所在，而现实情况是尽管"一带一路"沿线国家经济总量占全球 29%，人口占全球的 63%，[5] 但我国对"一带一路"国家的投资却不到对外投资总额的十分之一，2016 年甚至比 2015 年还有所下降，[6] 因此积极推动对这一区域的投资是当务之急。所以在与该区域国家谈判时，中国一方面可以以争取谈判主动权为基调，调整与我国国情不符的条款；另一方面，可以向接受偏向于投资保护的条款立场转变。

因此，对于"一带一路"中的多数国家，中国都可以从保护海外投资的角度出发，选择偏向于投资者保护的保护伞条款模型。此时，可以首先确定能实现投资者最大化保护的方案，亦即将上述四方面因素作有利于投资者保护的设置，此时保护伞条款的

---

〔1〕 See The World Bank, "Ease of doing business index", updated to 31 October 2017, http://data. worldbank. org/indicator/IC. BUS. EASE. XQ？ year_high_desc＝false, last visited on 8 May 2018.

〔2〕 See Central Intelligence Agency, "Stock of Direct Foreign Investment-Abroad", updated to 31 December 2017, https://www. cia. gov/library/publications/the-world-factbook/rankorder/2199rank. html, last visited on 8 May 2018.

〔3〕 参见"解析 2016 年中国对外直接投资"，载第一财经研究院网，http://www.cbnri. org/news/5230501. html，最后访问时间：2018 年 10 月 14 日。

〔4〕 参见李婕、吕倩："中国对外直接投资达历史最好水平"，载中华人民共和国中央人民政府网站，http://www. gov. cn/xinwen/2018-08/31/content_5317941. htm，最后访问时间：2018 年 10 月 14 日。

〔5〕 参见"'一带一路'经济总量约 21 万亿美元 约占全球 29%"，载中新网，http://chinanews. com/cj/2014/10-21/6699000. shtml，最后访问时间：2018 年 8 月 14 日。

〔6〕 参见"国资委谈'一带一路'资金来源：坚定不移反对腐败和犯罪"，载中新网，http://www. chinanews. com/gn/2017/05-08/8218121. shtml，最后访问时间：2018 年 8 月 14 日。

表述应是"国家及具有国家权力资格的主体应在任何情况下遵守与另一国投资者及其投资相关的特定或一般性义务"。对于那些我国投资净流出趋势明显，且市场环境较差的 C 类国家，应该积极争取在保护伞条款四个方面变量上都获得有利于我国的安排。对于市场环境很好的 B 类国家，中国可以在考察其历史对中国投资友善程度的基础上再作区分。如果在这些国家内，中国投资受到了长期的友善待遇，可以依据对方立场，按国际投资协定中的保护伞条款一般形式作安排，比如放弃违约行为依主体性质即绝对归因于国家的立场，不予强调，按国际责任法的一般原则处理，只限于与投资合同有关的承诺的遵守，不要求遵守商事合同或非合同义务等。但对于中国投资者曾受到歧视待遇或在这些国家存在重大长期投资的 B 类国家，在保护伞条款要求遵守的义务类型上仍有必要坚持较宽泛的范围，尤其是既有立法政策不可随意变更。对于与我国之间的相互投资利益相当的国家，如果属于 A 类中对中国投资态度友善的国家或地区，可以考虑放弃保护伞条款，以避免来自该国或地区的大规模投资因不适应我国本土投资环境而谋求通过保护伞条款主张我国承担责任，损害我国利益，但对于存在对中国投资的歧视或中国在其境内有重大长期投资项目的国家或地区，中国可以考虑更偏向于投资者利益的保护伞条款模式。然而，鉴于我国有大量的国企和事业单位与外商外资间存在合作，与 A 类国家间的保护伞条款在对国家的归因方面仍有必要选择较保守的立场，避免一些具有一定权力资格的实体的商业违约行为通过保护伞条款上升为国家责任。同时，由于我国依然处于改革深化、社会转型阶段，所以应遵守的义务形式也可以限定于特定和书面义务，避免因政策改变或非正式的口头承诺被追究国家责任。至于和我国同为 D 类的国家，虽然考虑到互相之间可能都存在拥有重要投资、国情相似、经济关系相互倚重等情况，不必采用保护伞条款保护投资者利益。但如果细化考虑，也可以发现本地区的 D 类国家数量并不多，主要有印度、科威特、菲律宾和俄罗斯等国，中国对于这些国家的资本输出基本超过这些国家对中国的资本输入，且此类国家也会存在法制运转不透明、地方保护势力明显、社会观念顽固保守等倾向，可能对我国投资造成影响，所以亦可以基于两国间投资环境和输出资本的对比，选择合适的保护伞条款模式保护我国海外投资利益。最后，在区别化设立保护伞条款的前提下，再明确本条款与争议解决条款皆不适用最惠国待遇原则，以免第三国投资者援引该条款，使其区别保护的作用落空。

中国目前是"一带一路"国家中最大的直接投资输出国，且对于"一带一路"绝大多数国家而言，中国在其境内投资都超出了他们的在华投资。此外不容忽视的是，当前中国在"一带一路"国家中的许多重大投资都属于基建项目。这类投资不仅项目周期长，而且牵涉到生态环境、社会观念、国家安全和地缘政治等敏感因素，加之对外重大投资也伴随着国家间的激烈经济竞争和政治斗争，所以极易因为社会动荡和政局更替受到影响。甚至在其中一些投资环境国际认同度高的国家，重大投资项目也会受到冲击。比如，中国铁建在泰国的高铁项目和碧桂园在马来西亚的房地产项目，都因为政局变化而受到不小的阻力。此类投资与"一带一路"的基本追求密切相关，是我国海外投资中的重点。所以，无论是面对"一带一路"地区的发达国家还是发展中国家，中国都应以在投资协定中确立保护伞条款为基本立场，再在投资协定谈判时中作具体调整，并利用条款变式充分保护我国投资者的利益。

六、结语

据官方数据显示，2017 年我国对外直接投资资本金购汇同比下降 12%，同时非金融类对外直接投资同比下降了 29.4%，然而我国对"一带一路"国家新增投资占比却较上年提高 3.5%。[1]由于西方国家对于中国资本扩张日益警惕，政府甚至不惜直接出手阻止我国的对外投资，因此，面向发展中国家的投资愈加重要。然而对这些国家潜在的政治、经济、社会和法制上的不稳定风险，我们却不得不应有所防备，这也正是"一带一路"倡议下的投资条约价值所在。保护伞条款作为唯一直接给予投资者合同权利以国际法保护的条款，在投资条约订立时自然应得到更多重视。然而目前我国与"一带一路"国家签订的投资条约中仅有不到三分之一涵盖保护伞条款，[2]不仅低于国际水平，而且明显低于其他主要条款的"出镜"频率，与国家战略导向并不一致。笔者希冀此文能引起学者对这一问题更深入的探讨，反思并重新确定保护伞条款的合适定位，改变对该条款的忌避态度，使其在我国对外投资战略中发挥独特价值。

---

〔1〕 参见夏宾："中国外汇局：2017 年对外直接投资购汇同比降 12%"，载中新网，http://www.chinanews.com/cj/2018/01-18/8427553.shtml，最后访问时间：2018 年 9 月 2 日。

〔2〕 参见邓婷婷、张美玉："'一带一路'倡议下中国海外投资的条约保护"，载《中南大学学报（社会科学版）》2016 年第 6 期。

论"一带一路"对外投资中政治风险的防范路径

——以推进人民币国际化法治建设为突破点

许俊伟[1]

摘　要: 5年来,"一带一路"倡议正成为新时代中国向国际社会提供的最受欢迎的公共物品。其深化了我国同沿线国家和地区的金融合作,从多方面对人民币国际化产生了重要影响。不过,因响应"一带一路"倡议的国家多为发展中国家,经济基础较为薄弱、政策环境不够稳定等特征使得在沿线投资的政治风险较高。所以,这必然就要求我国企业充分利用起人民币国际化在提升全球事务话语权、获取全球资源定价权以及减轻对美元依附等方面的优势,有效应对政治风险。基于此,我国应努力塑造人民币的良好法治信用、加强与沿线国家经济关系的制度化构建、健全人民币离岸市场监管体系、建立人民币循环流动机制,逐步深入推进人民币国际化的法治建设。

关键词: 政治风险　人民币国际化　一带一路

---

〔1〕　许俊伟,安徽大学法学院博士研究生。

一、问题的提出

货币国际化是指某国的信用货币职能逐渐向国外推进，并最后成为可以自由流通和交易的国际货币的过程。[1]一国的货币国际化客观反映了其综合国力，所以，人民币定会随着我国国际地位的提升而经历国际化的洗礼。[2]人民币包含了信用货币与法偿货币的性质，可以说人民币当被境外主体使用或持有时，便处在了国际化的进程中。[3]2010 年，中国香港特别行政区设立第一个人民币离岸交易市场后，人民币国际化指数开始不断攀升，从 2010 年的 0.23 提高到了 2013 年的 1.69（见图 1）。[4]与此同时，2013 年秋天提出的"一带一路"倡议将人民币国际化推向了新的发展阶段，这条世界上最长的经济走廊注定会为人民币的区域使用和全球推广提供更多机会。[5]目前，我国已在 7 个沿线国家和地区建立了人民币清算安排，人民币跨境支付系统（CIPS）覆盖了 41 个沿线国家和地区。5 年回首，"一带一路"建设成绩斐然，我国同沿线国家和地区的贸易总额超过 4 万亿美元，"一带一路"倡议正成为新时代中国向国际社会提供的最受欢迎的公共物品。

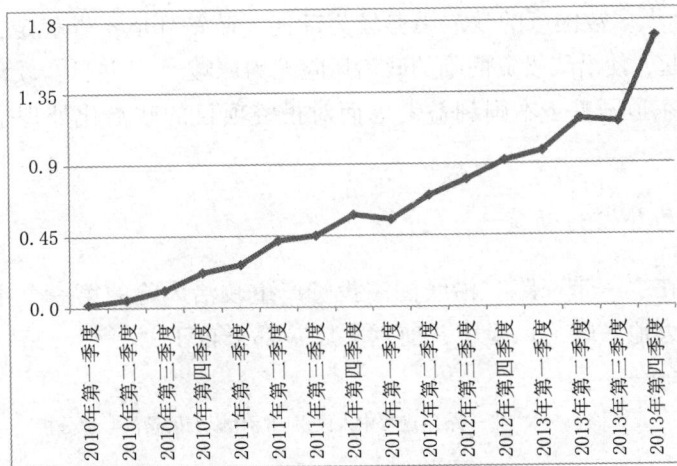

图 1　2010 年第一季度至 2013 年第四季度人民币国际化指数[6]

---

〔1〕 参见严佳佳、辛文婷："'一带一路'倡议对人民币国际化的影响研究"，载《经济学家》2017 年第 12 期。

〔2〕 参见彭兴庭：《金融法制的变迁与大国崛起》，法律出版社 2014 年版，第 325 页。

〔3〕 参见张西峰："主权货币国际化的法律分析——兼论人民币国际化的法律对策"，载《学术交流》2015 年第 2 期。

〔4〕 参见韩玉军、王丽："'一带一路'推动人民币国际化进程"，载《国际贸易》2015 年第 6 期。

〔5〕 参见周天芸："'一带一路'建设对人民币国际化的影响机制研究"，载《求索》2017 年第 11 期。

〔6〕 中国人民大学国际货币研究所：《人民币国际化报告 2014》，中国人民大学出版社 2014 年版。

而且，"一带一路"建设深化了我国同沿线国家和地区的金融合作，从多方面对人民币国际化产生了重要影响。从外部来看，"一带一路"倡议带来的网络外部性降低了使用人民币的交易成本，产生的棘轮效应将进一步加深人民币的使用惯性；从内部来看，"一带一路"建设会倒逼我国当下的金融体制改革，通过专业化货币流通机制的建立维持汇率稳定。质言之，"一带一路"是人民币国际化加以推进所不可或缺的平台。[1]沿线21万亿美元的经济总量以及44亿的人口数量使得这样一个以亚欧为轴心的全球化市场具有巨大潜力，我国企业也逐渐掀起了投资热潮。随着国内经济已进入新常态，向沿线国家转移优势产能的趋势已然不可逆转，[2]我国企业亦从简单的建筑施工向产能结合跨越。2013年我国的对外直接投资流量首次超过千亿美元，[3]2015年我国对"一带一路"沿线国家和地区直接投资额度为148.2亿美元。[4]截至2017年，我国已与沿线国家共建成了35个境外经贸合作区，投资存量达185.5亿美元。透过这一系列数据可见，"一带一路"正成为拉动我国经济增长的特殊动力源。

二、在沿线国家投资易产生政治风险的主要原因

对外直接投资风险基本上能够归纳为：企业在东道国的投资收益低于预期的可能性。[5]一国企业面临的政治风险是指因东道国政治环境的变化而使该国企业的投资项目遭受到巨大威胁，导致流产或失败。[6]其具有一定客观性，企业根本无法通过自身行为实现完全规避，这就需要将母国政府作为化解风险的主体。在"一带一路"沿线的65个国家中，大多数国家的政治局势较为动荡、政策环境不够稳定，各种错综复杂的问题交织在一起，使沿线投资面临的政治风险尤为严峻。[7]并且，政治风险在打击投资企业的同时，东道国基于本国利益考虑而对投资项目的政治化处理也极易造成众多不利后果。[8]

（一）政治局势较为动荡

政局动荡是在"一带一路"沿线国家投资产生政治风险的第一个主要原因，在全球风险最高的十大地缘政治风险中，前六大风险都来自于"一带一路"沿线。这片区

---

〔1〕 参见林乐芬、王少楠："'一带一路'进程中人民币国际化影响因素的实证分析"，载《国际金融研究》2016年第2期。

〔2〕 参见孟刚："'一带一路'建设推进人民币国际化的战略思考"，载《上海金融》2017年第10期。

〔3〕 参见王金波："双边政治关系、东道国制度质量与中国对外直接投资的区位选择——基于2005～2017年中国企业对外直接投资的定量研究"，载《当代亚太》2019年第3期。

〔4〕 参见许阳贵、刘石刚："中国与'一带一路'沿线国家贸易及其影响因素"，载《热带地理》2019年第06期。

〔5〕 参见李原、汪红驹："'一带一路'沿线国家投资风险研究"，载《河北经贸大学学报》2018年第4期。

〔6〕 参见陈波："'一带一路'背景下我国对外直接投资的风险与防范"，载《行政管理改革》2018年第7期。

〔7〕 参见黄河、Starostin Nikita："中国企业海外投资的政治风险及其管控——以'一带一路'沿线国家为例"，载《深圳大学学报（人文社会科学版）》2016年第1期。

〔8〕 参见徐卫东、闫泓汀："'一带一路'倡议下的海外投资法律风险对策"，载《东北亚论坛》2018年第4期。

域既是地缘冲突的热点, 又是政治角逐的焦点, 投资风险伴随竞争的加剧还将会进一步上升。而且, "一带一路" 沿线大多处于政权交接与体制改革时期, 恐怖袭击、武装斗争频发, 这些国家也很难具备提供地区公共产品的能力, 缺乏地区领袖与有效的合作机制。中亚五国的政治体制均不太完善, 虽有哈萨克斯坦这个国内政局相对稳定的国家, 为其他四国起到了示范, 但其他四国的政局不容乐观。

(二) 政策环境不够稳定

"一带一路" 沿线国家大都位于地缘政治的 "破碎地带", 东道国随意违约情况严重。作为一项全新的对外合作模式, "一带一路" 倡议中的企业投资往往会遇到众多复杂争议, 这无疑就需要稳定的政策环境加以引导。然而, 事实却是 "一带一路" 区域中的部分国家民主化程度不高, 政策变更频繁, 找大量借口调整原有的投资政策, 对外国的直接投资设置障碍, 使得投资项目经常陷入 "陷阱"。依据《中国海外投资国家风险评级 (2018) 》观察, 除个别国家外, "一带一路" 沿线国家的投资风险较高, 其中新兴经济体的政治风险尤为突出, 高于世界其他区域 (见表1)。

表1 "一带一路" 沿线主要国家评级结果[1]

等级	国家	2017 评级结果
1	新加坡	AA
2	阿联酋等 7 国	A
3	沙特阿拉伯等 19 国	BBB
4	塔吉克斯坦等 7 国	BB
5	伊拉克	B

基于 "一带一路" 沿线国家政治风险多发、政治体制复杂、历史传统多样的特征, 我国对外投资者应学会理性审视,[2] 尽量在最大限度内与东道国探索出的经济发展之道相结合, 我国政府则必须与俄罗斯的 "欧亚经济联盟"、英国的 "英格兰北方经济中心"、土耳其的 "中间走廊"、东盟的 "互联互通总体规划"、沙特的 "2030 愿景"、蒙古的 "发展之路" 实现高效对接。特别是在经历 "阿拉伯之春" 后, 中东国家开始普遍制定规划来谋求发展, 例如卡塔尔制定的 "2030 国家发展规划"、阿联酋制定的 "2021 战略规划"。但值得注意的是, 曾作为中东国家发展样板的土耳其正面临严重危机, 我国对外投资者应如何采用合理的投资模式应对需要被深入分析。

(三) "中国威胁论" 喧嚣日上

随着我国近年来国际地位的不断攀升, 企业海外的投资规模也越来越大。[3]40 年

---

〔1〕 参见中国社科院世经政所国际投资研究室: "中国海外投资国家风险评级 (2018) "。

〔2〕 参见刘勇: " '一带一路' 投资风险及其法律应对——以 '尤科斯诉俄罗斯案' 为视角", 载《环球法律评论》2018 年第 1 期。

〔3〕 参见吴志敏: "中国企业海外投资风险规避及绩效分析", 载《河南社会科学》2017 年第 7 期。

来的改革开放成果举世瞩目，我国经济的年平均增长率达到了 9.8%。按照世界银行的数据显示，我国经济对世界经济增长的贡献率已超过美欧日三大发达经济体的贡献率之和。自 2010 年起，我国 GDP 就始终位居全球第二。2017 年，我国货物进出口总额达 27.79 万亿元。截至 2018 年 6 月，我国外汇储备已有 3.11 万亿美元。今年前 7 个月，我国企业对"一带一路"沿线的 54 个国家的新增投资，合计达 85.5 亿美元，同比增长 11.8%。然而，正是因为这种巨大的经济体量和投资规模，某些西方国家及媒体大肆渲染"中国威胁论"，误导性地指责与报道我国企业正常投资给东道国造成的威胁。不仅如此，这些西方国家及媒体还刻意煽动当地民众反华，利用其在全球的影响力向东道国施压，将我国私营主体的投资视为经济渗透，把我国国有企业的投资看作政治渗透。

依据《中国企业海外形象调查报告（2016 中东欧版）》来看，我国企业在国外民众心中的形象确实不高（见图 2）。当然，这其中很大一部分原因可能就是由于国外政府经常给我国企业的正常行为扣上"非商业化运作"或者"竞争非中立"的帽子。"是谁在非难中国？是原来的殖民强国！"埃塞俄比亚前总理特别顾问奥库拜直言不讳地道出玄机。激烈的国际竞争使塞尔维亚斯梅代雷沃钢厂面临倒闭，但就在此时，中国河钢集团于 2016 年收购了该工厂，不仅保留了原来的 5000 多名工人，也扭转了连续 7 年亏损的局面。不难发现，"救活一座厂、带动一座城"才是我国企业海外投资的真实写照。在拉美地区，按照联合国拉美经委会的测算，我国经济每 1% 的增长将会实现拉美经济每 0.5% 的增长。不过，因为"一带一路"沿线很多区域常年处在动荡与冲突中，现实中依然会存在我国企业的海外资产被强制转化为东道国所有的风险，即国有化风险，此时就需要我国政府采取相应举措加以保障。

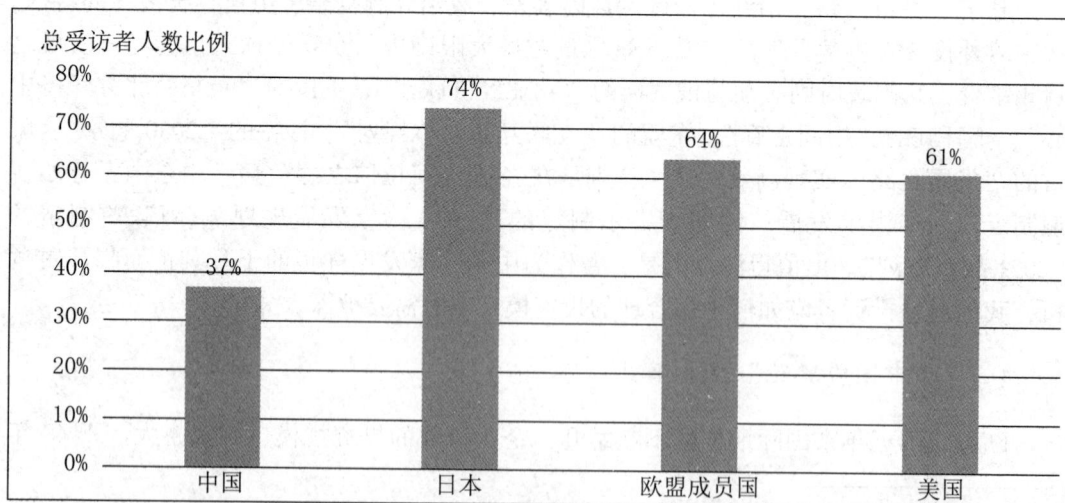

图 2　中东欧受访者对各国企业印象较好的人数比例[1]

---

〔1〕　参见中国外文局对外传播研究中心："中国企业海外形象调查报告（2016 中东欧版）"。

三、人民币国际化在防范政治风险中的价值

客观存在的风险往往不可能提前被消除，其中的典型就是来自于东道国的政治风险。与商业风险相比，政治风险的可控性较弱，但这并不意味着我国企业在境外投资面对东道国的政治风险时束手无策，企业完全可以利用我国政府正大力推行的人民币国际化优势。我国企业对沿线国家投资具有巨大潜力，[1]企业必须依靠国家将东道国的政治风险控制在一个合理水平。有助于提升我国在国际金融交易规则制定地位的上海金融法院已经建立，金融司法体系日渐完善。当然，我国政府未来仍然还需要继续发挥亚投行、丝路基金、上海合作组织以及金砖银行等国际平台的作用，[2]通过人民币国际化来提升全球事务的话语权、获取全球资源的定价权以及减轻对美元的依附，有效防范企业面临的政治风险。

（一）大幅提升全球事务的话语权

如今，旧有的国际经济体系存在不合理性，无法满足新兴经济体的发展，诚需调整。我国作为世界上最大的发展中国家，对外开放程度不断扩大，足以有能力依托全球第一大贸易国、全球第一大工业生产国以及全球第一大外汇储备国的优势地位推进当前的国际经济体系改革。在世界经济增长乏力的大背景下，我国经济始终稳中向好，持续向高质量方向迈进。习近平主席"穿透历史烟云、洞察世界大势"后提出的"一带一路"倡议，既契合了沿线各国的时代需求，又提升了我国的国际影响力，已有超过100个国家和国际组织同我国签署了"一带一路"方面的合作文件。"一带一路"愈加广泛的合作议题无疑会有力回应西方某些国家一意孤行的贸易保护主义，人类命运共同体理念必将成为国际经济秩序重构的指导思想。为了给人民币国际化提供硬件支持，我国在2014年建立了CIPS。其自2015年上线以来，不仅日益成为"一带一路"建设的纽带，也为人民币成为特别提款权（SDR）篮子货币发挥出了关键价值。1969年，为缓解"特里芬难题"、维持以美元为核心的固定汇率制，国际货币基金组织（IMF）创设了SDR。[3]

从性质上来说，SDR不是货币，仅仅是一种账面资产。2016年10月1日，人民币正式加入SDR。2017年4月1日，在IMF公布的全球官方外汇储备货币构成中，人民币首次以国际储备货币出现。IMF为人民币进行信用背书有利于降低我国企业在国际上的融资成本，对人民币国际化而言具有里程碑式的意义。2018年3月26日，CIPS二

---

〔1〕参见王颖等："中国对'一带一路'沿线国家直接投资的影响因素研究——基于东道国制度环境因素"，载《国际贸易问题》2018年第1期。

〔2〕参见杨泽伟："'21世纪海上丝绸之路'建设的风险及其法律防范"，载《环球法律评论》2018年第1期。

〔3〕参见宋晓燕："人民币加入特别提款权货币篮子：一个法律层面的思考"，载《上海财经大学学报》2016年第5期。

期投产试运营，此举也意味着我国在国际金融市场的地位正在提升。我国目前已是近130个国家的最大贸易伙伴，完全有能力借助 IMF、亚投行、G20 等国际平台提高人民币的使用比例。[1]尤其在沿线很多国家和地区出现美元流动性不足的当下，人民币国际化可以增强沿线经济体抵御经济威胁的能力。一旦人民币成为"一带一路"沿线广泛使用的货币，我国的货币政策也就必将会对这些国家产生重要作用，加深地缘影响力。质言之，弱国无强币，沿线各国对人民币的认可一定会使我国企业以人民币对外直接投资获得欢迎，帮助我国在应对沿线各国的政治风险中赢得主动，毕竟任何政权执政都不会希望本国经济处于崩溃的状态。

（二）加快获取全球资源的定价权

二战后，美国主导建立了布雷顿森林体系，美元也就随之成为国际商品的定价货币。由此可见，国际经贸规则对于货币国际地位的法律背书具有非凡价值。亚洲因基础设施薄弱而需要长期投资，因此，我国适时提出了与布雷顿森林体系功能相似的"一带一路"倡议，领导了亚投行的设立。[2]沿线需要的大量建设资金为人民币使用范围的扩大创造了机遇，有助于各国增强人民币的使用惯性，促进我国资本输出。亚投行作为纠正期限错配的新金融机构足以成为人民币国际化的保障，为人民币"出海"提供便利。我国可依靠在"一带一路"中处于投资方的优势，凭借亚投行章程赋予的特殊地位设计人民币融资方案，通过推行软通货计价交易机制推进人民币国际化，提升人民币对大宗商品的定价权。2017 年 5 月，我国向丝路基金新注资 1000 亿元人民币，中国进出口银行与国家开发银行分别设立了 1300 亿元人民币和 2500 亿元人民币的"一带一路"专项贷款。实证结果表明，我国对发展中国家的投资效率优于其他类型国家，[3]与沿线的贸易往来充盈着互补性，贸易乘数效应拉动了他国的经济增长。[4]同时，人民币的跨境使用也可以有效降低我国企业的交易成本，提高交易效率。[5]

全球资源的定价权是当前地缘政治竞争中的重要内容，我国为了维护国家安全与满足发展需求亟须掌握。其中，人民币国际化作为掌握全球资源定价权的关键一环，可以通过人民币从结算货币向计价货币的跨越，去提升人民币的大宗商品定价力。虽然"一带一路"不能像欧盟一样实现一体化货币，但沿线资金缺口巨大，而我国恰好又是"一带一路"建设项目的资金提供方与贸易伙伴方，沿线区域自然对人民币及其金融衍生品高度需要。丝路基金以股权融资带动债券融资的合作模式以及沿线国家逐

---

〔1〕 参见李本、盛琳杰："'一带一路'背景下人民币汇率形成机制改革深化问题——兼论'汇率风险'应对"，载《区域与全球发展》2018 年第 1 期。

〔2〕 参见张卫彬、许俊伟："'一带一路'与投资争端解决机制创新——亚投行的角色与作用"，载《南洋问题研究》2017 年第 4 期。

〔3〕 参见季凯文、周吉："'一带一路'建设下我国对外直接投资效率及其影响因素——基于随机前沿引力模型"，载《经济与管理评论》2018 年第 4 期。

〔4〕 参见杨文、杨婧："'一带一路'战略下的人民币国际化出路"，载《现代经济探讨》2017 年第 6 期。

〔5〕 参见张西峰："人民币国际化的法律保障机制"，载《学习与探索》2016 年第 12 期。

渐扩大的结算规模，注定会成为增强人民币国际定价权的有力抓手。并且，我国已充分利用在电子商务、移动支付等方面的优势，短时间内改变了部分沿线民众的货币使用习惯，取得了人民币使用的网络效应。质言之，以多项举措助推的人民币国际化有利于将沿线的资源紧紧攥在手中，一方面能够与沿线各国联合起来拥有相关全球资源的定价权，一方面也便于构建币缘政治安全。[1]这也意味着，通过将区域内的币缘和地缘关系进行融合，可以有效防范我国企业对外投资中面临的政治风险，使不怀好意的国家因忌惮人民币对资源的定价权而不敢妄为。

(三) 减轻沿线国家对美元的依附

在当代，金融被视为企业的绝对主人，产品的定价权大体上被金融所控制，甚至国家的命运也会被货币左右。[2]基于美元目前的独特地位，很多国家都渴望通过向美国出口来换取美元，这也进一步导致了新生产的商品不断流入西方国家，而新增发的货币则留在了出口国，逐渐蚕食着普通民众手中货币的购买力。并且，这些新兴市场国家还将换取的美元购买美国国债和其他证券，不断陷入"斯蒂格利茨怪圈"。美国走的一直都是私人债务国家化、国家债务国际化之路，[3]其金融衍生品实际上也是债务，是一种以新替旧的延缓兑换真实财富手段，在本质上几乎可以等同于拖欠。但与此同时，大多数国家的贸易往来依然会使用美元，各国货币也不得不与美元保持一定比价。究其原因，主要是石油交易美元计价机制、对外债务本币计价机制以及商品美元回流机制这三者来支撑的美元体系难以撼动。特别是商品美元回流机制，是指贸易国家的商品在向美国出口换取美元后，为避免美元贬值以及贸易国家的美元储备缩水，必须大量购买美国国债，维持美元币值的稳定。由此可见，美元的霸权已经达到了何等程度。

2008 年金融危机爆发后，亚洲金融体系中的货币错配开始受到格外关注，区域内外的贸易货币都以第三方货币为主的事实给经贸往来造成了困难，一旦美元无法及时补充就必定会导致跨国贸易难以进行。二战后，美元始终通过大宗商品交易所强制性的美元计价来对冲风险，以此保证美元的国际储备货币地位。是故，尽量去美元化、摆脱对美元的依附才是明智之举，人民币才是我国企业、"一带一路"沿线企业甚至是世界企业的最佳选择。《推动共建丝绸之路经济带和 21 世纪海上丝绸之路的愿景与行动》已为人民币国际化设计好了时间表和路线图，我国在这一过程中应当利用好过去多年的经常项目顺差，在沿线国家和地区使用人民币进行大宗商品计价结算，尽最大可能消除美元汇率波动带来的风险。例如土耳其就对美元过度依赖，在美国对其"翻脸"后，2018 年 8 月 13 日的里拉价值与年初相比已蒸发 45.7%，这一颓势也间接影响到了印度、南非以及墨西哥的货币。所以，人民币国际化能够减轻沿线国家对美元的

〔1〕 参见兰永海等："美元'币权'战略与中国之应对"，载《世界经济与政治》2012 年第 3 期。
〔2〕 参见宋鸿兵：《货币战争》，中信出版社 2011 年版，第 139 页。
〔3〕 参见涂永前、邱本："人民币国际化的法律路径及法治建设"，载《政法论丛》2015 年第 5 期。

依附，进而扭转东道国受西方大国控制的局面，一定程度上也能化解我国企业所面临的政治风险。

四、推进人民币国际化的法治保障

任何国家的货币国际化都是市场选择的结果，所以，人民币国际化也是我国经济发展的客观需要。我国大量企业在"一带一路"倡议下增加了境外投资，沿线国家和地区对人民币的需求自然会持续上升。不过，人民币国际化尚处在初级阶段，只是开始由周边化向区域化迈进，人民币计价、支付、结算以及储备等职能还远未达到预期效果，国际化之路可谓任重道远。但人民币国际化的实现路径也绝不能因循守旧，必须以立法促共识，树立人民币的法治信用，并以此为杠杆发挥支点作用。[1]而且，我国政府应该加强与沿线国家经济关系的制度化构建，健全人民币离岸市场监管体系，建立人民币循环流动机制，使区域内真正实现命运共同体，为降低我国企业海外投资风险奠定坚实基础。

（一）塑造人民币良好法治信用

2018 年，美国对我国采取了一系列单边主义保护措施，利用规则中所处的优势地位去弥补贸易逆差。所以，基于我国在"一带一路"中的特殊地位，各方面无形中便会要求我国在倡议中应坚定秉承开放理念，努力加强法治建设。作为对"一带一路"倡议有着深远影响的人民币国际化，其在实现进程中也必然需要逐步提高法治信用。境外主体对一国货币币值的信心是该货币成为国际货币的首要保证，在信用货币时代，国际货币必须得是良币，至于对币值的信心则主要取决于货币发行国的国力、货币政策的稳定性以及货币流通的范围。蒙代尔就曾指出，所有在国际竞争中驱逐弱币的强币都无不体现着高度稳定、内在一致和质量优越这三种品质。[2]在主权货币全球流通的大环境下，提高本币的信用基础既有利于减少投资者规避汇率风险的成本，又有利于稳定市场预期，毕竟任何境外持有主体都不希望在兑换时蒙受损失。信用缺失必将会造成货币贬值的局面，而信用的价值则主要依赖发行区域的法律制度与法治环境。比如，美国 GNP 早在 19 世纪末就已超过了英国，位列世界第一，但直到美国 1913 年《联邦储备法》通过后，美元才成为了与英镑并驾齐驱的国际货币。[3]

无可争议的是，人民币是一种信用货币。其之所以具有价值，是因为所有人在一次次的经历中都坚信这种价值。质言之，社会惯例和从众心理产生了货币效应。[4]并且，更重要的是其得到了国家乃至国际法律的背书，被赋予了信用，而这种信用的持

〔1〕 参见范笑迎："人民币国际化的法治化思考"，载《当代法学》2016 年第 6 期。
〔2〕 参见夏斌、陈道富：《中国金融战略 2020》，人民出版社 2011 年版，第 304 页。
〔3〕 参见韩龙："实现人民币国际化的法律障碍透视"，载《苏州大学学报（哲学社会科学版）》2015 年第 4 期。
〔4〕 参见 ［美］弗里德曼：《美国货币史》，巴曙松译，北京大学出版社 2009 年版，第 497 页。

久性则由法律制度的科学性以及法治环境所决定。正因如此，人民币在柬埔寨、老挝和蒙古等国已成为了当地疲弱货币的替代品，是主要的贸易货币。一国货币能否实现国际化取决于在全球综合优势的博弈结果，其中法律制度的比较优势正好又是各种因素的综合体现。所以，人民币国际化需要首先完善相关法律制度，只有健康的法治环境才足够承载我国用国家信誉为担保的货币法治信用。基于此，我国一方面应尽快修订《中华人民共和国中国人民银行法》及有关法律规定，建立职责更加合理的决策机制，提高货币政策的民主化与透明度；一方面应完善金融监管等方面的法律制度，确保成为国际公共物品的人民币保持币值稳定，尽最大努力实现国内外对人民币长远的信用预期，塑造人民币良好法治信用。

（二）深化沿线国家金融合作

东西方的差异性很难融合，一些国家间关系又比较复杂，如何妥善利用"一带一路"倡议找到这些问题的解决方案诚需思考。鉴于任何货币的国际化都需要完善的基础设施与便捷的金融服务作支撑，所以，我国应加快这方面建设，尽量满足沿线的投融资需求。然而，对基础设施和金融服务的建设绝非一国所能完成，只有沿线国家齐心协力，才会形成管理协同的和谐局面。好在沿线国家和地区对我国抱有较高的资本期望值，这一难得契机有助于弥补体制以及文化的差异，必将会大大提升人民币的国际影响。因此，我国首先应发挥好亚投行、丝路基金和金砖银行等积极参与的国际平台的作用，提高人民币的使用比例，尤其在信贷和援助中要适度扩大人民币的范围，增加人民币在当地的存量。我国目前的金融市场相对来说还不太成熟，由国家主导人民币国际化的进程效果定能更好。同时，我国要同沿线国家和地区强化"本币互换协议""双多边清算合作协议"的签署，主动配合其他国家选取人民币当作储备资金的需求，不断健全支付框架，发展区域债券市场，丰富债券类型。

"本币互换协议"可以使企业在人民币离岸市场发行债券融资，降低人民币市场参与者的成本，增强其国际吸引力。"双多边清算合作协议"则能够延伸跨境人民币清算网络，建立起多元化的贸易合作机制。而我国作为亚投行最大的出资国，完全有能力借助亚投行在国际金融市场上发行用人民币计价的"一带一路"主题债券，对"一带一路"项目展开多方融资。当然，更为重要的必定是加强与沿线国家的政策沟通，构建起国家间的经济合作框架，以法律文件形式固化合作成果，为人民币国际化提供法治保障，以此来化解美国等西方国家的制约。具体可分为下列三个方面：第一，我国要与沿线国家保持密切的金融监管合作，增大信息共享范围，铺开一张区域金融安全网；第二，我国要加紧推出离岸证券交易中心，帮助沿线国家的骨干企业可以更便利地获取我国资本市场的长期支持，增强沿线国家市场主体的参与感与使命感，使更多国家可以加速实现工业化；第三，我国要力促沿线国家和地区的金融机构深入参与CIPS，方便其分享沿线受益国家的经济发展红利。

（三）建立人民币循环流动机制

基础设施作为"一带一路"建设的投资重点，人民币对其直接投资将会大力带动技术等生产要素的全球流通，催生货币替代效应。[1]人民币的跨境循环可以提升境外实体经济对人民币的需求黏性，对人民币国际化进程的实现具有非同一般的作用。不过，我国目前利率、汇率的市场化改革仍面临诸多难点，金融产品类型比较单一，期货衍生品市场无法与人民币国际化的宏伟目标相匹配。人民币海外投资渠道的匮乏使离岸经济中心的人民币存量急速增大，形成了资金闭环。是故，基于当下人民币回流途径具有单一性、局限性的特征，我国应继续深化金融乃至债券市场的开放，丰富人民币投资产品，构建起完善的人民币循环流动机制。如若人民币的流入与流出得不到合理引导，那既会降低国际市场对人民币的认可，也会影响各方持有人民币的积极性，更可能诱发人民币汇率的波动。

同时，实现人民币计价功能是人民币国际化的关键因素。[2]此举不仅可以对冲汇率风险，亦能直接提升人民币使用水平，吸引外国中央银行将人民币资产纳入外汇储备之中。一旦其他国家及地区愿意长期持有人民币现金，我国就会享受由铸币税带来的收益。所以，我国应当加强沿线国家与地区的人民币投资动机，引导境外投资者更多关注人民币产品的投资价值，鼓励离岸市场发行人民币债券。当境外投资者买入人民币债券时，即意味着人民币负债的转变，是人民币回流渠道的一种创新，有利于形成人民币在全球范围内的良性流通，提升人民币的活跃程度。而且，大力发展大宗商品的人民币期货市场也是降低我国企业沿线投资政治风险的不二法门，企业可采取资产证券化的方式减少退出时间。是故，在此基础上尝试推出"一带一路"交易指数就显得格外急切。要想摆脱美元体系的危害，人民币就不得不增强抗风险能力，"金融大国"向"金融强国"的转型需要我国及时出台相关法律法规，对金融服务细节提出明确要求，保障人民币在沿线业务开展中的核心货币地位。

（四）健全离岸市场监管体系

如何保证我国金融安全是研究人民币国际化的头等大事，没有法治保障的人民币跨境无序流通必然对我国金融安全带来极大威胁。并且，良法善治也有助于金融市场增强吸引力，公平的争议解决与可靠的契约履行往往对金融消费者具有更强诱惑力。而历史与实践证明，离岸金融市场是货币国际化的催化剂，其监管制度是有效运行的先决条件。但经过观察发现，当下我国仍欠缺系统、稳定的离岸金融业务法规。[3]总的来看，我国有关人民币离岸市场的法律规定分布在中国人民银行、银保监会、外汇

---

〔1〕 参见叶光华："人民币国际化与对外投资的内源机制研究"，载《财务与金融》2010年第2期。

〔2〕 参见李世才："'一带一路'与人民币国际化的战略契合分析"，载《学习与探索》2015年第11期。

〔3〕 参见左海聪、杨梦莎："人民币离岸市场法律制度构建——以人民币国际化为视角"，载《东北大学学报（社会科学版）》2017年第1期。

管理局等政策性文件以及部门规章内，[1]尚未建立符合离岸市场特征的法律体系。碎片化的状态与较低的法律层级造成了人民币离岸市场国际竞争力不高，更无法言及存在的制度优势。具体来说，离岸市场应蕴含制度优惠与多方监管的特点，但我国当前套利的内在效率与监管的国际协调仍十分缺乏，难以发挥离岸市场的法律制度优势，对国际金融资源的有效吸引存在不足。离岸人民币中心对"一带一路"倡议的支持作用不言而喻，所以，沿线国家和地区的离岸人民币中心建设需要相关监管体系加紧健全。

基于此，我国应建立独立于在岸市场的离岸市场监管法律体系，以巴塞尔委员会对监管管辖权进行分配的理念为指导，深化各国之间的监管合作，创立监管报告制度。相信通过这一系列举措的实施可以控制好离岸资金向在岸市场的渗透，助力我国金融市场完成华丽转型。但与此同时，在岸市场需要与离岸市场在打击逃税、反洗钱等方面进行更有效的配合，中国人民银行也要对营利性金融机构留有单独的管控手段。随着人民币体量在离岸市场的不断增加，难免会有少数居心叵测之人利用手中的人民币干扰国内经济，甚至可能出现营利性金融机构的结算系统大规模投机人民币的情况。[2]所以，此时就需要中国人民银行对营利性金融机构比较严重的人民币投机行为加以管控，减轻给人民币造成的损害。概言之，离岸市场监管体系的健全是推进人民币国际化法治保障的坚实一步，将为"一带一路"对外投资中政治风险的防范提供重要的支撑。

五、结语

随着"一带一路"倡议的逐步深入，我国面临的国际投资环境也将日趋复杂，有限的海外资产存量制约了人民币的国际化之路，我国对国际经贸活动的参与度还有待加强。但"一带一路"沿线国家和地区大量的资金投入、长期的回收期限以及不定的未来收益等特点给我国企业投资能否"安全退出"蒙上了阴影。虽然沿线大部分新兴经济体的基础设施还很不完善，但企业投资规模需要与东道国的制度质量相匹配。是故，我们要以唯物辩证法的观点正视该区域的政治风险，看到"乱后求治"的积极因素，努力搭建"中国平台"、贡献"中国方案"，平衡好坚持不干涉内政原则与保持外交主动的关系，力争实现"一带一路"建设向高质量发展转变。而且，在这一过程中我国应有序推进资本项目开放，建构起防范沿线投资政治风险的严密体系，[3]尽最大可能满足我国企业在沿线投资的可持续性。

〔1〕 参见向雅萍："人民币国际化的法律路径探析"，载《河北法学》2013年第5期。
〔2〕 参见吴弘、祁琳："'一带一路'战略下人民币国际化风险的法律控制"，载《新金融》2017年第1期。
〔3〕 参见王军杰："论'一带一路'沿线投资政治风险的法律应对"，载《现代法学》2018年第3期。

国际仲裁研究

论国际商事仲裁中的早期驳回程序

——兼论"一带一路"倡议下我国规则的设置

王成杰[1]

摘　要： 公正与效率的平衡历来是国际仲裁追求的价值，为此仲裁界设计、使用了多种程序工具。早期驳回程序作为国际仲裁近期为提高效率所引入的新制度，正受到越来越多的关注。本文分析了支持和反对早期驳回程序的理由，认为我国仲裁法并不与早期驳回程序冲突，应在将来修订仲裁规则时纳入相应的程序。考虑到"一带一路"倡议下我国国际商事争端解决机制改革的大背景，在分析现有仲裁规则中早期驳回程序设定的基础上，本文为我国在仲裁规则中设置相应程序提出了建议，并简述了仲裁庭在适用此程序时应注意的问题。

关键词： 早期驳回程序　国际仲裁　规则制定

〔1〕　王成杰，上海对外经贸大学贸易谈判学院研究生。

一、早期驳回程序概述

早期驳回程序指仲裁庭基于当事人申请或自行决定，对一个或多个明显不可能获得支持的主张或抗辩，在仲裁程序早期即作出决定的做法。[1]一般而言，可以适用早期驳回程序的问题包括是否超过时效、放弃权利是否有效、是否已有先诉结果，是否符合禁反言要求，或者是否涉及对无争议事实的争论等。[2]早期驳回程序移植自普通法国家动议性处置（dispositive motion）的制度设计，美国法下的驳回动议（motion to dismiss）和简易判决（summary judgment）均属此类[3]。其程序设计目的均着眼于保证公平前提下加速案件的审理，[4]因此，早期驳回程序的核心在于仲裁庭基于有限材料，直接对特定事实和法律问题是否有必要审理做出决定。[5]

从定义上讲，早期驳回程序与诸多概念存在交叉与重叠，因此有必要对其进行区分。首先，早期驳回程序不同于商事仲裁中的加速程序。相较于早期驳回程序，加速程序的涵盖范围更广，一般除早期驳回程序外，还包括了紧急仲裁员（emergency arbitrator）、快速组庭（expedited formation of arbitral tribunal）、快速程序（fast track procedure）等程序。[6]其次，早期驳回不同于对于先决问题（preliminary issues）的审理或分阶段审理（bifurcation），先决问题的处理意味着实体审理已经开始，只是对不同争议点需要区分先后，而早期驳回程序则是在实体审理开始前，仲裁庭快速决定是否需要审理实体问题的程序。再次，早期驳回程序也不同于紧急仲裁员制度。紧急仲裁员制度指的是在有管辖权的仲裁庭或法院受理案件前，为防止转移财产或不可恢复的损失，先行指定一名紧急仲裁员下达某些指令的程序设计，而早期驳回程序的决定则无需第三人，直接由仲裁庭作出。

---

〔1〕 Judith Gill, "Applications for the Early Disposition of Claims in Arbitration Proceedings", in Albert Jan van den Berg ed. , *50 Years of the New York Convention*：*ICCA International Arbitration Conference*, ICCA Congress Series, Volume 14, Kluwer Law International, 2009, pp. 513 ~525.

〔2〕 David W. Rivkin, "Towards a New Paradigm in International Arbitration：The Town Elder Model Revisited", *Arbitration International*, 24（2008）, p. 380.

〔3〕 Adam Raviv, "No More Excuses：Toward a Workable System of Dispositive Motions in International Arbitration", *Arbitration International*, 28（2012）, p. 489.

〔4〕 Edna Sussman, Solomon Ebere, "Reflections on the Use of Dispositive Motions in Arbitration", *New York Dispute Resolution Lawyer*, 4（2011）, pp. 28 ~31.

〔5〕 Dharshini Prasad, "Early Dismissal in Arbitration：Is There a Need?", https：//www. arbitration-ch. org/asset/a7eb798318b06251d31d896cb1a2d2d1/Prasad%20Dharshini%20-%20Early%20Dismissal%20in%20Arbitration. pdf, last visited on June 1, 2018.

〔6〕 Nigel. Blackaby, *Constantine Partasides et al. Redfern and Hunter on International Arbitration*, 6th edition, Kluwer Law International, 2015, pp. 361~366.

我国民事诉讼法及仲裁法中并无早期驳回程序的对应概念，学界在讨论民事诉讼法中是否应纳入动议性处置时仍然存在截然不同的两种观点。支持者认为，仿照英美法制度设置动议性处置可以简化庭审程序，缓解审判压力，以达到节约诉讼时间和成本的目的，[1]反对者则认为基于我国配套诉讼程序不完善的现状，以及诉前调解的代替性功能等因素，我国民事诉讼法并无纳入相应制度的必要。[2]本文主要讨论的是仲裁中的简易程序，不同于民事诉讼法的公法属性，仲裁程序更加强调在当事人意思自治原则指导下的灵活程序，因此，笔者认为，区别于民事诉讼法引入域外规则时的谨慎，应当在仲裁规则中纳入早期驳回程序。

二、纳入仲裁规则的必要性

将早期驳回程序纳入仲裁规则的理由如下：首先，缓解仲裁程序效率低下问题，加快案件处理进程；其次，解决仲裁庭权限疑虑，保证正当程序；最后，明确适用标准，统一规则适用裁判尺度。

（一）提高仲裁程序效率

传统观点认为国际仲裁的程序灵活高效，但其时间冗长花费高昂的缺陷正日益成为当事人担忧的问题。[3]依据英国伦敦女王学院和伟凯律师事务所联合进行的国际仲裁调查显示，分别有68%和36%的受访者将花费过高、速度过慢列为当前国际仲裁最大的威胁。[4]造成程序效率低下的原因多种多样，当事人的故意拖延以及无意义诉求（frivolous claim），仲裁员日程安排不当，美式证据开示规则的流行等都严重制约了仲裁案件的效率。[5]

早期驳回程序正是在上述背景下提出的一种创新。仲裁庭运用早期驳回程序，可以在一方当事人提出申请后，在相对较短时间内对特定问题快速决定是否开展实体审理，直接拒绝无意义诉求（frivolous claim），避免无意义程序，提高裁决效率。

---

〔1〕 参见章武生、杨严炎："论我国即决判决制度的确立"，载《政法论坛》2002年第6期；张亚东："引入即决判决制度应当考虑的几个问题"，载《人民司法》2007年第23期；连品方："即决判决制度研究"，厦门大学2008年硕士学位论文；祁丽娜："论我国民事诉讼即决判决制度的构建"，安徽大学2016年硕士学位论文；闫静："英美即决判决制度及对我国的启示"，山东大学2017年硕士学位论文。

〔2〕 参见肖建华、周伟："我国能否引入英美法上的简易判决？"，载《河南省政法管理干部学院学报》2009年第4期；王晓利："简易判决的冷思考"，载《法制与社会》2011年第6期。

〔3〕 See Nigel. Blackaby, *Constantine Partasides et al.*, *Redfern and Hunter on International Arbitration*, 6th edition, Kluwer Law International, 2015, pp. 36~37.

〔4〕 See Queen Marry University of London, 2015 *International Arbitration Survey: Improvements and Innovations in International Arbitration*, p. 7.

〔5〕 See Caline Mouawad, Elizabeth Silbert, "A Case for Dispositive Motions in International Commercial Arbitration", *BCDR International Arbitration Review*, 2 (2015), p. 77

（二）解决仲裁庭权限问题，保证正当程序

仲裁员在规则未明确规定时适用早期驳回程序，当事人往往会据此申请撤销裁决或拒绝承认与执行。虽然在英美法系中动议性处置是程序法的重要组成部分，域外部分国家的国内仲裁规则中也明确规定了仲裁庭适用早期驳回程序的权力，[1] 但目前为止，在国际仲裁规则中，仅有少量仲裁规则规定了早期驳回程序。缺少常态化的实践导致了仲裁庭对自身适用早期驳回程序权限的审慎。虽然大量仲裁规则中均规定仲裁庭有权采取合适措施保证仲裁程序公正高效进行，有观点认为此类规定就隐含了仲裁庭适用早期驳回程序的权力，[2] 但在当事人未事先约定情况下能否适用早期驳回程序依然存在较多争议。事实上，仲裁实践中不少当事人正是以仲裁规则未明确为由，主张仲裁庭无权适用早期驳回程序。在执行阶段，当事人同样可以违反正当程序为由主张拒绝承认和执行仲裁裁决。如在 2017 年 12 月的 Weirton 案中，被申请人即以仲裁程序适用的 2009 版 AAA 仲裁规则和仲裁地田纳西和西弗吉尼亚的程序法未规定早期驳回程序为由，申请拒绝承认和执行仲裁裁决。[3]

在仲裁规则中明确约定早期驳回程序，有助于明确仲裁庭权限，仲裁庭将不再受困于无法可依的窘境。如能在规则中明确规定早期驳回程序的适用标准，要求给予当事人合理的通知与答辩期限，则可进一步保证程序的高效运转，避免因仲裁员自由裁量权过大而造成的不确定性。

（三）解决适用尺度不一的现实问题

一方面，由于早期驳回程序在国际仲裁中尚未普及，仲裁员的使用意愿尚不得而知。对此制度相对陌生的仲裁员，或许会因不熟悉适用标准，担忧裁决被撤销等问题选择不适用。另一方面，现有规定早期驳回程序的仲裁规则，在程序标准设置上也存在较大差异，仲裁员对其内涵的理解也容易造成分歧。尤其仲裁庭成员拥有不同的法律背景时，对于程序的不同理解可能会造成较大影响。此外，没有明确规则时，仲裁员适用此制度时可能会存在自由裁量权过大的问题。考虑到早期驳回程序一旦做出就不再有救济手段，此种自由裁量权应当受到限制。

明确约定早期驳回程序的使用标准，将为仲裁庭提供必要的程序指引，鼓励仲裁

---

〔1〕 例如适用于美国国内仲裁的 JAMS 仲裁规则 2014 年版第 18 条规定："依所有当事人的同意或应一方的请求，仲裁员可允许任一方对特定主张或问题提出简易处理动议，但其他有关方应被合理的通知进得以回应该请求。"

〔2〕 See Nicolás Costábile, "Early Dismissal of Unmeritorious Claims or Defences in International Arbitration", in Carlos Gonzalez-Bueno ed., *40 under 40 International Arbitration*, 2018, pp. 263~264.

〔3〕 *Weirton Medical Center, Inc v. Community Health Systems Inc. et al*, N. D. W. Va. 2017. No. 5：15CV132. 本案涉及一家名为 Weirton 的美国医院和名为 Quorum 的公共健康服务机构之间的行政服务合同纠纷，由独任仲裁员审理，适用 2009 年版 AAA 仲裁规则。双方在短期内开始了两个仲裁案件，本案从时间顺序上来说为第二个案件。仲裁员在本案中依 Quorum 申请适用了早期驳回程序，以先前案件的裁决为依据，在 3 个月内直接驳回了 Weirton 的仲裁请求。

员采用程序工具加快审理进程，也能统一仲裁庭裁判尺度，保证仲裁裁决既判力上的一致性。

三、拒绝早期驳回程序的理由及其评述

（一）拒绝早期驳回程序的理由

事实上，虽然仲裁规则中纳入早期驳回程序具有诸多优势，但也存在诸多质疑的声音。可依其出发点分为应然和实然两个层面的反对理由，可归纳为如下几点。

1. 早期驳回程序可能违背正当程序

正当程序是仲裁程序的核心价值追求之一，任何违背正当程序的做法均与仲裁原则相违背。由于早期驳回程序需要在早期对特定问题进行处理，为保证效率仲裁庭一般会要求当事人在短期内提交核心证据，并基于此类证据作出判断，因此，适用早期驳回程序做出的裁决或决定大多基于不完整证据，仲裁庭可能因此被认为剥夺了当事人在仲裁庭前完整陈述己方观点的机会。[1]例如，在BTC案中，仲裁庭仅基于书面材料，未召开听证情况下即做出了对被申请人反请求的早期驳回，被英国法院认为构成了实质性非正义（substantial injustice），严重违背正当程序，因而仲裁裁决被撤销。[2]

2. 与仲裁地法不兼容

考虑到早期驳回程序发源于英美法国家，并非世界各国民商事程序法均有对应制度，有观点认为出于司法审慎，也不应在仲裁规则中进行法律移植，否则可能被理解为违背正当程序或自然正义。[3]即使在英美法系国家，早期驳回程序也可能违背法律的要求。如在美国的Tempo Shain案中，上诉法院第二巡回法庭即认为，仲裁庭违背当事人申请，未能传唤关键证人进行听证的做法违反了美国联邦仲裁法第9卷第10页a项第3条的规定，排除了"与争议有关且重要的证据"，进而认定仲裁裁决无效。[4]在适用早期驳回程序时，仲裁庭如因当事人未能按期举证而排除了仲裁核心证据，就可

〔1〕 See Gary B. Born, Kenneth Beale, "Party Autonomy and Default Rules: Reframing the Debate Over Summary Disposition in International Arbitration", *ICC International Court of Arbitration Bulletin*, 21（2010），p. 23.

〔2〕 *BTC Bulk Transport Corporation v. Glencore International AG*, [2006] *EWHC* 1957（Comm）. p. 27, 本案较为特殊，虽然法院认为在未经听证即作出早期驳回构成严重的异常，但法院并未就早期驳回程序本身是否适用于反请求作出任何评述，因此一般认为法院认定为默认了此种做法。参见 Philip Chong, Blake Primrose, "Summary Judgment in International Arbitrations Seated in England", *Arbitration International*, 33（2017），p. 72.

〔3〕 See Judith Gill, "Applications for the Early Disposition of Claims in Arbitration Proceedings", in Albert Jan van den Berg ed. , *50 Years of the New York Convention: ICCA International Arbitration Conference*, ICCA Congress Series, Volume 14, Kluwer Law International, 2009, p. 523.

〔4〕 Tempo Shain Corporation V. Bertek Inc, 120 F. 3d 16.（2nd Cir. 1997）本案涉及 Tempo Shain 的关联企业 Bertek 公司和 Gelman 公司之间有关衣服和鞋子表面抗水性许可专利的授权合同纠纷，在仲裁中双方均主张对方存在欺诈。本案有一名对双方举证均具有重要意义的证人，因妻子癌症发作而不能及时参与仲裁庭庭审。仲裁庭未经传唤此证人，而仅仅依据一些其提供的往来信件，即认为结合其他证据已能相互印证，直接作出仲裁裁决。地区法院支持了仲裁庭的做法，但巡回法院以"未传唤核心证人参与听证程序构成实质性的不正义和不正行为（fundamental unfairness and misconduct）"为由撤销了该仲裁裁决。

能同上述案例一样造成严重的不公正，进而与仲裁地法要求不兼容。

3. 现有规则已完备

主流仲裁规则均包含仲裁庭自由裁量权的规定，因此，仲裁庭可依照自由裁量权决定适用早期驳回程序。如 2013 年版 UNCITRAL 仲裁规则第 17.3 条赋予仲裁庭决定是否开庭审理的权力，[1]2014 年版 LCIA 规则第 14 条赋予仲裁庭避免不必要拖延和花费的权限，[2]2017 年版 ICC 仲裁规则第 21 条对规则的自由裁量权和第 22 条对程序措施的自由裁量权。[3]仲裁规则中仲裁庭高效合理处理仲裁程序的自由裁量权，往往可以解释为隐含有适用早期驳回的可能性。在实践中，如 Travis 案中英国法院指出的，仲裁庭有权"采取任何其认为合适的程序处理争议"，其中就包括了早期驳回程序。[4]因此，按奥卡姆剃刀原理，现有规则已然足够，无需另行规定早期驳回程序。

4. 早期驳回程序可能反而降低仲裁程序效率

有观点认为，如适用此程序，则当事人需在案件早期准备相应争议点的证据。然而一旦牵扯到证据，即会出现一个两难问题：如严格遵守证据运用规则，则需花费大量时间；如不严格遵守证据开示程序，则又可能减损早期驳回程序的价值，仲裁庭无法作出充分判断。[5]也有观点认为，早期驳回程序可能会被滥用，既然当事人可能提无意义诉讼，则其同样可能利用此制度提出无意义的早期驳回申请，进而拖延程序。[6]此外，仲裁庭受理早期驳回申请，意味着特定问题具有先决性，仲裁庭会暂停其他问题

---

〔1〕 2013 年版 UNCITRAL 仲裁规则第 17 条规定："如有任何一方当事人在仲裁程序的适当阶段请求开庭审理，仲裁庭应开庭审理，由证人包括专家证人出示证据或进行口头辩论。未提出此种请求的，仲裁庭应决定是进行开庭审理，还是根据书面文件和其他资料进行程序。"

〔2〕 2014 年版 LCIA 仲裁规则第 14 条规定："14.4 在仲裁协议下，仲裁庭在整个仲裁过程中均应包括如下一般义务：(i) 在所有当事人间公平公正行事，给予每一方合理机会陈述其案件及针对对方当事人申辩的义务；及 (ii) 采取适合于仲裁情况的程序，避免不必要拖延和花费，以提供公正，高效和快捷地达到最终解决当事人间争议的方法的义务。14.5 仲裁庭应具有最广泛的自由裁量权以决定是否履行仲裁庭可以决定适用的强行法或法律规则所确定的一般义务；及当事人应在所有情况下基于善意行事，以保证公正、高效和快捷地进行仲裁，包括仲裁庭履行其一般义务。"

〔3〕 2017 年版 ICC 仲裁规则第 21 条规定："当事人有权自由约定仲裁庭处理案件实体问题所应适用的法律规则。当事人对此没有约定的，仲裁庭将决定适用其认为适当的法律规则。"第 22 条："为确保有效管理案件，仲裁庭经洽商当事人后，可采取其认为适当的程序措施，但该等措施不应违反当事人的任何约定。"

〔4〕 *Travis Coal Restructured Holdings LLC V. Essar Global Fund Ltd*, [2014] *EWHC* 2510 (*Comm*). 本案涉及的是 Travis 矿业公司和 Essar Global 之间的并购纠纷。Essar Global 是 Essar Minerals 公司的子公司，后者在向 Travis 公司收购第三方公司股权同期出具了价值 2.03 亿美元的票据，并由 Essar Global 作为担保人签订了担保协议。后续并购中 Essar Global 以第三方公司股权存在错误陈述，Travis 存在欺诈为由终止了交易并拒绝向 Travis 支付款项。由于担保协议中约定了如出现争议应适用 ICC 规则在纽约仲裁，由三名仲裁员审理，Travis 提起仲裁。仲裁庭在仅进行一轮审理后，以担保协议中存在免责条款为由直接裁定 Essar Global 需依担保协议支付 2.1 亿美元。英国法院在执行阶段以仲裁协议明确约定了仲裁员"采取任何其认为合适的程序处理争议"为由，拒绝了 Essar Global 拒绝承认和执行该仲裁裁决的主张。

〔5〕 See Thomas Stipanowich, "Arbitration and Choice: Taking Charge of the 'New Litigation'", *Depaul Business & Commercial Law Journal*, 7 (2009).

〔6〕 See D. Brain King and Jeffery P. Commission, "Summary Judgment in International Arbitration: The 'Nay' Case", *ABA International Law Spring* 2010 *Meeting* 1, 2010, p. 4.

的审理。如早期驳回并不能成立，则审理早期驳回的时间实际拖延了仲裁程序，还会造成额外的律师费和差旅费。[1]因此，引入新规则可能适得其反，使程序更加繁琐，降低仲裁效率且增加仲裁费用。

5. 执行中可能面临拒绝承认和执行的风险

由于早期驳回程序参照普通法系特有的程序规则制定，因此大陆法系国家适用早期驳回程序会面临诸多潜在的风险，例如认为违反正当程序的要求，或与执行地国公共政策相冲突。在仲裁规则尚未明确而仲裁庭采纳此程序情形下，仲裁裁决还可能被以违反当事人约定为由拒绝承认和执行。

6. 仲裁员本身不愿意适用

除上述应然层面的理由外，在实施层面，仲裁员的倾向也是是否规定特定制度的考虑因素。由于国际仲裁案件中的仲裁员一般按小时收费，因此有观点认为仲裁员一般会倾向于使案件得以审理，为保证收入而拒绝早期驳回的适用。[2]

7. 对早期驳回程序的判断没有救济途径

由于仲裁裁决具有一裁终局性，一般当事人仅可依程序问题申请司法救济，因此对于早期驳回程序不具有上诉渠道，也是国际仲裁界对早期驳回程序审慎对待的一大原因。[3]尤其在事实模糊、法律复杂，需要投入大量时间精力处理的案件争议点上，仲裁庭稍有不慎即可能给当事人造成大量的金钱损失，因此没有救济途径也成为适用此制度的顾虑之一。

（二）对拒绝理由的评述

笔者认为，虽然上述观点均有其合理性和现实性，但并不足以否定早期驳回程序在仲裁中的价值。接下来将对上文观点一一进行评述，并得出早期驳回程序应当为仲裁规则所接纳的结论。

1. 早期驳回程序并不必然违反正当程序

对于正当程序的担忧主要集中在早期驳回后是否剥夺当事人申辩的权利。许多国家仲裁法均基于联合国国际商事仲裁示范法（Model Law）（以下简称"示范法"）制定，[4]而该法第18条规定了"应对当事各方平等对待，应给予当事每一方充分的机会陈述其案情。"全世界大多数国家的仲裁法也都秉持与之相一致理念而制定。事实上，

〔1〕 See Christoph H. Schreuer, Loretta Malintoppi et al, *The ICSID Convention*: *A Commentary*, Cambridge: Cambridge University Press, 2009, p.41.

〔2〕 See Judith Gill, "Applications for the Early Disposition of Claims in Arbitration Proceedings", in Albert Jan van den Berg ed. , 50 *Years of the New York Convention*: *ICCA International Arbitration Conference*, ICCA Congress Series, Volume 14, Kluwer Law International, 2009, p.523.

〔3〕 See D. Brain King and Jeffery P. Commission, "Summary Judgment in International Arbitration: The 'Nay' Case", *ABA International Law Spring* 2010 *Meeting* 1, 2010, p.4.

〔4〕 截至2018年8月，全球共有80个国家111个法域采用了 Model Law 作为其商事仲裁法的立法基础，参见 http://www.uncitral.org/uncitral/en/uncitral_texts/arbitration/1985Model_arbitration_status.html，最后访问时间，2018年8月14日。

在笔者目前收集到适用早期驳回程序的仲裁案例中，尚未发现一例仲裁庭在未经听证情况下直接作出早期驳回裁定或决定的情形。因此，对于正当程序的关注应更多着眼于其判定标准是否合理，而非是否有听证程序。在 ICC 第 11413 号案例中，仲裁庭指出，相较于法庭，仲裁员应当采纳更加谨慎的判断标准，以决定是否应在未对案件所有影响因素进行检验时即作出决定。相应的，仲裁员只有在非常确信当事人申请没有法律基础的前提下才能作出动议性处置，基于假定的事实拒绝当事人进一步陈述其主张并提供证据。[1]笔者认为，只要仲裁庭能保证适用早期驳回标准的严格性，在作出决定前召开听证会议，给予当事人陈述己方观点的机会，早期驳回程序并不必然违反正当程序的要求。毕竟，当事人申辩的权利应当是合理而非绝对的。[2]

在 AMZ v. AXX 案[3]中，AMZ 公司以仲裁裁决违背了示范法第 18 条的平等待遇和第 34 页 a 项第 2 条当事人申辩的权利为由，主张仲裁庭不能基于当事人未向仲裁庭主张的观点作出裁定，也不能仅凭程序性审理而不经实体审理就对某争议点进行裁定，因此向法院申请拒绝承认和执行仲裁裁决。法院认为，问题的核心在于仲裁庭对于庭审规则的背离是否真实影响到了仲裁裁决的作出，损害了当事人的合法权利。[4]在论理部分，法院解释道，如果仲裁庭对每个论点均进行深入研究，其效率将显著降低，因此依特定论点确定其余论点是否正确并得到支持并无不当。基于同样的理由，如果仲裁庭已认定某些论点可用来判断其他尚未决断的问题，则其可以直接沿用这些论点以提高效率。例如在讨论预期违约时，如先前证据已表明并不存在任何实质性违约，且能证明当事人继续履行的意图，则足以拒绝申请人要求被申请人承担责任的主张。[5]除此之外，仲裁庭的论理部分也涵盖了当事人双方的主张，如认为仲裁庭倾向于一方的应举证说明，仅认为仲裁庭具有倾向性而主张程序性审理违法，不予支持。[6]

在当事人申请早期驳回时，只要仲裁庭保证谨慎的判断标准，严格按照举证责任的分配要求双方进行初步举证，同时召集会议进行庭审，此种做法将大大降低违反正当程序要求的可能性。

2. 仲裁地法并不与早期驳回程序直接冲突

仲裁地法与仲裁规则并不必然一致，否则即无专门设立仲裁规则的必要。只要仲裁地法无相反的禁止性规定，仲裁规则即可依意思自治原则自行设定程序，以供当事人使用。事实上，在仲裁地法无相反规定情况下，仲裁规则中单独规定相应的程序，我国也有类似实践。如中国仲裁法下虽无禁令制度，2015 年发布的《中国（上海）自

---

〔1〕 See First Interim Award in Case 11413 [Extract], ICC Digital Library, p. 48.

〔2〕 See James P. Duffy, "Chapter 13: Dispositive Motions and the Summary Disposition of Claims in International Arbitration, in Laurence Shore", in Tai-Heng Cheng, et al. eds., *International Arbitration in the United States*, Kluwer Law International, 2017, p. 279.

〔3〕 *AMZ V. AXX* [2015] *S. G. H. C.* 283.

〔4〕 *AMZ V. AXX* [2015] *S. G. H. C.* 283, p. 92.

〔5〕 *AMZ V. AXX* [2015] *S. G. H. C.* 283, p. 145.

〔6〕 *AMZ V. AXX* [2015] *S. G. H. C.* 283, p. 118.

由贸易试验区仲裁规则》还是在第 18 条规定了相应的制度。〔1〕《中华人民共和国民事诉讼法》（以下简称《民诉法》）和《中华人民共和国仲裁法》（以下简称《仲裁法》）中均未禁止仲裁庭基于有限证据作出仲裁裁决，而在《仲裁法》第 39 条规定了经当事人协议，仲裁庭可不开庭审理，〔2〕因此，可以理解为仲裁法规则并不与早期驳回程序存在冲突。实践中法院也认可仲裁庭经过一次开庭后，基于有限证据直接作出裁定的做法。如在黄华艳与余少伟申请撤销仲裁裁决案中，虽然存在大量证据材料，但独任仲裁员仅在一次庭审后即作出裁决。被申请人以程序不合法，未开庭审理且未当庭进行质证，导致当事人权利被剥夺损害正当程序为由，向北京市第二中级人民法院申请撤销该仲裁裁决，被法院驳回。〔3〕因此，笔者认为早期驳回程序可以纳入仲裁规则之中。

3. 通过条文确认现有规则有助于仲裁庭主动适用此程序

在仲裁规则中明确约定早期驳回程序，有助于仲裁庭明确自己的职权适用，解决仲裁庭对程序问题过于谨慎而不愿适用早期驳回的顾虑。相较于仅有原则性规定的概念，在时间、方式、标准等各方面均有详细规定的早期驳回适用规则，显然更能打消仲裁员的疑虑，为仲裁员提供规则和心理的双重基础。实践中，即使认为无需在规则中写明早期驳回程序的 ICC 规则，也在其《当事人与仲裁庭在 ICC 仲裁规则下参与仲裁程序的指引》中详细规定了仲裁员如何适用早期驳回的指南及其标准，而仲裁指引的出版目的之一，正是为了鼓励仲裁员采用适当的方式适用早期驳回程序并解决争议。〔4〕由此可见，在仲裁规则中明确规定早期驳回程序的标准，有助于鼓励仲裁庭主动适用，并提高程序适用的质量。

4. 早期驳回程序并不必然导致效率的降低

由于早期驳回程序仿照英美法简易判决程序设置，因此其实效可通过对简易判决的研究类推。事实上，英美法下动议性处置已存在有上百年的历史，并在民事诉讼程序中扮演着重要的角色。一份关于美国 1975 年 ~ 2000 年间运用简易判决动议的研究结果表明，总体而言在 25 年间民事侵权和合同纠纷案件中适用动议性驳回的比例从 12% 上升到 21%，可见其实用性很强。〔5〕另外一份近期关于美国地区法院的简易判决的报

---

〔1〕《中国（上海）自由贸易试验区仲裁规则》2015 年版第 18 条："当事人可以根据临时措施执行地所在国家/地区法律的规定向仲裁委员会及/或具有管辖权的法院提出如下一种或数种临时措施的申请：1. 财产保全；2. 证据保全；3. 要求一方作出一定行为及/或禁止其作出一定行为；4. 法律规定的其他措施。"参见《中国（上海）自由贸易试验区仲裁规则》，载 http://www.shiac.org/SHIAC/arbitrate_rules_detail.aspx? id = 11，最后访问时间：2018 年 8 月 10 日。

〔2〕《中华人民共和国仲裁法》第 39 条规定："仲裁应当开庭进行。当事人协议不开庭的，仲裁庭可以根据仲裁申请书、答辩书以及其他材料作出裁决。"

〔3〕参见黄华艳与余少伟申请撤销仲裁裁决案［（2018）京 02 民特 42 号］。本案涉及的是双方委托理财协议纠纷。双方对实际股票账户盈亏的计算产生分歧，由贸仲仲裁。

〔4〕Note to Parties and Arbitral Tribunals on the Conduct of the Arbitration under the ICC Rules of Arbitration, see https://iccwbo.org/publication/note-parties-arbitral-tribunals-conduct-arbitration/, last visited on August 10, 2018.

〔5〕Joe S. Cecil, Rebecca N. Eyre, et al, "Trends in Summary Judgment Practice：1975 - 2000", *Federal Judicial Center*, 2007, p. 17.

告显示，在法院做出简易程序判决后，当事人平均 45 天即可得到处理结果，相对比不使用的则平均需 149 天。而在所有得到回复的简易判决申请中，全部支持的有 42.6%，部分支持的有 22.0%，被拒绝的则有 35.4%，可见美国法下类似程序的支持比例并不低。[1]由上述统计数据可以得知，早期驳回程序的适用有助于法院快速处理案件，且支持比例并不低。类比到仲裁程序中，其应具有相似的功能体现。

5. 适用早期驳回程序的仲裁裁决被拒绝执行的概率很小

《纽约公约》是拒绝承认和执行仲裁裁决所依据的主要国际条约，因此需要考察依早期驳回程序作出的裁决是否符合纽约公约的要求。下面逐条分析《纽约公约》下与早期驳回程序相关的条文。

（1）《纽约公约》第 5 条第 1 款 b 项

《纽约公约》第 5 条第 1 款 b 项要求当事人在仲裁审理过程中有足够的申辩机会。笔者认为，给予当事人有效陈述己方观点的机会，并不意味着必然需要开庭审理的程序。[2]对于正当程序的违反主要出于未能提交足够证据，进而无法保证当事人平等的申辩权利。但申辩权并不代表仲裁庭必须采纳所有当事人提供的证据。在前述 Travis 案中，被申请人 Essar Global 公司即针对申请人 Travis 公司，主张在欺诈问题上适用早期驳回程序侵害公平申辩权利。同时 Essar Global 公司在申请不予承认和执行的程序中，Essar Global 公司进一步主张仲裁庭在仲裁程序中未能对争议问题进行完整的听证程序。但法院认为，仲裁庭对双方所做的听证程序可以被解释为"混合程序"（hybrid procedure），已为当事人提供足够的申辩机会，因此拒绝了 Essar Global 的主张。[3]在 Triulzi 案中，法院也得出与上述相似的观点，在特定情况下出于程序经济的原则，仲裁庭有权采用较为简短的程序进行审理，此做法并不与正当程序相违背。[4]由此可见，给予当事人申辩的机会并不代表须对全部证据进行质证，基于部分证据的早期驳回程序也并不必然违反正当程序，只要给予当事人合理的陈述机会即可。

事实上，除上述英国 Travis 案，美国的 Weirton 案、澳大利亚的 TCL 案[5]，均是在当事人未约定早期驳回情况下仲裁庭主动适用，且均得到了法院的支持。若在仲裁

---

〔1〕 See Brittany K. T. Kauffman, Logan Cornett, "Summary Judgement in the U. S. District Courts", 2018 IAALS, *the Institute for the Advancement of the American Legal System*, 2018, p. 23, 31, see http://iaals. du. edu/sites/default/files/documents/publications/efficiency_in_motion_summary_judgment. pdf , last visited on August 10, 2018.

〔2〕 See Albert Jan van den Berg, *The New York Arbitration Convention of* 1958, Kluwer International, 1981, p. 306.

〔3〕 See *Travis Coal Restructured Holdings LLC V. Essar Global Fund Ltd*, [2014] *EWHC* 2510 (Comm).

〔4〕 See *Triulzi Cesare SRL V. Xinyi Group Co Ltd* [2014] *S. G. H. C.* 220; see also David Ryan and S. C. Kanaga Dharmananda, "Summary Disposal in Arbitration: Still Fair or Agreed to be Fair", in Maxi Scherer ed., *Journal of International Arbitration*, Kluwer Law International, 35 (2018), pp. 42~44.

〔5〕 *TCL Air Conditioner (Zhongshan) Co Ltd v. Castel Electronics Pty Ltd*, (2014) FCAFC 83, 本案涉及的是中国 TCL 公司和 Castel 公司签订的澳大利亚地区 TCL 空调独家分销合同的纠纷。由于 TCL 以去除 TCL 商标的方式继续在澳大利亚销售空调，Castel 认为其侵犯了自己独家分销的权利，因此依据合同中仲裁条款提起了仲裁。仲裁庭在未完成所有质证的前提下，在为期十天的审理程序后直接裁定 TCL 公司需赔偿 Castel 公司 287 万澳元的损失和 73 万澳元仲裁费。TCL 公司以仲裁庭未能完整开示证据、违反自然正义为由要求法院撤销裁决，被澳大利亚法院驳回。

规则有该规定情况下，仲裁庭更能得到执行地法院的支持。

（2）《纽约公约》第 5 条第 1 款 d 项

《纽约公约》第 5 条第 1 款 d 项，即仲裁程序违反了当事人的约定或者仲裁地法的规定。就当事人约定而言，绝大多数情况下当事人在仲裁条款中都不会涉及早期驳回程序。因此，问题变成了在当事人没有明确约定时仲裁庭依申请适用，是否可能违反 d 项规定。在 2001 年的 ICC 第 11413 号案例中，仲裁庭对此问题作出了解释。在论证早期驳回的可适用性时，仲裁庭认为，案件适用的 ICC 规则和英国仲裁法（本案仲裁地法）均要求为避免无必要的拖延和花费，仲裁庭应当采取可适用于案件情况的程序，以为当前待定的事项提供一个公平的解决方法。因此，"考虑到前述条款，仲裁庭认为如当前案件合适，其有权使用驳回动议"。[1]即在双方未明确约定而一方提出早期驳回申请时，仲裁庭可依仲裁规则和适用法适用早期驳回。另外，如双方想要使用，完全可以在事后补充签订适用协议，以避免仲裁裁决被拒绝执行的风险。

就仲裁地法而言，考虑到示范法的广泛适用以及示范法第 18 条规定的"应对当事各方平等相待，应给予当事每一方充分的机会陈述其案情"，有观点认为 b 项和 d 项的抗辩理由实则非常相似。[2]则正如前述在 b 项下的讨论结论，笔者认为依《纽约公约》第 5 条第 2 款 b 项作出拒绝承认和执行的裁决可能性也很低。

（3）《纽约公约》第 5 条第 2 款 b 项

《纽约公约》第 5 条第 2 款 b 项是公共政策。虽然实践中各国做法均不相同，但大量国家采用限制性解释方法，将公共政策的适用范围限定在极为狭小的范围。[3]考虑到在普通法系下简易判决本就是民事诉讼中的重要制度，笔者认为普通法国家不太可能以公共政策为由拒绝承认和执行。需要考虑的是在大陆法系司法程序下是否违背公共政策的问题。然而在大陆法系国家以此理由被拒绝承认和执行的可能性也相当低。

首先，在各国仲裁法中一般会赋予仲裁庭对于程序的自由裁量权，为早期驳回程序提供法律依据。如《德国民事诉讼法典》第 1042（4）条规定："如当事人没有约定，且本编也没有规定，则仲裁庭应以其认为适当的方式进行仲裁。仲裁庭有权决定取证的可采纳性，有权取证并自由裁量此类证据。"[4]《法国民事诉讼法典》第 1509 条第 2 款规定："除非仲裁协议另有规定，仲裁庭应当以直接或通过援引仲裁规则和其他程序性规则的方式确定仲裁需要遵循的程序。"[5]由此可知，各国立法本来就赋予了仲裁庭自由选择合适的程序性规则进行仲裁的权利，其与早期驳回程序的仲裁庭自由

〔1〕 See First Interim Award in Case 11413〔Extract〕, ICC Digital Library, p. 41.

〔2〕 See Adam Raviv, "No More Excuses: Toward a Workable System of Dispositive Motions in International Arbitration", *Arbitration International*, 28 (2012), pp. 506~507.

〔3〕 See Nigel. Blackaby, Constantine Partasides et al. , "Redfern and Hunter on International Arbitration", 6th edition, Kluwer Law International, 2015, pp. 643~646.

〔4〕 Art. 1042 (4), German Arbitration Law 98, Tenth Book of the Code of Civil Procedure Arbitration Procedure, http://www. disarb. org/de/51/materialien/german-arbitration-law-98-id3, last visited on 10 August 2018.

〔5〕 Art. 1509, French Arbitration Law, BOOK IV-ARBITRATION, amended in 2011.

选择快速处理的理念保持了一致性。

其次，公共政策也不太可能作为拒绝早期驳回程序的依据。公共政策作为《纽约公约》赋予各国自由裁量权的条款，并没有统一的标准。但司法实践中，除非侵犯一国根本的公平正义观念，法院一般不愿意援引公共政策作为拒绝承认和执行的理由。[1]同时，各国以公共政策为由拒绝承认和执行的案件，大多以国家的实体政策为基础，很少以程序原因援引公共政策。[2]即使有程序原因，一般也都是以欺诈、贪污、贿赂等严重的问题，而很少有程序标准的制定违反公共政策的。[3]也就是说，只要给予双方足够陈述的机会，早期驳回程序以公共政策为由被挑战的概率很小。我国执业的资深仲裁律师也基于我国实践，认为我国法院很可能执行适用早期驳回程序的仲裁裁决。

6. 仲裁员的观念不构成拒绝早期驳回程序的理由

首先，收入未必是仲裁员唯一考虑的因素。由于国际仲裁的仲裁员一般均为从事法律相关工作多年的专业人士，对于名誉较为重视，而国际仲裁圈子又相对较小，则为个人名誉考虑也不会故意延长程序。其次，适用早期驳回程序可使仲裁员在快速结束案件后有更多时间审理其他案件，从可计费工作时长上说，未必少于单一案件的经办。最后，在包括中国在内的某些法域，仲裁员经办仲裁案件一般计件收费，因此其收入几何与适用早期驳回与否并无必然联系。基于上述三点，仲裁员观念并不必然构成拒绝早期驳回程序的理由。

7. 一裁终局也并非完全不可接受

首先，考虑到仲裁效率优先的价值取向，一裁终局本就是仲裁的一大特质，因此在特定争议点上不具有救济也体现了其价值取向。其次，由于早期驳回程序标准较高，仅对于明显存在问题的才可以适用，因此其适用范围本就狭小，对于复杂案件，本就不适用早期驳回程序，因此其一裁终局的特性未必会造成严重后果。最后，一裁终局的设定还将有助于当事人权衡证据轻重，在短期内将最重要证据提交仲裁庭，加快审理进程。基于上述三点理由，一裁终局的弊端笔者认为也可以接受。

四、规则设置的基本要点

截至目前，纳入早期驳回程序的国际仲裁规则只有 2006 年版的 ICSID 仲裁规则、2016 年版的 SIAC 商事仲裁规则以及 2017 年版的 SCC 仲裁规则。2006 年版 ICSID 仲裁规则第 41（5）条规定："除非当事人对作出初步异议的加速程序另有约定，一方可以在仲裁庭组成不超过 30 日内，或无论如何在仲裁庭首次开庭前，提交一项请求明显缺

---

[1] *Emerald Grain Australia Pty Ltd V. Agrocorp International Pte Ltd*, (2014) 314 A. L. R. 299, p. 306.

[2] See Adam Raviv, "No More Excuses: Toward a Workable System of Dispositive Motions in International Arbitration", *Arbitration International*, 28 (2012), pp. 506~507.

[3] Report of the UNCITRAL Commission, Commenting on Public Policy as Understood in the New York Convention and Model Law, UN Doc. A/40/17, pp. 296~303.

乏法律依据的异议。当事人应尽可能明确地阐述异议的依据。仲裁庭在给予当事人机会陈述其对异议的意见后，应当在首次开庭前或者之后立即通知当事人仲裁庭对异议的决定。仲裁庭的决定应当无损于一方当事人依据第 1 款提出在仲裁程序中一项主张缺乏法律依据异议的权利。"在商事仲裁规则中，SIAC 规则第 29 条规定："基于下列理由，当事人可以向仲裁庭申请早期驳回仲裁申请或答辩：a. 仲裁申请或答辩明显缺乏法律依据；或者 b. 仲裁申请或答辩明显超出仲裁庭的管辖范围。"SCC 规则第 39 条规定："（1）一方当事人可以请求仲裁庭通过简易程序决定一个或多个事实或法律问题，而不必按照仲裁程序可能采取的每一程序行事。（2）申请简易程序的请求可以涉及管辖权、可采纳性或事实的问题。可能适用的情况包括：（i）对案件处理结果有重要意义的事实或法律的主张明显不可信；（ii）即使一方主张的事实推定为真，在适用法律下也无支持该方的裁定可以作出；（iii）对案件处理结果有重要意义的事实或法律的主张，无论以何等其他理由，均适合以简易程序决定。"ICC 虽然未在规则中明确此项制度，但在其《当事人与仲裁庭在国际商会仲裁规则下参与仲裁程序的指引》"六、仲裁的进行 C-对明显缺乏法律依据的仲裁请求或答辩的快速决定"一段中，也详细规定了早期驳回程序的标准："60. 任何一方当事人均可以仲裁申请或答辩明显缺乏法律依据或明显超出仲裁庭的管辖范围为由，向仲裁庭申请就一项或多项仲裁申请或答辩进行快速决定。申请应在相关仲裁申请或答辩被提交后尽可能快地提出。61. 仲裁庭在决定是否允许该申请继续进行一事上享有完全的裁量权。仲裁庭在行使裁量权时，应考虑其认为相关的任何情况，包括仲裁程序所处的阶段以及确保时间和成本效益的需求。"已有的仲裁规则在早期驳回的具体程序设定上存在较大差异，因此并不存在统一适用的标准。虽然 ICSID 规则是投资仲裁规则，但考虑到其在全球范围内在仲裁中率先引入了早期驳回程序，且存在大量案例对后续具有指导意义，因此在此处一并列出并做讨论。

考虑到国际仲裁规则正日渐接受早期驳回程序，笔者认为我国应当加快仲裁规则修订进程，早日将早期驳回纳入仲裁规则之中，以在"一带一路"倡议下，营造稳定、公平、透明的法治化营商环境，吸引更多国家和境外当事人选择将中国作为"最终仲裁地"，保护中外当事人的合法权益。因而，本段在讨论已有仲裁规则文本的情况下，做简要评述，结合实践案例的标准为中国规则的制定提供参考意见。

（一）适用对象一般同时包括主张和抗辩

在适用对象上，不同于 ICSID 仲裁规则第 41（5）条将早期驳回的适用对象限定于向仲裁庭提出的主张，SIAC、SCC、ICC 仲裁规则无一例外将适用对象扩大到主张和抗辩，即仲裁双方主张均可适用。此种制度设计也符合早期驳回程序加快审理进程的立法目的，同时适用于无意义诉求和无意义抗辩能进一步提高仲裁程序的效率。考虑到有观点认为由于主张和抗辩的用词存在不明确，在概念界定上抗辩可能较主张范围更广，[1]笔者认为，我国规则在设计时，也应将适用范围设置为主张和抗辩，同时将抗辩限定在"针对一方当事人提出适用早期驳回主张而提出的"，此做法将有助于明晰定义与适用对象。

（二）申请时间应灵活处理

在申请时间上，SIAC 和 SCC 规则均无特定时间要求。ICC 在其适用规则指引中建议当事人"在对方提出主张或抗辩后尽可能短的时间内提出"。相较于 ICSID 仲裁规则规定的"自仲裁庭组成之日起不超过 30 天，或在任何情况下不超过第一次开庭审理前"的时间限制，商事仲裁规则的规定显得更加灵活。由于投资仲裁往往在管辖权阶段即需进行旷日持久的审查与材料准备，至仲裁庭完成组庭，双方自然对于案件已有较清晰的把握，但商事仲裁相对速度较快，考虑到仲裁员对于案件可能无法在短期内完全掌握，以及案件审理时间存在较大差异，因此在制定早期驳回规则时，不应规定过分狭窄的申请时间。

（三）适用标准应强调"明显"特质

在适用内容上，各规则同样有较大差异。SIAC 规则的适用内容包括了"明显缺乏法律依据"（manifestly without legal merit）和"明显处于仲裁庭管辖权之外"（manifestly outside the jurisdiction of the tribunal）两部分，SCC 规则包含了"管辖权（jurisdicion）""证据可采性（admissibility）"和"事实依据（merit）"，ICC 的指引则是规定了"明显缺乏法律依据或明显超出仲裁庭的管辖范围"的标准。ICSID 仲裁规则的条文则规定的是"明显缺乏法律依据"。由上可知，仲裁机构规则规定差异巨大，但均强调了"明显"标准的重要意义。对于不同规则条文解释是否会达到相似效果，实践中仲裁庭尺度拿捏是否一致，还有待进一步案例的确定。[2]

事实上，在可查的 ICSID 实践中，仲裁庭即对条文"明显缺乏法律依据"的措辞进行了解释。在 Trans-Global 案中，仲裁庭考虑到 ICSID 规则立法草稿中用词是"明显缺乏事实依据"，并对"事实依据"（merit）和"法律依据"（legal merit）两词进行了区分。[3]仲裁庭认为，考虑到第 41（5）条在立法中特别添加了"法律"一词，说明

---

[1] See Elodie Dulac and Alex Lo, "The SIAC Rules 2016: New Features", *Indian Journal of Arbitration Law*, Centre for Advanced Research and Training in Arbitration Law, National Law University Jodhpur, V（2016），pp. 129~149.

[2] Kartikey M. and Rishabh Raheja, "Recognition of Summary Procedures under the ICC Rules: Considerations, Comparisons and Concerns", Kluwer Arbitration Blog, December 4 2017, http://arbitrationblog. kluwerarbitration. com/2017/12/04/booked-iccs-new-rules-summary-dismissal-kartikey-mahajan/，last visited on August 10, 2018.

[3] *Trans-Global Petroleum Inc V. The Hashemite Kingdom of Jordan*, *Case No. ARB/07/25*. 本案涉及的是一家美国得克萨斯州的石油企业及其在英属维尔京群岛注册的全资子公司与约旦政府之间石油勘探开采纠纷。在仲裁案中申请人主张约旦政府违反了美国—约旦 BIT 中的公平公正待遇条款、禁止不合理和歧视性措施条款以及磋商条款。约旦政府则援引 ICSID 仲裁规则第 41（5）条，主张申请人提出的三项仲裁请求，并非是申请人享有的权利或者被申请人需承担的义务，因而"明显缺乏法律依据"。仲裁庭驳回了约旦政府对前两项请求的异议，但支持了对于第三项请求的异议，理由是约旦的磋商义务仅限于作为缔约方的美国。本案最终以和解方式结案。

仲裁规则有意区分"事实依据"和"法律依据"两个概念，并得出结论仲裁庭在适用早期驳回程序时，不应当考虑事实依据的真实性。[1]在 ICSID 后续实践中，仲裁庭均认可了此种做法，[2]并认为早期驳回程序不应解决"新奇""艰难"或"争议性"的法律问题，而应将无争议的法律运用到无争议的事实之中。[3]除此之外，ICSID 实践中还将管辖权也纳入了"明显缺乏法律依据"的范围之内。[4]虽然商事仲裁与投资仲裁存在较大的差异，且商事规则往往将管辖权单独列出，但由此例可见对于文本的解释，尚有许多操作空间。

考虑到早期驳回程序不具有救济机制，仲裁庭一旦作出当事人便不可上诉，这便要求仲裁庭在适用早期驳回程序时以更严格的标准进行审查。如仲裁庭发现问题过于复杂，即可以拒绝直接作出裁定或指令，而要求在后续仲裁程序中详细审理。[5]因此，我国制度在规定早期驳回时，也应规定所适用内容需满足"明显""清晰""显而易见"的标准。

（四）作出时间应有所限制

在收到申请后仲裁庭作出决定的时间要求上，SIAC 规定了 60 天的限制，而 SCC 和 ICC 均未规定时间。ICC 指引只要求仲裁庭"尽快作出"。考虑到 SIAC 规则是主流国际仲裁规则中第一个引入早期驳回程序，在制定过程中也主要参考了 ICSID 规则，[6]可以理解其时限规定与 ICSID 规则保持了一致。笔者认为，为保证程序效率，应当在仲裁庭作出时间上有限定时间，以保证效率。首先，从仲裁庭角度，时间限制有助于督促仲裁庭勤勉工作，尽快作出裁定。其次，从当事人角度出发，时间限制也限制了程序总体时间，以达到减少时间成本的目的。我国仲裁规则在制定时，应当在参考仲裁庭作出裁决的平均时长基础上，确定合理的时间，以保证程序效率。

（五）决定形式应同时包括裁决和指令

在适用早期驳回程序作出决定的形式上，SIAC、SCC 仲裁规则和 ICC 指引均允许

---

〔1〕 *Trans-Global Petroleum Inc v. The Hashemite Kingdom of Jordan*，Case No. ARB/07/25，Decision on the Respondent's Objection under Rule 41（5）of the Arbitration Rules，p. 97.

〔2〕 Thomas H. Webster，"Efficiency in Investment Arbitration：Recent Decisions on Preliminary and Costs Issues"，*Arbitration International*，24（2009）.

〔3〕 *PNG Sustainable Development Program Ltd V. Independent State of Papua New Guinea*，ICSID Case No. ARB/13/33，The Tribunal's Decision on the Respondent's Objections under Rule 41（5）of the ICSID Arbitration Rules，p. 89

〔4〕 *Brandes Investment Partners LP V. Venezuela*，ICSID Case No. ARB/08/3，Decision on the Respondent's Objection under Rule 41（5）of the ICSID Arbitration Rules.

〔5〕 例如在前述 Trans-Global 案中，仲裁庭也指出早期驳回程序不适用于事实复杂、争议巨大的案件。参见 *Trans-Global Petroleum，Inc. v. The Hashemite Kingdom of Jordan*，Case No. ARB/07/25，Decision on the Respondent's Objection under Rule 41（5）of the Arbitration Rules，para 90~91. 在 *MOL Hungarian Oil And Gas Company PLC v. Republic of Croatia*，Case No. ARB/13/32 案中，仲裁庭也有相似观点。

〔6〕 在 2017 年 7 月 10 日法国巴黎政治学院的讲座中，时任 SIAC 主席 Gary B. Born 教授指出 SIAC 规则在引入早期驳回程序时借鉴了 ICSID 规则。

仲裁庭自由选择以裁决（award）或指令（order）的形式作出决定。笔者理解此种规定的原因在于，如果对当事人的特定主张仲裁庭决定早期驳回导致程序终结，则需直接作出仲裁裁决，如案件已超诉讼时效，仲裁庭则无管辖权等。[1]如仲裁庭认为早期驳回程序不应当适用，则应当以指令的形式作出不适用早期驳回，案件继续审理的决定。笔者认为在国内机构规则制定时，也应当同时规定两种形式，而非如 ICSID 规则一样仅规定裁决形式。

五、仲裁庭适用时应注意要点

国际仲裁实践中，也有仲裁庭在无规则明确约定时直接适用早期驳回程序的情形。结合此类案例以及在英美法适用动议性处置程序的经验，笔者总结出在适用早期驳回程序时仲裁庭应当注意的几个问题，下面简要讨论。

（一）早期驳回的决定需要仲裁庭审慎审理

对特定问题在早期驳回，要求仲裁员以严格的标准判断涉案问题是否满足适用条件。在 ICC 第 12297 号案例中，仲裁庭认为，虽然早期驳回在案件中适用，但"没有事实依据"或"没有真正的争议"的判断，不应在仲裁程序伊始并尚未对事实有任何调查时做出。[2]结合前述各机构规则中"明显"的标准亦可知，仲裁庭需在已掌握案件事实并大体作出判断的前提下，作出早期驳回的决定。

（二）早期驳回对仲裁员提出了更高的要求

如上所述，由于需要在短期内对案件进行快速决断，早期驳回的设定为仲裁员执业水平提出了更高要求。这意味着仲裁员需要在程序早期即对案情有较为深入的了解。否则早期驳回程序的错误适用将对整个仲裁程序造成严重不良的后果。然而，国际仲裁的现状是大量仲裁员拖延对案件材料的查阅，甚至有仲裁员表示"不会在仲裁开庭最后一刻之前看材料，因为案件可能最后一刻和解而自己收不到一分钱"。[3]为此，仲裁员应在第一次程序性会议前尽可能多地阅读材料，站在当事人立场考虑问题，控制当事人提交材料篇幅，并判断何为必需步骤何为可选步骤，以此掌握仲裁程序的主动权。[4]对当事人而言，如需在仲裁中适用早期驳回程序，在选择仲裁员时也应注意其背景，挑选熟悉此程序或拥有相应法律背景的仲裁员。

---

〔1〕 如安城案中，仲裁庭即以安城公司提交的申请超过中韩 BIT 中约定的诉讼时效 3 年，适用早期驳回程序裁定自身无管辖权。参见 *Ansung Housing Co. , Ltd. v. People's Republic of China*, ICSID Case No. ARB/14/25, Decision on the Respondent's Objection under Rule 41（5）of the Arbitration Rules.

〔2〕 See Procedural Order of 22 August 2003 in ICC Case 12297（Extract）, Annex to Procedure Order No. 1, ICC Digital Library.

〔3〕 See Nicolas Ulmer, "The Cost Conundrum", *Arbitration International*, 26（2010）, p. 239.

〔4〕 See Peter Morton, "Can a World Exist Where Expedited Arbitration Becomes the Default Procedure?", *Arbitration International*, 26（2010）, p. 111.

（三） 适用早期驳回程序需考虑其成功可能性

早期驳回程序的最终目的是提高仲裁效率，因此精简仲裁庭需要讨论的议题，在尽可能短时间内处理争议，也是早期驳回程序为达目的需要采取的手段。如果仲裁庭随意地适用早期驳回程序，适用早期驳回的申请本身没有依据，则很可能程序的涉及不仅不能达到其预期效果，反而拖延仲裁程序进程。仲裁庭在判断是否适用早期驳回程序时，早期驳回成功可能性是重要参考因素。[1]

（四） 适用早期驳回需要考虑对于后续程序的影响

虽然仲裁庭驳回早期驳回申请并不影响当事人在后续程序中提出相同请求，但一旦早期驳回申请被仲裁庭支持，则如有后续程序，会显著影响后续程序的进行。对于当事人而言，仲裁庭对被申请早期驳回争议点的态度对后期争议策略的制定和立场选择有很大影响。如仲裁庭否认自身管辖权，则当事人可以及时选择其他救济渠道。如涉及金钱债务的，当事人的财务状况还可能受到影响，后续审理中的和解策略也可能受到影响，还有过度信息披露等问题。[2]对于仲裁员而言，如其能快速审理完成程序，则后续可以节约大量时间，安排其他工作。因此，需要谨慎对待早期驳回程序，当事人和仲裁员都应当考虑到早期驳回程序申请对后续程序可能造成的影响。

（五） 适用早期驳回程序需考虑总计时间和金钱的花费

仲裁庭应当考虑的因素还包括仲裁案件需要花费的时间和金钱。如前所述，因早期驳回程序反而延长了总体时间显然得不偿失，因此仲裁庭应对总计需要花费的时间进行评估，并讨论是否可以不影响仲裁程序正常审理的方式适用早期驳回程序。仲裁庭也可在程序初期就程序适用制定计划表。[3]如总计时长并不会因早期驳回程序而缩短，则需慎重考虑是否使用此程序。[4]

（六） 仲裁庭可单独对早期驳回程序裁定费用分配

在适用早期驳回程序时，另一个容易被忽视的问题是仲裁庭作出早期驳回裁定时，是否需要把同一问题处理的费用写在裁定书中。按照一般仲裁实践，费用的问题都会在最后的仲裁裁决中一并作出。仲裁庭出于平衡双方损益的考虑，也会将费用分担视

---

〔1〕 See Gretta Walters, "Dispositive Motions in International Arbitration: A Move from ' Can We ' to ' Should We ' ", in Carlos Gonzalez-Bueno ed. , 40 *under* 40 *International Arbitration*, 2018, p. 119.

〔2〕 See Massino V. Benedettelli, "To Bifurcate or Not to Bifurcate? That is the (Ambiguous) Question", *Arbitration International*, 29 （2013）, pp. 502~504.

〔3〕 See Joerg Risse, "Ten Drastic Proposals for Saving Time and Costs in Arbitral Proceedings", *Arbitration International*, 29 （2013）, p. 456.

〔4〕 See Gretta Walters, "Dispositive Motions in International Arbitration: A Move from ' Can We ' to ' Should We ' ", in Carlos Gonzalez-Bueno ed. , 40 *under* 40 *International Arbitration*, 2018, p. 120.

为平衡工具。笔者赞同仲裁庭在适用早期驳回程序的同时对此争议的费用问题作出裁定的做法。原因在于，大多数仲裁规则赋予仲裁庭在特定阶段裁决费用的权力；其次，针对特定问题作出费用承担的裁决有助于明确双方责任，仲裁员能在对案件有清晰认识情况下作出费用分配；最后，实际操作层面，仲裁员为避免裁决被拒绝承认和执行，在做出最终裁决前会大量考虑各种因素，因而可能导致费用的拖延。[1]这本就不利于程序的快速结束。因此，对成功适用早期驳回程序的案件，可由被申请方承担相应的费用，而对未能成功适用的，则由申请方承担。此做法同时有利于遏制滥用早期驳回程序的趋势，也有助于快速解决争议。事实上，在ICC规则指引中，也明确了仲裁庭如此做的权力。[2]

六、结语

在当前我国政策着眼于打造"一带一路"命运共同体，国家大力支持仲裁国际化，倡导建立和完善新型化"一带一路"商事争议多元纠纷解决机制的背景下，将早期驳回程序纳入既有仲裁规则，具有重要的现实意义。笔者认为应当在中国仲裁规则中纳入早期驳回程序，以响应国家坚持完善"一带一路"司法环境，培养开放思维寻求共赢的倡议。本文从理论层面论证了早期驳回程序与现有国际仲裁规则兼容的一面，也结合现有仲裁规则和实践案例，从适用对象、申请时间、适用标准、作出时间和决定形式五个方面出发，为我国制定早期驳回程序提供了建议。除此之外，还简述了在适用早期驳回程序时，仲裁庭需要注意的对后续程序的影响、费用分配等方面的问题。总而言之，我们应当在不与我国商事法律制度相冲突的前提下，引入早期驳回程序，尝试新的规则设计，与国际规则接轨，以实现快速高效解决争议的价值追求，也为更好完善中国的多元纠纷解决机制而作出努力。

---

〔1〕 See Ina C. Popova, "Restoring Efficiency to International Arbitration: Five Core Recommendations", in Carlos Gonzalez-Bueno ed. , 40 *under* 40 *International Arbitration*, 2018, p. 129.

〔2〕《当事人与仲裁庭在国际商会仲裁规则下参与仲裁程序的指引》第63条规定："根据申请的性质，仲裁庭应尽快对申请作出决定，并尽可能简明地陈述其决定的理由。这个决定可以以命令或裁决的形式作出。无论以何种形式，仲裁庭可以根据仲裁规则第38条对申请的费用问题作出决定，或保留作出这一决定的权力。"

论国际投资仲裁中第三方资助的透明度问题

郭群英[1]

摘　要：近年来，国际投资仲裁面临"正当性危机"[2]，第三方资助的介入更是使国际投资仲裁程序进一步复杂化。确立第三方资助领域的透明度机制是实现规制国际投资仲裁第三方资助的前提和基础，也有利于构建和平、公正的多元化国际投资环境。本文试图通过研究现有的相关国际规则和国际实践，提出构建国际投资仲裁第三方资助透明度制度的应对性策略，以期对之后的第三方资助实施更高程度、更高水平的法律规制。

关键词：国际投资仲裁　第三方资助　透明度　披露义务

---

[1]　郭群英，上海对外经贸大学贸易谈判学院研究生。
[2]　参见刘笋："国际投资仲裁引发的若干危机及应对之策述评"，载《法学研究》2008 年第 6 期。

一、引言

跨国投资在推动世界各国间进行密切经济交往的同时，也诱发了大量的投资争端。往常在寻求解决方案时，国际投资仲裁被普遍认为相对于诉讼而言具有更多优势，例如高度自治性、高效率、费用低、裁决中立等。但近年来，不断高涨的仲裁费用和缺乏足够透明度的仲裁程序已成为挑战国际投资仲裁程序公正性与权威性的两大症结。

第三方资助作为应对高昂仲裁费用的一种全新融资方式，在一定程度上缓解了相关当事人因无法承担巨大的仲裁费用和不确定的败诉风险而对投资仲裁望而却步的窘境，却又因其自身所有的隐蔽性、趋利性等特质而使本已缺乏透明度规制的国际投资仲裁程序越发复杂化、不透明化。我国作为拥有投资大国和被投资东道国双重身份的国家，应当对此现象予以高度重视，但就我国目前的投资仲裁立法、实践与理论研究来看，国际投资仲裁中的第三方资助现象不仅尚未引起重视，国内各界更是了解甚微，鲜有深入细致的研究。为此，本文试图从投资仲裁的透明度角度出发，深入探讨在有第三方资助介入的情况下国际投资仲裁的运行机理，以期提出规制国际投资仲裁中第三方资助现象的一些建议。

二、国际投资仲裁第三方资助的发展现状

（一）资助协议的性质

目前国际社会并未对第三方资助作出统一的明确界定，但一般可认为第三方资助是指在国际仲裁程序中，由与案件争议没有利害关系的第三方（资助方）对仲裁程序的当事人（也即受资助方，通常是指申请人或者反诉中的被申请人）就可能涉及的仲裁费用通过资助协议进行资金支持，并从胜诉裁决中获取约定比例的金额作为收益。[1]而资助协议即就相关内容达成一致后所签订的协议，是资助关系存在并维持的基础。

不同的案件所需要的资本配置和所面临的败诉风险皆不同，相应地，资助机构有权获得报酬的机率乃至具体金额也会有所不同。因此，针对每个仲裁案件的资助协议条款均需要双方予以单独协商后方可确定，而非标准化的资助协议模式。此时，寻求资助的仲裁当事人必然需要与潜在的资助机构之间分享机密的、享有特权并高度敏感的信息，而资助机构会根据此类信息拟定有利于其自身的资助协议条款内容并要求受

---

[1] 参见覃华平："国际仲裁中的第三方资助：问题与规制"，载《中国政法大学学报》2018年第1期。

资助方予以遵守。一旦受资助方违反协议或案件胜诉率发生实质变化，资助机构都可能会终止协议，若仲裁当事人在财务上过于依赖资助者，则撤资威胁所带来的直接后果便是资助机构对案件形成实质上的有力控制。又因第三方资助作为一个新兴事物，资助协议的存在和第三方资助机构的行为尚未受到任何法律的明确约束，内容、形式往往参差不齐。

(二) 国际投资仲裁第三方资助的特征

1. 投资性。目前，除了专门的第三方资助机构以外，包括传统投资行业领域的主体如保险公司、投资银行、对冲基金公司等也会对外提供仲裁资助。一般情况下，资助者在具体资助某一案件前，均会运用其丰富经验对该仲裁请求进行尽职调查。换句话说，第三方资助机构会对各个申请人提出的仲裁请求的胜诉可能性进行逐一评估并分类，在此基础上"选购"其认为有利可图的潜在或已有的仲裁请求[1]，实质上是在对仲裁案件进行投资并争取投资利益最大化。国际大型第三方资助机构 Harbour 公司在其报告中便指出："任何案件，不论涉及哪个行业，不论诉因是违约、违法、破产、重大误解、知识产权、竞争、违反忠实义务、违反信托义务或者从业过失，只要存在潜在的损害赔偿或金钱结果，我们均可提供资助。"[2]

虽有部分国家通过国内法明确对第三方资助予以禁止，但根据"意思自治"原则，当事人可约定资助协议适用允许进行第三方资助的国家的法律或者将仲裁地约定在允许进行第三方资助的国家从而来规避这一问题。随着市场经济的发展，第三方资助已不仅仅是那些胜算大但缺乏资金的受资助方的一种融资方式，而日益成为仲裁申请人管理资金、分散风险的一种新途径。

2. 逐利性。资本的本性是逐利，哪里有能取得高额利润的机会就会投入到哪里。[3]资助者提供仲裁资助往往以"无追索权"为原则，而仅限于追求案件最终胜诉后的索赔收益（若有）。这既反映了投资的高风险性，也反映了资助者对仲裁资助投资的内部收益率的期待，本质上是为了追求自身利益的实现，而非为了争取案件是非曲直的公平评判和公正、良好国际投资仲裁环境的建立。[4]一位澳大利亚的第三方资助者进行了完美阐述："是否对某个案件进行资助，是建立在通常由成功的百分比所表述的'看得见的成功'这一基础之上。除非某个案件的胜诉率达到85%以上或者有某些特殊理由，否则任何案件都不应当被资助。"[5]

---

〔1〕 参见徐树："国际投资仲裁的第三方出资及其规制"，载《北京仲裁》2013年第2期。

〔2〕 参见覃华平："国际仲裁中的第三方资助：问题与规制"，载《中国政法大学学报》2018年第1期。

〔3〕 参见余劲松：《国际投资法》，法律出版社2007年版，第4页。

〔4〕 International Congress and Convention Association："Report of the ICCA-QUEEN MARY Task Force on Third-Party Funding in International Arbitration"，https://www.arbitration-icca.org/media/10/40280243154551/icca_reports_4_tpf_final_for_print_5_april.pdf，最后访问时间：2019年1月1日。

〔5〕 See Christopher Hodges, John Peysner and Angus Nurse, "Litigation Funding: Status and Issues", *Oxford Legal Studies Research paper*, 55 (2012), p.54.

3. 隐蔽性。目前绝大部分的资助协议均含保密条款，规定了受资助方不得向外界甚至仲裁庭披露资助关系的存在与资助协议的内容，以便避免不必要的干扰。有些资助机构甚至会刻意设置某些特殊安排以淡化其与受资助方之间的关系，例如，资助机构为了资助协议而专门设立独立于资助机构本身的"特殊目的机构"以方便资助协议的签订和履行，或直接将资金提供给代理案件的律师事务所而不是被资助的当事人。[1]此外，在实践中，资助机构主要通过事实调查和研究分析来全面掌握被资助案件的具体情况，但仍不可避免地要同受资助方的律师就案件情况进行持续性地沟通。因受资助方的律师同资助机构之间并不存在委托关系，此时的沟通意见便不能得到相应的法律保护，那么资助方与受资助方会选择在签订的资助协议中对此加以保护，也就是限制资助方或受资助方的律师将这些沟通意见予以披露。[2]可以说，资助协议本身及其所引发的内容均获得了一定程度上的保密，使外人甚至是被指定的仲裁员都无法窥见一斑。

而现有的《解决国家与他国国民间投资争端公约》（以下简称《ICSID 公约》）、《ICSID 仲裁规则》《联合国国际贸易法委员会（UNCITRAL）仲裁规则》等国际投资仲裁规则均没有对当事人课以必须向仲裁庭或对方当事人披露资助协议的义务。在缺乏强制性披露义务的情况下，资助机构的投资性与逐利性必然偏向于使资助协议保持隐蔽，而受资助者也会为了实现仲裁程序的简单化而趋向于使资助协议保持隐蔽，况且双方负有相互保密的义务。

（三）国际投资仲裁第三方资助缺乏透明度

第三方资助的出现响应了国际市场的需求，使因已经或即将身处财务困境而无法诉求权益的申请人得以能够进行费用高昂的国际投资仲裁，客观上拓宽了当事人的权利救济途径，在一定程度上有利于国际投资领域的"接近司法"。[3]但第三方资助在为国际投资仲裁的发展提供便利的同时，却也因其自身特性而可能给国际投资仲裁带来一系列的负面影响，主要包括助长投资者滥诉、引发国际投资仲裁的不稳定性、影响案件的公正裁决及争议的有效解决、导致投资者与第三方资助机构等私主体获得挑战国家公权力的权利范围扩大化、第三方资助的个案分析式事前审查导致非公正情况的发生等。

国际法和国际治理领域的透明度的价值与功能体现在三个方面："①促进善治与法治，包括可预见性、可获得性以及法律的清晰度；②提高可归责性、参与度以及民主

〔1〕参见肖芳："国际投资仲裁第三方资助的规制困境与出路——以国际投资仲裁'正当性危机'及其改革为背景"，载《政法论坛》2017 年第 6 期。

〔2〕See Maxi Scherer and Aren Goldsmith, "Third Party Funding in International Arbitration in Europe: Part 1 - Funders' Perspectives", *International Business Law Journal*, (2012), p. 216.

〔3〕参见肖芳："国际投资仲裁第三方资助的规制困境与出路——以国际投资仲裁'正当性危机'及其改革为背景"，载《政法论坛》2017 年第 6 期。

性；③增强有效性和效力，特别是在金融领域。"[1]出现于投资仲裁领域的第三方资助已超过了商事仲裁中私人利益判断的范畴，若仍维持高度的保密性将严重危及投资仲裁程序及结果的正当性[2]。对国际投资仲裁的第三方资助进行规制既是必要之举，也是解决上述问题的最有效路径，而确立第三方资助领域的透明度机制是实现规制的第一步，是解决与第三方资助有关的所有问题的前提和基础。基于第三方资助的隐蔽性本质，目前仅有部分案件的第三方资助为外界所了解和熟知，如 Muhammet Cap & Sehil Insaat Endustri ve Ticaret Ltd. Sti. v. Turkmenistan 案中，仲裁庭便发布程序命令，要求投资者说明案件是否存在第三方资助情形，若是存在，需要披露第三方资助机构的名称以及资助协议中包括胜诉后的收益分配等情况。因只有在案件中明确资助关系，才能厘清各自间的利害关系，真正实现争议的有效、公正解决。[3]但缺乏统一、深刻的国际认知和系统、规范的国际规则，第三方资助尚处于无法窥视且无人监管的"法律真空地带"，个案中仲裁庭的相应努力只能算是杯水车薪，远远起不到应有的效果。

三、应当加强国际投资仲裁第三方资助透明度规制

（一）现行的国际投资仲裁第三方资助透明度规则

目前国际社会对投资仲裁中的保密性和透明度的本质及适用范围缺乏统一认识，对第三方资助中相关内容的认识更是莫衷一是，实质上也为提高国际投资仲裁第三方资助的透明度提供了国际法上的空间。为此，有关第三方资助的透明度问题不再是沙盘推演，已逐渐提上部分国际组织、国家及地区、国际仲裁机构的立法议程。

1. 国际组织。在联合国国际贸易委员会第二工作组的推动下，国际贸易法委员会于 2013 年 10 月 2 日通过了《UNCITRAL 国际投资仲裁透明度规则》（UNCITRAL Rules on Transparency in Treaty-based Investor-State Arbitration，以下简称《透明度规则》）。而为了将《透明度规则》的适用范围扩大到投资者与东道国之间的任何仲裁，于 2015 年 3 月 17 日订立并于 2017 年 10 月 18 日生效的《联合国投资人与国家间基于条约仲裁透明度公约》实质上强化了实现投资仲裁领域的透明度的重要性，但并未将第三方资助的情况加以考虑。直到联合国国际贸易法委员会在 2018 年召开的第 51 次研讨会上就投资者与国家争端解决机制展开进一步的讨论，其中不仅包括 ISDS 的透明度，更是涉及第三方资助（主要由联合国贸易法委员会第三工作组进行研究并提出议案）。国际商事仲裁委员会（ICCA）与伦敦玛丽女王大学（Queen Mary University of London）于 2013 年召集成立了一个关于国际仲裁第三方资助的工作组，该工作组就相关问题展开持续的研究与讨论，并发布了一份《第三方资助国际仲裁研究报告》。

---

[1] ［德］安妮·彼得斯："国际法的透明度转向"，戴瑞君译，载《国际法研究》2015 年第 1 期。
[2] 参见张庆麟："国际投资仲裁的第三方参与问题探究"，载《暨南学报（哲学社会科学版）》2014 年第 11 期。
[3] *Muhammet Cap and Sehil In aat Endustrive Ticaret Ltd. Sti. v. Turkmenistan*，ICSID Case No. ARB/12/6.

2. 国家及地区。澳大利亚作为第三方资助的发源地，其并没有对第三方资助实施体系性的监管或规制，但要求第三方资助应当通过自律的方式避免利益冲突问题；《欧盟与越南自由贸易协定草案》是第一个涉及第三方资助并试图对其进行规范的投资协定，欧盟于 2015 年 11 月就 TTIP 提出的建议案和 2016 年《加拿大和欧盟全面经济和贸易协定》（CETA）中，均规定了国际投资仲裁中受到第三方资助的当事人应该及时对第三方资助机构的名称和地址进行披露的义务；我国香港特别行政区《仲裁条例》对第三方资助的信息披露进行了一定程度的规定，我国香港特别行政区政府于 2018 年 12 月 7 日发布《第三者资助仲裁实务守则》，旨在进一步规范第三方资助机构在依据我国香港特别行政区《仲裁条例》（第 609 章）的前提下所进行的相关仲裁活动；新加坡于 2017 年一改以往对诉讼和仲裁的第三方资助采取全面禁止的态度，通过修订《民法法令》（Civil Law Act，关于第三方资助的第 38/2016 号民法修正案）的方式表明了对第三方资助仲裁的支持态度。

3. 国际仲裁机构。新加坡国际仲裁中心于 2017 年 1 月 1 日发布的《新加坡国际仲裁中心投资仲裁规则》（以下称为《SIAC 投资仲裁规则》）中涉及了第三方资助仲裁的相关规定，这是由商事仲裁机构制订的第一个专门对第三方资助进行规定的国际投资仲裁规则；中国国际经济贸易仲裁委员会（以下简称"贸仲委"）制定的《中国国际经济贸易仲裁委员会国际投资争端仲裁规则》（以下简称《国际投资争端仲裁规则》）中明确要求对第三方资助予以强制性、系统性披露，并指出仲裁庭在确定仲裁费用及其他相关费用时可以考虑是否存在第三方资助的情形及当事人遵守相关义务的情况，该规则于 2017 年 10 月 1 日正式开始施行；中国国际经济贸易仲裁委员会香港仲裁中心（以下简称"贸仲委香港仲裁中心"）于 2017 年 9 月 1 日发布《第三方资助仲裁指引》，对第三方资助的定义、资助形式、资助方的条件、资助协议、信息披露等内容均做出了规定；香港国际仲裁中心（HKIAC）的新版《管理仲裁规则》（以下称为《HKIAC 管理仲裁规则》）将于 2018 年 11 月 1 日起生效，其对第三方资助进行了修订，条款内容与我国香港特别行政区《仲裁条例》的相关修订基本一致。2018 年 8 月 3 日 ICSID 公布《国际投资争端解决中心规则修订草案》，旨在实现外国投资者和国家之间争端的规则现代化，包括加强仲裁员对潜在利益冲突的披露、责成争议当事人在案件登记后立即声明第三方资助等内容。

（二）现行第三方资助透明度规则的不足之处

通过上一小节对现行国际投资仲裁第三方资助透明度规则的罗列，不难发现目前国际上尚未形成通行的具有强制法律约束力的第三方资助相关规则，更别说提高第三方资助透明度的相关内容。仅有少数国家或地区选择给予第三方资助以合法化地位并通过国内立法和国际条约的义务来要求当事人尽早对第三方资助进行披露，而一些仲裁机构也仅仅是基于维持、提高其国际仲裁中心地位的目的而确认仲裁庭有权要求进行此类披露。可以说，第三方资助的合法地位尚未得到国际认可，此时有关第三方资助披露义务的相关规定在严格意义上也尚未形成完善、合理的透明度规则，存在诸多问题。

1. 缺乏统一、合理的披露义务规则

根据《第三方资助仲裁指引》《HKIAC 管理仲裁规则》和香港《仲裁条例》的规定，受资助的案件当事人承担着有关第三方资助内容的披露义务，香港《第三者资助仲裁实务守则》第 2.10 条更是规定，"出资第三者须提醒受资助方，该方有责任根据第 609 章第 98U 及 98V 条披露有关第三者资助仲裁的资料"。而新加坡则将相关的披露规则置于《法律职业规则》中，赋予律师对其代理案件中客户接受第三方资助的情况予以披露的义务。此处的规定通常仅适用于在新加坡执业的注册律师，未注册的国外律师和当事人并不受该规则的约束。

此外，资助协议中的保密条款往往会要求受资助方及其代理人将资助协议的内容、相关的沟通意见予以披露，现行的披露义务规则并未解决这一困境：如何协调好披露义务主体在承担披露义务时披露义务与保密义务之间的冲突？《HKIAC 管理仲裁规则》规定，披露范围包括已达成资助协议的事实和第三方资助机构的身份，并要求受资助方应披露在最初披露后发生的任何变更信息。而贸仲委《国际投资争端仲裁规则》和贸仲委香港仲裁中心《第三方资助仲裁指引》进一步规定，披露范围不仅包括受资方受到资助的事实和资助方的姓名或名称及地址，还包括其他相关法律或规则所要求的，或仲裁庭认为必要的其他资料。《SIAC 投资仲裁规则》更是授予仲裁庭在适当情况下要求披露义务主体披露第三方资助者对仲裁结果的兴趣，和/或第三方资助机构是否承诺承担不利的成本责任等的权利，无疑为仲裁庭要求披露内容范围的扩大化打开了方便之门。或许是为了避免不必要的披露，香港《第三者资助仲裁实务守则》则主张除非资助协议有所规定，或仲裁中的仲裁机构有所命令，或法律另有规定，否则仲裁的受资助方没有责任披露资助协议的详情。

2. 缺乏有效的惩罚机制

披露义务主体若未完全、充分地履行披露义务，仲裁庭所能采取的办法主要包括前期要求受资助方提供仲裁费用担保或裁决受到资助的当事人承担更多的仲裁费用。

仲裁费用担保。仲裁费用担保原指为了避免投资者滥诉或败诉后不履行裁决，仲裁庭可要求受资助的仲裁申请人就被申请人为该案可能支出的费用提供仲裁费用担保，RSM Production Corporation v. Saint Lucia 案的仲裁庭便采取了这一做法。以贸仲委香港仲裁中心《第三方资助仲裁指引》为代表的仲裁规则明确了在法律和规则允许的情况下，仲裁庭可在审核仲裁费用保证金申请时，将资助的存在和程度作为考虑因素。但在 Commerce Group Corp 案中，临时撤销委员会认为，要求申请人提供仲裁费用担保仅是为了应对存在滥用仲裁程序或严重不端行为的情况。若无确切的证据证明受资助方存在恶意或滥用行为，不可任意支持萨尔瓦多的请求以影响投资者的正当求偿权。[1]

---

〔1〕 *Commerce Group Corp. and San Sebastian Gold Mines, Inc. v. Republic of El Salvador*, ICSID Case No. ARB/09/17.

为此，采用仲裁费用担保措施进行规制的决定权主要掌握在仲裁庭手中，缺乏统一性和必要的法理依据。

在 Progas 能源有限公司等诉巴基斯坦伊斯兰共和国案中，申请人根据英国 1996 年仲裁法第 68 条对先前基于毛里求斯—巴基斯坦双边投资条约向巴基斯坦提起的投资条约仲裁裁决提出异议，此时的异议提出需要提供费用担保。但英国商事法院认为伯福德虽对申请人提供了资助，但伯福德资本没有合同义务承担对申请人的任何不利费用裁决。此时很可能既达不到惩罚未履行披露义务的作用，反而会使潜在的申请人对投资仲裁望而却步或不愿主动披露资助安排以减轻负担。

仲裁费用承担。大部分的双边投资条约并未将投资仲裁的费用分配予以明确，《ICSID 公约》等国际投资仲裁规则主张仲裁庭享有在仲裁费用方面的自由裁量权，但没规定以何标准裁决仲裁费用，因而仲裁庭具有极大的自由裁量权来决定具体的费用分配。实践中，仲裁庭往往会将案件当事人的胜诉比例、当事人在仲裁程序中的相关行为、公平公正等因素纳入仲裁费用分配的考虑范围[1]，当然也可包括第三方资助。例如，《SIAC 投资仲裁规则》第 35 条、《HKIAC 管理仲裁规则》第 34.4 条、贸仲委《国际投资争端仲裁规则》第 27.3 条都允许仲裁庭在确定和分摊仲裁费用时将第三方资助予以考虑。若有充足的证据能表明第三方资助机构的存在对仲裁程序造成了实质性的影响，仲裁庭可在裁决时要求受资助的案件当事人承担所有或部分的仲裁费用，以形成威慑力。但就公开的案件来看，截至目前尚未有仲裁庭支持此种做法。另外，还存在疑惑：如何证明第三方资助机构在实质上控制、影响仲裁程序极难操作，实践中往往会以存在第三方资助这一事实作为认定的主要理由。若以存在第三方资助为由要求受资助的当事人承担部分或全部的仲裁费用很可能使当事人更趋向于故意隐瞒存在第三方资助的事实。

另外，现行的相关披露义务规定缺乏具体、合理的程序规则，也未能协同国际投资仲裁制度、国际投资条约等内容来根治因透明度缺失所带来的一系列弊端。因此，若要争取将第三方资助的内容全面纳入国际投资仲裁制度的治理范围并不断强调提高其透明度，仍有很长的路要走。

四、加强国际投资仲裁第三方资助透明度规制的应对之策

(一) 依靠国际投资仲裁机制本身提供的空间进行适度补救

因仲裁庭对资助协议及第三方资助机构的行为缺乏管辖权，在已知案件中，多数仲裁庭对第三方资助采取"不闻不问"或"睁一只眼闭一只眼"的态度。以《ICSID 公约》为代表的国际投资仲裁规则虽未确立正式的先例制度，但遵循早期裁决的做法在 ICSID 仲裁等领域内已越来越普遍。霍姆斯大法官曾言："法律的生命不在于逻辑，

---

[1] 参见王海浪："ICSID 体制下仲裁费用分担的实证分析"，载《国际经济法学刊》2005 年第 4 期。

而在于经验。"现代国际投资法的发展并非来自投资条约，而是主要来源于案例。因此，若要提高国际投资仲裁中第三方资助的透明度，首要之举便是充分发挥现有国际投资仲裁体制本身的作用：

1. 仲裁庭命令受资助方对第三方资助情况进行披露

为了减轻第三方资助可能带来的负面影响，目前已有部分仲裁立法赋予了仲裁庭以强制性要求披露资助协议的权力，但国际社会对于仲裁庭扩大管辖权范围，将资助协议纳入国际投资仲裁程序予以规制的做法是否合理尚缺乏一个统一的认知，笔者试图从传统的国际投资仲裁理论和现行的国际投资仲裁程序规则这两个层面出发，对其合理性以及具体内容进行探讨。

第三方资助作为一个新兴产业，缺乏相关的国际投资仲裁理论和实践，但因法律体系本身就既包含了规则也包含了原则，在缺乏相关具体法律规则予以规制的具体案件中可运用法律原则来寻求法律上的"唯一正解"。[1] 跨国投资的当事人享有依据投资协议或国际投资条约将投资争端提交仲裁的权利[2]，而仲裁庭最终获得管辖权是基于双方当事人自愿将争议通过仲裁予以解决达成合意。此处需要满足"当事人同意"这一前置条件：在基于投资协议的投资争端仲裁中，东道国与外国投资者之间是一种平等的合同当事人关系，因而二者就诉诸仲裁解决争端的意思表示是特定当事人作出的具体同意表示；与此不同，在基于国际投资条约的投资争端仲裁中，东道国往往予以概括性的事前同意，它们在表示同意时根本无法预知今后是否会与投资者发生纠纷，更不了解潜在投资争端另一当事方的情况。[3] 当存在第三方资助时，是否可以说被申请人并非完全同意将此争议提交仲裁解决，即使他自身并不了解存在此类情况？

国际法院在对著名的 1974 年"核试验案"作出裁决时指出："善意原则是调整法律义务创设和履行过程的一个基本法律原则。"[4] 根据该原则，一项国际法权利的行使必须是"善意"的，不得予以滥用。此处对"当事人同意"的认定若仅限于相关投资协议、国内立法和双边、区域性条约的条款则显得过于形式化而有失偏颇，而应运用善意原则等国际基本法律原则对当事人的真实意愿和第三方出资安排进行具体考量。例如，当存在第三方资助机构根据资助协议过度干预或掌控受资助方仲裁请求等情形时，可认为另一方当事人并非基于自愿将争议提交仲裁且受资助者也未善意行使自身的仲裁请求权。

通过简要分析，我们不难发现实现资助协议在国际投资仲裁程序中的透明度有其法理依据，但这又进一步引发了另外两个问题，即应当由谁承担披露义务以及应当将

---

〔1〕　参见林来梵、张卓明："论法律原则的司法适用——从规范性法学方法论角度的一个分析"，载《中国法学》2006 年第 2 期。

〔2〕　参见徐树："国际投资仲裁的第三方出资及其规制"，载《北京仲裁》2013 年第 2 期。

〔3〕　参见刘笋："论国际投资仲裁对国家主权的挑战——兼评美国的应对之策及其启示"，载《法商研究》2008 年第 3 期。

〔4〕　See *Nuclear Tests*（*Australia v. France*），*ICJ Reports*（1974），p. 268.

资助协议披露到何种程度才算合适？第一个问题，披露义务的责任主体。因资助机构不是仲裁当事人，仲裁庭或仲裁程序适用的相关规则无法对其进行约束，其不承担强制性披露的相关义务，所以原则上只能通过要求受资助方（多为仲裁申请人）主动披露或被动进行披露的方式使资助协议得以披露。第二个问题，资助协议的被披露程度。玛丽女王大学在其调查中表明，大部分被申请人支持对资助协议存在与否以及第三方资助机构的具体身份信息予以披露，但并不要求对整个资助协议的具体内容予以披露。[1]因只需了解资助机构的基本情况，仲裁员和仲裁机构就可以进行相应的利益冲突检查，从而避免仲裁员与资助机构之间存在潜在利益冲突和资助机构过度干预仲裁程序导致不良影响等情况的出现。况且，资助协议作为资助机构与受资助方之间的商事合同，当事人当然有权选择对该内容进行保密。[2]为此，应当要求受资助方对受资助事实、资助机构名称、地址等基本信息进行强制性披露，而不要求其提供其他非基本信息，除非当事人就资助安排发生了争议并影响了仲裁程序的进展。总而言之，不允许当事人通过协议排除受资助方的此种披露义务，若存在此类条款，则应当认定该条款无效。但受资助方可与资助机构在资助协议中就披露的范围、披露的对象等问题予以具体约定。[3]

具体结合当下的国际投资仲裁程序规则，根据《ICSID 公约》第 44 条和《ICSID 仲裁规则》第 19 条的规定，如果出现《ICSID 仲裁规则》或当事人另外约定适用的仲裁规则中未涵盖的任何程序问题，仲裁庭应决定该问题。为此，仲裁庭为维持仲裁程序的完整性，其有权要求受资助方对受资助事实、资助机构名称、地址等基本信息承担强制性披露义务，提供了法条上的解释空间。当然，仲裁庭必须说明其认为可以合理要求受资助方披露第三方资助信息的理由。在 Muhammet Cap & Sehil Insaat Endustrive Ticaret Ltd Sti v. Turkmenistan 案中，仲裁庭认为命令申请人披露资助信息是"行使其固有权利"，并对仲裁庭可合理要求披露第三方资助的理由进行了列举：①为避免因第三方资助的存在而导致仲裁员的利益冲突；②为增加透明度和为有效识别案件的真正当事人；③利于仲裁庭在仲裁结束时公平地决定费用分配；④存在费用担保申请且当事人请求披露；⑤为确保仲裁程序所涉机密信息不被披露给他人等。但需要注意的是，要求受资助方被动进行信息披露的前提是仲裁案件的另一方当事人向仲裁庭提出了要求披露的申请或仲裁庭为了案件的有效裁决作出命令，而这又进一步要求另一方当事人或仲裁庭知悉存在资金支持并能提供相应证据。若另一方当事人没有获知存在第三方资助的信息，其就不可能向仲裁庭提出披露申请，仲裁庭也不可能强制要求受资助

[1] The Queen Mary University of London, School of International Arbitration, "2015 International Arbitration Survey: Improvements and Innovations in International Arbitration", http://www. arbitration. qmul. ac. uk/research/2015/index. html, 最后访问时间：2019 年 1 月 1 日。

[2] 参见章曦："论国际仲裁中的第三方融资及投资人的自我监管", 载《北京仲裁》2015 年第 3 期。

[3] 参见周艳云、周忠学："第三方资助国际商事仲裁中受资方披露义务的规制——基于'一带一路'视阈", 载《广西社会科学》2018 年第 2 期。

方披露相关信息。为此，现有仲裁规则虽为提高第三方资助透明度提供了空间，但具体可操作性还有待观察。

2. 仲裁员承担强制性披露义务，并与仲裁员回避制度相联系

Malcolm Langford 等人通过对 1039 起投资仲裁案件和 3910 位从业者进行大数据分析，发现国际投资仲裁领域里的仲裁员往往会以不同的身份重复出现，在有的案件中是仲裁员，在有的案件中是当事人的代理人，在有的案件中是专家，即所谓的"旋转门"现象。[1]这些不同的法律服务工作，也给他们带来了与第三方资助机构接触的多样机会。正如欧洲的非政府组织"Corporate Europe Observatory"曾在其研究报告中揭示，目前在国际投资仲裁领域最常被指定的仲裁员主要为包括法国的 Brigitte Stern、美国的 Charles Brower 等在内的 15 人，这 15 位顶级国际投资仲裁员参与了世界上已知的国际投资仲裁案件中 55% 的案件审理，而在争议标的额为 40 亿美元以上的案件的参与度更是高达 75%。[2]而目前在国际投资仲裁领域最具影响力的 5 家第三方资助机构为美国的 Burford Capital 和 Fulbrook Management、英国的 Juridica Investment 和 Calunius Capital、荷兰的 Omni Bridgeway。因此，相比于其他领域，国际投资仲裁领域中第三方资助机构和仲裁员之间存在某种客观的紧密联系的概率会显得更高。而投资仲裁案件中的仲裁员多由当事人自行委任，此时第三方资助机构可通过主动对受资助方施加影响，使其在特定案件中任命与自己有联系的仲裁员。[3]而且，实证研究表明，尽管 ICSID 仲裁员不代表当事方的利益，但在处理案件的立场上往往会倾向于任命方。[4]即使资助机构没有影响当事人对仲裁员的选择，只要仲裁员与第三方资助机构客观上存有某种联系，均可能导致仲裁员作出偏离公正的裁决。

美国学者 Tai Heng Cheng 曾说："由于国际投资领域的法律规则并不确定，而重新谈判投资条约的成本又如此巨大，仲裁员在发展国际投资法方面就发挥着重大作用。"[5]仲裁员的独立性和公正性作为有效、公正的仲裁程序的基石，应当受到国际社会的强力监督。此外，正如 Buergenthal 大法官所言："规则永远也无法穷尽现实情况，司法人员的道德不完全是硬性规则的问题，而主要在于内心对于表面公正保持敏感，唯有如此方能维持正当性"[6]，仲裁员应当保持自省、自律。但因为第三方资助关系的隐秘

[1] See Malcolm Langford, Daniel Behn and Runar Hilleren, "The Revolving Door in International Investment Arbitration", *Journal of International Economic Law*, Vol. 20, 2017, pp. 301~332.

[2] See Corporate Europe Observatory, "Profiting from Injustice: How Law Firms, Arbitrators and Financiers are Fuelling an Investment Arbitration Boom", https://corporateeurope.org/international-trade/2012/11/profiting-injustice, 最后访问日期: 2019 年 1 月 1 日。

[3] See Alison Ross, "The Dynamics of Third-Party Funding", *Global Arbitration Review*, 2012, p. 17.

[4] See Albert Jan van den Berg, "Charles Brower's problem with 100 per cent-Dissenting Opinions by Party-Appointed Arbitrators in Investment Arbitration", *Arbitration International*, Vol. 31, 2015, pp. 381~391.

[5] See Tai-Heng Cheng, "Precedent and Control in Investment Treaty Arbitration", *Fordham International Law Journal*, Vol. 30, 2007, p. 9.

[6] Legal Consequences of the Construcion of a Wall in the Ocupied Palestinian Territory, I. C. J. Advisory opinion, 2014 I. C. J. 136.

性及仲裁当事人和仲裁员在此情况下相关披露义务的缺失，第三方资助机构和仲裁员之间的关系往往不能为外界所知悉，甚至包括受资助方。而有时在受资助方不知情或明知却不予披露的情况下，仲裁员自己也可能无法判断其是否在某个仲裁案件中存在利益冲突，进而判断其在该案件中是否应当予以回避。若这种利益冲突是在仲裁裁决作出后才被发现，该仲裁裁决很有可能会以仲裁员缺乏独立性与公正性为由而被拒绝执行或被撤销。一旦仲裁裁决被拒绝执行或被撤销，不仅对仲裁程序的当事人造成极为不利的影响，使资助机构的投资付诸东流，也会在客观上导致仲裁员、仲裁庭的独立性与公正性备受质疑，进而引发对国际投资仲裁体制的担忧。归根结底，以上情况的发生并非基于仲裁员确实作出了影响公正性的行为，而是基于仲裁员对潜在冲突进行调查的肯定义务，为此可结合现行国际投资仲裁程序中有关仲裁员的义务承担予以规制。

例如，《UNCITRAL 仲裁规则》第 11 条规定，可能被任命为仲裁员的人，应披露任何可能对其公正性和独立性产生正当性怀疑的情况。同样，根据《ICSID 仲裁规则》第 6 条规定，仲裁员负有主动披露的义务，应持续性地将任何可能影响独立裁判的同案件当事方之间的关系予以披露。尽管此类规定并未明确仲裁员披露义务的范围是否包括其与资助机构之间的关系，但这些情况作为可能影响公平、独立仲裁的事项理应被包含在内。因此，可以通过强调仲裁员的披露义务来实现一定程度上的第三方资助内容披露。

国际律师协会（IBA）于 2014 年 10 月 23 日公布新修订的《IBA 关于国际仲裁利益冲突的指引》（IBA Guidelines on Conflicts of Interest in International Arbitration，以下简称《IBA 指引》）中包括了第三方资助的情形，其直接明确在判断仲裁员与案件相关当事方是否存在利益冲突时，资助机构与仲裁当事人的地位相等。根据该指引，若仲裁员与资助机构之间的关系属于《IBA 指引》中仲裁员披露事由中的黄色清单或绿色清单的范畴，并且对公正仲裁影响较少甚至没有，此时，即使仲裁员未履行披露义务，也无须就其不履行披露义务的行为承担法律责任。但若仲裁员与资助机构之间的关系属于《IBA 指引》中仲裁员披露事由中的红色清单，即两者关系十分紧密但却隐蔽，此时仲裁员若不履行其披露义务，则必须就此给当事人造成的损失承担相应的损害赔偿责任。该指引在一定程度上可起到规范、指引仲裁员进行相关披露的效果，但因其不具有强制约束力，而使作用发挥较为有限。且只规定仲裁员在已知案件存在第三方资助的情况下的单方面义务，对于仲裁员无法获悉存在第三方资助的案件中是否需要承担相应披露的努力未有所涉及。

《ICSID 公约》第 57 条赋予了当事方申请仲裁员回避的权利，但当事方申请仲裁员回避要以知道回避事由为前提。在第三方资助情况极度隐蔽的情况下，当事方很难知晓并提供相应证据。即使知晓存在第三方资助并提供相关证据，但如英国上诉法院在 Transocean v. Chubb 案中明确："仅存在仲裁员在一个相同当事人的多个关于相同或重叠仲裁案件中接受任命的事实本身并不会引起偏见。"需要有更多的条件被满足才会符合回避的标准。回避制度的目的是在个案中通过解除利益冲突者的仲裁员身份来解决相应利益冲突，使该案的裁判人员保持公正与独立，而非预防冲突。[1]

为此，应当充分运用仲裁员披露制度和回避制度，分两阶段对第三方资助进行规制：①在评估仲裁员的适当性和公正性时，必须把动态的、以商业为导向的同律师事务所、客户、第三方资助机构等之间的关系均纳入披露范畴，从法律角度分析是否可能存在合理性怀疑。[2]②当明确得知存在第三方资助后，再深入分析仲裁员与第三方资助机构的关系及其在仲裁程序中的行为，来判断是否需要援引回避制度。例如，轻率地对仲裁员提出异议后发现无法对双方存在利益冲突提出合理性怀疑时，则不可援引回避制度，也不可以借此攻击资助模式。此外，应当扩大有资格担任投资争议解决案件仲裁员的仲裁员人才库并使之多样化，从而减少数量有限的个人被反复任命为仲裁员或"身兼多职"等情况的发生，[3]以降低第三方资助诱发不利后果的概率及对第三方资助的透明度要求。

3. 充分运用"法庭之友"、公开仲裁程序等透明度制度

"为保证仲裁程序的'秘密性'，不管裁决结果涉及多么重大的公共利益，受裁决结果影响的东道国公众都被完全排除在辩论、协商过程之外。"依该程序作出的裁决结果能否公正、合理地考虑东道国社会公共利益一直以来遭到质疑。[4]为此修订后的《ICSID 仲裁规则》作出规定，仲裁庭有权允许非争端当事方就争端范围内的事项提交书面意见，即"法庭之友"制度。Brigitte Stern 教授曾言："法庭之友对投资者与东道国仲裁程序的参与同投资仲裁正在变迁的本质相吻合，并且，其所提交的书面意见有助于仲裁庭解决其所面临的日渐复杂的公共政策问题。相较于以往其合法性取决于私人的当事人合意，现如今的投资条约仲裁机制更寻求其公共合法性，而该公共合法性的获得来自于仲裁程序对市民社会的适度开放。"[5]仲裁庭应当充分运用"法庭之友"制度，允许公民代表、公民团体、非政府组织等作为"法庭之友"适当参与仲裁程序，从而有利于实现第三方资助的曝光并减少第三方资助机构不当影响仲裁结果情况的发生，实现仲裁结果的公正、合理。[6]当然，为了保证"法庭之友"对仲裁程序的适当、有效参与和仲裁程序的合理公开化，如何构建此类制度一直是近些年来仲裁领域探讨的热

---

〔1〕 参见于湛旻："论国际投资仲裁中仲裁员的身份冲突及克服"，载《河北法学》2014 年第 7 期。

〔2〕 Sharanya Shivaraman, "Relationship between the Arbitrators and their Law Firm: A case for Dynamic Application of the IBA Guidelines on Conflicts of Interest", http://arbitrationblog. kluwerarbitration. com/2018/06/19/relationship-arbitrators-law-firm-case-dynamic-application-iba-guidelines-conflicts-interest/, 最后访问时间: 2019 年 1 月 1 日。

〔3〕 United Nations Commission on International Trade Law, *Report of Working group* Ⅲ （*Investor-State Dispute Settlement Reform*） *on the work of its thirty-fifth session*, 14 May 2018, pp. 10~11, https://undocs. org/en/A/CN. 9/935, 最后访问时间: 2019 年 1 月 1 日。

〔4〕 张光："双边投资条约的公益化革新"，载《当代法学》2013 年第 5 期。

〔5〕 See Brigitte Stern, "Civil Society's Voice in the Settlement of International Economic Disputes", *ICSID Review-Foreign Investment Law Journal*, Vol. 22, 2007, p. 347.

〔6〕 参见张光："论国际投资仲裁中投资者权益与公共利益的平衡"，载《法律科学（西北政法大学学报）》2011 年第 1 期。

门话题。因本文重点探讨的是第三方资助的透明度问题，故在此不再作进一步的探讨。

4. 拒不执行仲裁裁决或撤销仲裁裁决

根据《ICSID 公约》第 53 条和第 54 条的规定，ICSID 的仲裁裁决是一裁终局的，对双方当事人都具有约束力，各缔约国有义务将依据 ICSID 公约所作出的仲裁裁决加以承认和执行，且申请承认与执行的程序极为简便。但该公约第 55 条同时也允许缔约国以本国有关国家豁免的法律为由拒绝执行仲裁裁决。而对于依据其他仲裁规则作出的仲裁裁决，申请人虽可依据《承认及执行外国仲裁裁决公约》（即《纽约公约》）要求该公约缔约国予以承认、执行，但该公约第 5 条也允许缔约国以执行裁决将违反该国公正政策为由拒绝执行该裁决。为此，为了提高受资助方和仲裁员主动履行披露义务的积极性并打压第三方资助机构不当干预案件的行为，若发现存在第三方资助，而受资助方、仲裁员未能履行其披露义务或第三方资助机构作出影响仲裁程序行为的情况时，另一方仲裁当事人可通过主张存在仲裁员的不公正或其他严重违背正当仲裁程序的情形，要求执行地的法院拒不执行仲裁裁决或要求仲裁庭撤销该案裁决，而相关机构一旦查证属实，则要拒绝执行或撤销仲裁裁决。[1]但此时也会引发其他疑惑：将如何对第三方资助机构的资助行为进行监管以及判断是否存在违反东道国公共政策等严重影响仲裁结果公正性的情况？全部交由执行地法院的法官或仲裁庭处理，使其拥有极大的自由裁量权是否合理？此处拒不执行仲裁裁决和撤销仲裁裁决很可能超出对不公正程序的救济，而插足审查案件的实体内容，是否会打破原有的国际投资仲裁机制，值得深思。

（二）调整各国对外谈判投资条约的策略

国际法上承认一个国家为维护公共利益而采取必要措施是其对人民应当履行的基本义务，也是一个国家之所以存在并具有正当性的基础。[2]但近些年来部分仲裁庭过分保护投资者的权益，而使东道国的公共利益莫名遭受侵害，导致国际上不断发出质疑：国际投资仲裁作为一套用国际商事仲裁模式专门解决外国私人投资者与东道国间投资争端的国际争端解决机制，采用由"临时"指定的三位仲裁员私下"秘密"裁决并予以执行效力的方式是否在很大程度上会有失公允？[3]很多国家更是采取排斥 ISDS 的态度以维护本国的国家权力，例如，玻利维亚和厄瓜多尔先后宣布退出《ICSID 公约》，其主要理由便是认为 ICSID 在解决投资争端时并不能妥善平衡投资者利益与东道国公共利益两者之间的关系。但条约是国际法主体之间按照国际法产生、改变或者终

---

〔1〕 参见刘笋："论国际投资仲裁对国家主权的挑战——兼评美国的应对之策及其启示"，载《法商研究》2008 年第 3 期。

〔2〕 参见张光："论国际投资仲裁中投资者权益与公共利益的平衡"，载《法律科学（西北政法大学学报）》2011 年第 1 期。

〔3〕 UNCTAD, "Reform of Investor State Dispute Settlement", *in Search of a Roadmap*, June 2013, p. 3, https://unctad.org/en/PublicationsLibrary/webdiaepcb2013d4_ en.pdf，最后访问时间：2019 年 1 月 1 日。

止相互间权利义务的意思表示的一致，而双边投资条约多被视为宣示两国间政治、经济友好合作关系的工具。通过投资条约构建投资保护体系、投资争端解决机制以促进投资自由化、便利化顺应了时代潮流，是符合各国的发展利益的。根据 ICSID 公布的 2017 年注册新案件中建立 ICSID 管辖权援引同意的基础，其中双边投资协定便占了 69%，投资者与东道国之间的投资合同仅占 10%。

那么第三方资助的加入是否加剧了东道国与投资者之间的权益失衡呢？下面将逐步予以分析。首先，从理论上来说，第三方资助的资助对象既可以是仲裁申请人也可以是被申请人。但在实践中，国际投资仲裁中的第三方资助一般只选择资助投资者，很少甚至没有对被诉的东道国政府予以资助。主要原因在于，即使东道国政府在第三方资助机构的支持下获得了"胜诉"，其也仅仅是击败了投资者的巨额赔偿，而不能得到来自于投资者的赔偿。[1] 此时，第三方资助机构付出巨额的仲裁费用却无法期待收回，投资并赢利的行为更像是一种无偿的法律援助，这似乎与第三方资助的逐利性、投资性本质相违背。若是第三方资助机构藏有期待收回投资并赢利的私心，那么不禁让人疑窦丛生，东道国能从哪些方面给予第三方资助机构作为补偿呢？若是资助机构对作为受资助方的东道国在仲裁程序中享有的自主权进行限制具体是否会与东道国的公共秩序原则相抵触？在 Philip Morris v. Uruguay 的投资仲裁案中，Bloomberg 基金会及其"无烟儿童运动"组织为乌拉圭政府（被申请人）提供资金支持，此时资助者所能获取的利益并非经济性的，而是与裁决的政治和政策影响相关联。[2]

其次，资助机构出于对自身投资的关注，必然以提供资助为条件，要求受资助方对仲裁程序的进展及相关文件予以定期披露，这既与仲裁程序的保密性相冲突，又会威胁到仲裁当事人的隐私。此外，资助机构往往不甘于仅作为知情者，而会进一步要求参与案件的关键决策，从而在事实上获得与东道国政府直接谈判的权利。例如，第三方资助机构可通过获得参与适用准据法的选择、律师等人员的选择、仲裁结果的确定等权利来对受资助者施加影响以实质操控仲裁程序的运作。[3] 资助机构在谈判的过程中很可能会为了争取高额赔偿而尽量避免当事人和解等情况的发生，甚至可能趁机要挟东道国改变外资监管规范等国家政策或把从受资助方手头获取到的案件信息作为筹码以为其自身谋取其他利益，这对于东道国而言显得极为不公平。可以说，第三方资助作为一项新兴事物，让在国际投资仲裁程序中把握好东道国权益与投资者权益两者之间的平衡显得越发困难。为此各国应当在投资条约谈判阶段便对此问题进行重视，通过强调提高透明度以实现规避或限制。

---

〔1〕 参见肖芳："国际投资仲裁第三方资助的规制困境与出路——以国际投资仲裁'正当性危机'及其改革为背景"，载《政法论坛》2017 年第 6 期。

〔2〕 International Council for Commercial Arbitration, "Report of the ICCA-QUEEN MARY Task Force on Third-Party Funding in International Arbitration", April 2018, https://www. arbitration-icca. org/media/10/40280243154551/icca_reports_4_tpf_final_for_print_5_april. pdf，最后访问时间：2019 年 1 月 1 日。

〔3〕 参见徐树："国际投资仲裁的第三方出资及其规制"，载《北京仲裁》2013 年第 2 期。

根据投资流向，可将各国分为资本输入国和资本输出国，也即国际投资领域中所提到的东道国与投资者母国。下面将分别从这两个角度谈论各国在国际投资条约谈判中所应当采取的策略。

1. 东道国

虽然各国在加入《ICSID 公约》时对可进行仲裁的"投资"内容提出保留，即仅将部分赔偿争议交由 ICSID 管辖。但在具体实践中，各国又往往希望通过植入国际仲裁条款以吸引外商投资及促进投资增长，而在同他国签订双边投资条约时未充分考虑法律功能及法律后果，造成可投资仲裁事项的扩大化。

除了美国、欧盟等个别法律体制十分完善的国家之外，东道国一般缺乏缔结条约程序法的相关内容，未经国内立法机关有效、充分、详实的辩驳、论证，且缺乏公众对条约内容所进行的评论、建言、批判的 BITs 从形式到内容大都是以保护投资者利益为核心的，基本上没有或者很少考虑维护东道国的权益。[1]此现象在以投资条约为由申请国际投资仲裁的案件中表现的更是淋漓尽致：高度自由化的 BIT 条款赋予了外国投资者"自由"挑战东道国各项公益保护措施的充分空间，[2]多数仲裁庭过于坚持私有财产权神圣不可侵犯的价值取向，而往往将投资者的财产利益凌驾于东道国的公共利益之上。为此联合国贸易与发展会议（United Nations Conference on Trade and Development，以下简称 UNCTAD）曾多次警示各国，特别是广大发展中国家注意国际投资协定中的公共利益保护问题。第三方资助的介入会使问题越发复杂化，若是投资者和资助机构"合谋"利用第三方资助国际投资仲裁的方式来侵害东道国的公共利益，无疑会对东道国造成更大的不良影响。为此东道国应当谨慎对待第三方资助，积极采取相应措施进行规制。

即使采用拒不履行或申请撤销仲裁裁决的方式，仍不能完全排除第三国法院依据本国法律执行该裁决的可能性，而且，东道国政府除非有强有力的依据作为支撑，否则将面临国际社会的质疑。[3]因此，最为稳妥的应对措施是在投资条约或国内投资立法中明确具体地规定缔约国与投资者的权利、义务，并对第三方资助的透明度问题作出相应规定，以减少非正当性的第三方资助现象的出现，维护国家主权和公共利益。例如，在条约中限制使用"保护伞"条款，避免投资者将有关正当措施也视作违反投资条约的国际不法行为而申请仲裁，降低第三方资助不法参与的可能性；或者在可国际投资仲裁的情况下，明确要求投资者将其第三方出资安排予以披露，并要求仲裁庭在第三方资助机构不正当影响仲裁程序时对投资者作出不利裁决；又或者在条约中设置必要的例外条款，当投资争端仲裁涉及第三方资助时，若第三方资助的参与实质影

〔1〕 See Philip Allot, *The Health of Nations: Society and Law beyond the State*, Cambridge: Cambridge University Press, 2002, p.309.

〔2〕 参见张光："论国际投资仲裁中投资者利益与公共利益的平衡"，载《法律科学（西北政法大学学报）》2011 年第 1 期。

〔3〕 参见徐树："国际投资仲裁的第三方出资及其规制"，载《北京仲裁》2013 年第 2 期。

响了仲裁程序及相应结果，东道国可为维护其根本安全利益或公共利益，拒绝仲裁程序的继续并且不承担仲裁裁决项下的法律责任，而可要求转由运用国内司法救济来解决争端。[1]

同时，东道国应当积极争取与他国之间建立权威的条约解释机制，使东道国和其他缔约国可对涉及东道国的双边或多边投资条约的条款内容行使解释权，避免仲裁庭对投资条约进行扩大解释乃至随意解释，以及资助机构钻非正当性投资的空间。此外，东道国应当支持在关系到东道国公众群体的切身权利义务的案件中，仲裁庭应当在满足一定前提条件的情况下赋予虽非争端当事方但属于裁决结果利害关系人的东道国社会公众，或代表此类利益群体的非政府组织参加仲裁程序、知晓仲裁结果等权利，[2]以实现更大程度的曝光第三方资助并减少第三方资助带来的不利影响。

2. 投资者母国

在 Lemire v. Ukraine 案中，仲裁庭认为"不论是 BIT，还是 ICSID 公约，都没有对提起仲裁程序的资金来源作出要求，从 BIT 和 ICSID 公约的目的也不能推断出有这样的要求"。[3]随着海外投资纠纷的增多，居高不下的仲裁费用以及仲裁败诉的风险已成为困扰海外投资者是否运用投资仲裁机制的主要原因之一，第三方资助的出现不失为一个减少投资损失、转移败诉风险、提高仲裁索赔以保障海外投资的有效途径。况且资助协议并未受让投资者的投资权益，除非有关条约或协议明确排除第三方资助或有其他相反规定，投资者是否与第三方机构存在仲裁费用的出资安排并不影响投资者及其投资的性质。

作为投资者母国，应当积极创造有利于本国投资者进行海外投资的配套措施环境，当然也包括对第三方资助的规制。例如，投资者在与第三方资助机构达成资助协议之前，往往要对第三方资助机构的资产、信誉等情况进行尽职调查，以避免第三方资助机构存在欺诈或在仲裁过程中临时撤资的情况。但市场信息的严重不对称和投资者的有限精力，往往使投资者对资助机构的资金实力缺乏客观正确的判断，且即使遭受损失也缺乏相应的法律依据来维护自身权益；又例如，资助协议作为资助机构与受资助方之间自愿签订的合同，其内容应当符合一份有效合同的实质要件并得到完全履行。但因对第三方资助缺乏规制，该协议尚处于法律"灰色地带"，受资助方往往为了融资而不得不答应某些苛刻、无理的条件，却无法就该合同内容寻求救济。此外，资助机构还很可能将基于该合同了解到的仲裁案件信息予以非法利用，此时无论是仲裁被申请人还是申请人自身均无法寻求损害赔偿、禁止损害等救济。投资者母国应当在 BITs 或国内立法中规定有关第三方资助的条款，有助于引导和规范本国海外投资者的行为，促进跨国投资的发展。

〔1〕 参见余劲松："国际投资条约仲裁中投资者与东道国权益保护平衡问题研究"，载《中国法学》2011 年第 2 期。
〔2〕 参见张建："国际投资条约仲裁的透明度问题探析"，载《保定学院学报》2017 年第 2 期。
〔3〕 *Joseph C. Lemire v. Ukraine*，ICSID Case No. ARB/06/18.

（三）推动国际投资仲裁透明度规则的改革

稳定、完善的国际投资法制是构成良好国际投资环境的关键环节之一，这需要各类国际法主体共同致力于不断修正和改善现行国际投资法律规则。根据本章第一小节的分析，原有的国际投资仲裁规则尚不足以对第三方资助的内容进行妥善规制，亟需进行相应的改革以适应新时代的需求。ICSID 作为目前最具影响力的国际投资仲裁机构，其仲裁、调解程序规则是国际投资争端中最常用的程序规则，各国已将其纳入大多数的投资条约中。此次 ICSID 于 2018 年 8 月 3 日提出综合性改革方案旨在实现外国投资者和国家之间争端的规则现代化，其内容包括了对第三方资助的讨论。

1. 国际投资立法改革

UNCTAD 在《2010 年世界投资报告》中指出，国际投资协定要在促进增长与发展方面发挥更有效和有利的作用需要长期的努力，其中一个重要的努力方向就是"增强国际投资条约与处理其他广泛的社会、经济和环境关切领域的公共政策的互动"。[1]透明度是每个国家在谈判投资条约时或在具体案件中作为被申请国应予考虑的问题，为此缔约国间在协商、制定国际投资条约和各国行使国家主权进行国内立法、签订投资合同时，应当转变观念，多方位地考虑投资仲裁、第三方资助所可能涉及的所有公共政策，就国际投资仲裁中第三方资助的披露范围、披露对象等问题分情况予以不同程度的约定。[2]例如，美国律师协会在其 2011 年发布的关于诉讼融资的白皮书中告诫律师们在应对第三方资助仲裁或诉讼时应予以仔细研究，特别是对客户和受资助方承担的义务要谨慎处理，遵守行业规范，恪守职业素养和道德操守，"不应当允许第三方对其独立行使职业判断力予以干涉"。[3]当越来越多的国际投资条约、国内立法和投资合同肯定第三方资助的合法地位并规定强制性披露义务以致透明度规则成为资助市场通行的规则后，资助协议禁止受资助方披露资助事项和仲裁员瞒而不报的可能性也就越低。例如，应当通过立法明确对有意愿受资助方与潜在的资助机构在分享任何信息之前签订不披露协议或对早期分享的信息进行限制，即接受当事人与资助者分享信息不意味着其放弃特权并保护当事人权益免受侵害，这有利于当事人在信息披露与降低特权丧失风险之间取得平衡，从而有利于资助情况的披露。

而一旦第三方资助在投资仲裁领域产业化并合法化，第三方资助机构就应受到严格的管理。各国应当共同致力于在国际投资环境中设置专门管理第三方资助机构的国际性组织和相应的规章制度，通过规定资助机构的最低资本额，建立有关会计年审等持续性监督措施等来对资助机构进行规制。例如，新加坡在其 2017 年修订的《民法法案》中明确规定从事第三方资助的主体必须满足一定的资格条件，包括资助机构必须以提供第三方资助为主要业务，在被资助的仲裁案件中它不能作为一方当事人，第三

---

〔1〕 UNCTAD, *World Investment Report* 2010, July 2010, p. 90.
〔2〕 参见郭华春："第三方资助国际投资仲裁之滥诉风险与防治"，载《国际经济法学刊》2014 年第 2 期。
〔3〕 American Bar Association, *Commission on Ethics* 20/20, International Report to the House of Delegates, p. 4.

方已缴纳的出资或者可支配的资产不少于五百万美元或其他等额外币等。此外，法案还特别授权相关部长为实现关于第三方资助仲裁的目的可对第三方的资格条件作出必要的和便利的规定。

2. 国际投资仲裁机制改革

无论是《新加坡国际仲裁中心投资仲裁规则》、贸仲委制定的《国际投资争端投资仲裁规则》、贸仲委香港仲裁中心发布的《第三方资助仲裁指引》，还是香港国际仲裁中心的新版《机构仲裁规则》，对于第三方资助的现有规定实际上仅在于确认仲裁庭在第三方资助问题上对于仲裁案件当事人享有自由裁量权，而不在于确保提高第三方资助的透明度并合理规范第三方资助行为。国际投资仲裁规则作为平等保护跨国当事人合法权益，建立公平有序的国际投资新秩序的必要武器，应当与时俱进以满足现实的需求。

首先，履行披露义务的合理程序设置是受资方、仲裁员会履行披露义务的重要保障，也是第三方资助透明度规则设计中的关键。[1]为此，应当在国际投资仲裁规则中设置具体规定受资助方、仲裁员履行披露义务的程序性规定，使受资助方的行为"有法可依""有法必依""执法必严""违法必究"。例如，明确规定披露义务主体如何进行披露，以及若不履行披露义务所应当承担的严重后果，实质上形成威慑力而减少故意隐瞒的情况发生。需要注意的是，提高透明度并非指单一地实现较高程度的信息披露，还意味着需要构建能对披露信息实现良性管理的配套措施。

其次，"法庭之友""仲裁费用担保"等制度的不完善和仲裁裁决有效审查机制的缺失，均为第三方资助机构非法干预案件、仲裁员作出不公正裁决提供了契机，为此应寻求在改革 ICSID 等体制框架时考虑各类制度之间的互动与协调，争取实现投资仲裁制度和第三方资助透明度规则的合理化。

五、余论

尽管当前的国际投资仲裁机制存在各种弊端，但其仍不失为迄今为止解决投资者与东道国之间投资争端最主要和最有效的工具之一。第三方资助作为一种融资方式，对于资助机构而言，是其扩大融资市场、获取投资利益的工具；对于受资助方来说，是其减轻仲裁费用负担、维护自身利益的工具。法律代表的是正义而不是真理，它通过对多元利益的界定及对其冲突的平衡，来达到一种大致合理的社会秩序。[2]投资仲裁来源于商事仲裁，秘密性仍是投资仲裁的基础，透明度只是为了解决秘密性所带来的一系列弊端而存在的合理例外。换句话说，本文强调提高第三方资助的透明度并不意味着要将资助协议或资助关系、仲裁程序予以全面"透明化"，只是旨在减少第三方

---

〔1〕 See Jonas von Goeler, "Third-Party Funding in International Arbitration and its Impact on Procedure", *Kluwer Law International*, 2016, p.126.

〔2〕 参见马长山："法治的平衡取向与渐进主义法治道路"，载《法学研究》2008 年第 4 期。

资助对仲裁程序可能的不利影响、完善国际投资争端仲裁监督机制的一种手段。[1]此时，应当遵循"比例原则"，从平衡资助协议的保密性和公开性、维护仲裁员的公正性与独立性和平衡东道国与投资者利益等角度出发，以不干涉争端当事方的正当程序权利和尽量减少对仲裁程序正当进行的妨碍为原则，实现对国际投资仲裁第三方资助问题的制度设计与仲裁实践，不能突破透明度提高的界限。[2]

中国作为拥有投资大国和被投资大国这双重身份的负责任大国，已从游离于国际投资仲裁机制的"门外汉"转变为积极运用国际投资仲裁的"常客"，就该问题应当主动把握时机，积极参与国际投资法律规则改革的相关议程并努力带动国际社会各界的力量，使国际投资法和国际投资仲裁规则向合理的方向改革。[3]

---

[1] 参见周艳云、周忠学："第三方资助国际商事仲裁中受资方披露义务的规制——基于'一带一路'视阈"，载《广西社会科学》2018年第2期。

[2] 参见梁丹妮："国际投资争端仲裁程序透明度研究——从《ICSID仲裁规则》（2006）和《UNCITRAL仲裁规则（修订草案）》谈起"，载《国际经济法学刊》2010年第1期。

[3] 参见漆彤："论中国海外投资者对国际投资仲裁机制的利用"，载《东方法学》2014年第3期。

学术专论

澜湄次区域经济合作机制的法律保障研究

何锡峰[1]　朱彬彬[2]

摘　要： 自 2015 年 11 月 12 日 "澜沧江—湄公河合作机制"（以下简称 "澜湄机制"）正式成立以来，凭借其多样化的合作机制、宽松灵活的合作方式、多元化的合作渠道，这一由次区域国家完全自主主导的机制，逐渐构成 "一带一路"倡议的有机组成部分。澜湄次区域的深入合作，离不开国内外的法治环境，如何以法律保障体系推进澜湄机制的发展是当前的重要问题。这一问题有其内在法律保障诉求，宜以地方融入为着眼点，通过地方法治建设的加强，良好法治环境的营造和法律保障体系的建立，以政策指引和法律保障明确重点领域、强调重要机制，进而推进澜湄合作的扩充和深化。

关键词： 澜湄次区域　经济合作　法律保障

---

[1]　何锡峰，东南亚历史与现状专业硕士研究生，云南唯真律师事务所东南亚法律中心主任，昆明市律协东南亚南亚法律事务委员会主任，云南省律协南亚东南亚法律服务中心常务副主任，中国贸促会（云南）南亚东南亚法律服务中心特聘专家，中国东盟法律合作中心常务理事。

[2]　朱彬彬，昆明市委政法委副书记，昆明市法学会会长。

一、问题的提出

20 世纪中后期，全球化进程暂时陷入停滞，区域一体化实现了蓬勃发展。在此背景下，次区域合作首先在东亚地区出现，并以一种国家间经济多边合作的新形式迅速发展起来。次区域经济合作主要是指国家间边界相邻地区间的经济合作，借助于趋向自由化的国家间政策协调，实现资源的跨国界配置，进而提升合作区域的整体竞争力，促使这些边缘区转化为核心区，最终推动其经济社会的全面发展。[1]近年来，亚洲一些发展中国家的非中心地区组成的次区域发展备受关注。2015 年 11 月 12 日，澜沧江—湄公河合作首次外长会议在中国云南景洪召开，标志"澜湄机制"正式成立。[2]在中国提出"一带一路"倡议的背景下，澜湄次区域有望成为率先取得实质性进展的先行区和试验田。

虽然澜湄机制具有重要意义，但其经济合作的实际落实却困难重重。仅以澜湄机制框架下的中缅经济合作为例，就面临着进退维谷的现实状况：内有边民越境非法伐木，外有密松电站被搁置、莱比塘铜矿遭抗议、中缅昆明—皎漂铁路建设计划正搁浅，而导致这些问题产生的重要一环就是围绕澜湄次区域经济合作的法律保障体系不健全。

澜湄次区域经济合作机制，既有外在法律保障诉求，又有内在法律保障需求，长期以来，该区域不断引起国际社会的密切关注，多边合作也不断涌现。[3]多重合作机制事实上是主导国或发起国彼此之间相互竞争的结果，为维系 2015 年新建的"澜湄机制"的平稳推进，外在要求用法律保障来固定、落实倡导经济合作发展大环境的声音不绝于耳。

同时，内在需求也要求加强法律保障。尽管次区域内已形成多种合作机制，但这些机制往往主要针对某个领域、某一问题，或者由区域外国家和机构主导，局限性突出。区别于现有的次区域合作机制，澜湄次区域合作在主导权方面，是次区域内首个由六国共同主导、共同协调的机制。澜湄次区域合作要想实现自主机制，离不开法律保障。在合作领域方面，澜湄合作开放包容，涵盖经济、政治、社会、文化等各领域，备受关注的水资源合作也被纳入合作议题。从具体路径来看，澜湄合作确定了"3+5"合作框架，即以政治安全、经济和可持续发展、社会人文为三大合作支柱，以互联互通、产能合作、跨境经济、水资源、农业和减贫为优先方向，以上外求内需都离不开

---

〔1〕 参见张庆霖："次区域经济合作模式的演化：边境区域经济合作——GMS 框架下以我国西南边境为例"，载《经济问题探索》2014 年第 11 期。

〔2〕 参见戴永红、曾凯："澜湄合作机制的现状评析：成效、问题与对策"，载《国际论坛》2017 年第 4 期。

〔3〕 参见沈铭辉："大湄公河次区域经济合作：复杂的合作机制与中国的角色"，载《亚太经济》2012 年第 3 期。

法律保障。[1]需要指出的是，澜沧江—湄公河次区域是地理学上的概念，在该区域内有多种合作机制并存。本文的研究对象是"澜湄机制"下次区域内经济合作的法律保障机制，区别于亚洲开发银行主导的大湄公河次区域合作（GMS），文章中澜湄次区域经济合作的概念即是在"澜湄机制"下的经济合作，是"澜湄机制"的重要组成部分。

二、澜湄次区域经济合作机制法律保障困境

（一）云南边民越境伐木下的法律保障缺位

中缅边界线漫长，缅甸自然资源丰富、边境监管不力，诱使我国一些边民跨境从事伐木活动。中缅边境有西藏和云南两段，云南段全长 1997 公里，有 6 个地州共 19 个边境县、110 个边境乡镇、692 个行政村与缅甸接壤。除国家一、二类口岸外，边境地区有许多边民临时出入境通道，小道和便道更是不计其数，加之在边境两侧无天然屏障，山水相连，甚至村寨相通，边民非法出入境非常方便。缅甸林木大量位于与邻国接壤的地域，并在民族地方武装（简称"民地武"）的控制下。分布在中缅边境一线上的主要少数民族武装组织由于历史和地缘的关系，与中国边境一线的民族同宗同祖。林木和森林产品构成少数民族政治团体重要的收入来源，尤其是对与中国接壤的克钦邦和与泰国接壤的克伦邦而言。在 2013 年，94%进口到中国的缅甸林产品，是经云南昆明海关（管辖云南二十多个口岸）进口。在 2014 年，中国从缅甸进口的原木的绝大部分（70%的柚木原木和 95%的红木原木）由四十余家位于云南的贸易公司进口。在利益的驱动下，我国商人多与缅甸民族地方武装签订协议，获得批准后进行伐木，但协议并未获得缅甸中央政府的认可。当缅甸中央与地方冲突缓和时，缅甸中央对此干涉不多，一旦中央和地方冲突紧张，中央即开始大力打击非法伐木行为。

法律保障的缺位致使边民的合法利益很难保护。2015 年缅甸军方以非法伐木为由抓获我国公民 150 余人，随之对他们处以重刑。判决尚未生效之时，缅甸总统吴登盛签发大赦令，赦免了包括我国公民在内的 200 余外国人。因非法伐木为由，中国边民被缅甸法院判处并执行刑罚并非首次。中缅边境上出现的非法入境、非法居留和非法就业问题由来已久，产生原因异常复杂，地理因素和人文影响共存。首先，边境地区自然地理状况是重要原因。中缅边境为横断山脉纵谷区，高山峡谷纵横，在高山峡谷上不易设置障碍设施。其次，缅甸国内形势混乱。缅甸边境地区有的在中央政府的管辖下，有的在民族地方武装的实际控制下。虽然有 1997 年《中华人民共和国政府和缅甸联邦政府关于中缅边境管理与合作的协定》，但因缅政府对边境地区的实际控制能力有限，致使协定一直未得到全面落实。目前，仍有佤联军、东掸邦民族民主同盟军、克钦独立军等 3 个民族地方武装组织控制的 1000 余公里边境属我方单边管理状态，这段边境线也是非法出入境情况较为严重的地区。缅甸对边境的管理和对资源的管理的

---

〔1〕 参见卢光盛、别梦婕："澜湄国家命运共同体：理想与现实之间"，载《当代世界》2018 年第 1 期。

漏洞诱使我国公民跨境非法伐木的事件时有发生。缅甸法治状况不佳，因伐木被捕的中国公民的基本权利可能得不到保障，审判的随意性可能诱发边民的投机心理。一旦缅甸国内中央和民族地方武装关系紧张，涉案人员可能面临极其严峻的法律制裁。我国需和缅甸完善边防合作，减少非法入境和其他违法行为的发生。缅甸中央也需加强对边境地区的管理，包括森林管理，包括对其国内的木材开采和加工者的监督，以及对民地武的管控，避免其和中国不法商人勾结，盗伐林木。

（二）密松电站事件后的法律保障滞位

2011 年 9 月缅甸总统吴登盛通知国会，将根据人民的意愿，在本届政府任内搁置兴建伊洛瓦底江密松水电站项目[1]。缅甸各方政治力量和利益相关方的利益博弈力量的不均衡性是造成密松水电站搁置的根本原因。围绕"密松水电站的建与不建"，有关密松水电站修建的争议，其实是缅甸政府、缅甸全国民盟、克钦民族地方势力、西方国家等各利益相关者利益和政治诉求的较量。

"密松电站"事件是大湄公河次区域国家对外投资频发政治风险的一个折射。政治风险具有预测难、危害大等特点，已成为我国对外投资合作中的"第一风险"。中国投资缅甸中遭遇的政治风险高于发达国家，一些大型项目政治风险频发、利益损失巨大。如 2011 年，密松电站被搁置，2014 年莱比塘铜矿发生大规模抗议事件，2015 年缅政府军抓捕我国伐木边民 155 人，2016 年中缅昆明—皎漂铁路建设计划搁浅。新形势下我国企业对外投资合作中的政治风险与冷战时期西方发达国家企业遭遇的政治风险有所不同，出现了东道国政策与法律变动风险、国内武装冲突引发的风险、蚕食式征用风险、环保组织抗议、第三方干预等。我国大型国有企业在外国的投资成为政治风险频发的重灾区。有法谚道"一盎司的预防大于一磅的救济"，投资大湄公河次区域国家兼具政治和经济敏感性，需对东道国、母国、外国投资者、当地合作者、投资企业等进行综合考虑。法律保障的滞位直接影响到了我国的对外投资权益维护，需通过国内法和国际法的机制，全面保障我国投资者的合法权益。

（三）河口—老街跨境经合区的法律保障空位

作为中国最早启动建设的中越跨境经济合作区之一，早在 2002 年，中国河口—越南老街跨境经济合作区就已成为中国云南省与越南经济合作的重要组成部分，也是云南省配套设施最完善、条件最成熟的跨境经济合作区。但目前，河口—老街跨境经济合作区仍处于建设阶段。

法律保障的缺位关系到相关经贸合作的顺利推进，合作区建设的困境在于《框架协议》和《备忘录》仅具有宏观指导性。除此之外，没有其他的政府间协议对合作区

---

〔1〕 缅甸伊洛瓦底江密松水电站位于缅甸北部的克钦山区迈迪开江与恩梅开江汇合处，距云南腾冲县城 227 公里，距密支那约 30 公里，是中电投集团投资兴建的缅甸伊洛瓦底江上游 7 个梯级电站中的第一座，涉资 36 亿美元，由中电投与缅甸第一电力部及缅甸亚洲世界公司共同投资开发。

的相关管理制度进行具体规定，对合作区内的争端解决问题也未提供程序规范。有一定的法律保障和机制保障，但尚未形成统一的法律框架和适当的法律运作模式。合作区在人员进出境、海关、质检、税收、产业规划和行政司法等多个领域需进行政策协调、整体推进。中越两国经济与法律制度差异较大，合作与协调有一定难度。要保障跨境经济合作区的有序运作和各项活动的正常开展，需建立合适和健全的机制，组建工作机构，如磋商决策机构、执行监督机构和仲裁机构等。

三、澜湄次区域经济合作机制法律保障路径

（一）完善地方立法

云南省立法计划中关于国际经济合作方面的相当少，已有规范性文件的层级较低，长期性和稳定性不够。昆明市有关涉外经济合作方面的规范性文件更稀缺，因此，需要强化立法工作，尤其在水利、交通、通信、电力等基础设施领域，油气能源输送、矿产资源开发、农林水畜产品等潜力发展领域，金融、制造、科技等重要民生领域细化框架协议。面对复杂多变的经济合作环境，形成多方"联合保障""联合执法""联合救济"等重要机制立法建设。[1]

缺乏专门的、有针对性的地方法律或法规来促进对澜湄合作的深度参与和推动，不利于云南省作为主体省份功能的发挥，也不利于我国在澜湄合作中发挥更多的主导作用。云南省和昆明市应结合在澜湄次区域合作中面临的特殊问题，在合适的领域和范围内出台更多地方性的法律法规。例如，为配合中国瑞丽—缅甸木姐边境经济合作区发展，2017年5月，农业部、商务部、海关总署、质检总局等国家四部委，联合下发《关于支持云南在边境地区开展跨境动物疫病区域化管理试点工作的函》，要求进口屠宰用肉牛应来自境外指定区域，部分企业的"跨境肉牛项目"被纳入云南省"瑞丽—缅甸木姐"边境经济合作区"1+3+1"规划，成为拓展区的核心项目，但不可忽视的是，中央部委的支持离不开地方性法律法规的配套。为深入落实《中国商务部与缅甸商务部关于建设中缅边境经济合作区的谅解备忘录》，德宏州亦与缅甸商务部、旅游部及掸邦、木姐地区等建立了定期会晤机制；率先实现缅甸境内人民币跨境支付和中缅银行间电子直汇；率先成立了行政审批局，实行"一颗印章审批"；实施了瑞丽、畹町、姐告同城化改革，成立瑞丽市国际执法安全合作大队等。[2]制度是措施的保障，措施是制度的具化，德宏州已实现了措施层面的推进，制度层面的制定也不能掉队。具体操作上，地方性法律法规和政府部门的规章中，可在云南滇中新区、经开区等探索对外资实行准入前国民待遇加"负面清单"管理制度，进一步放开一般制造业；与

---

〔1〕 参见肖辉："论地方立法的三个关系"，载《河北法学》2004年第11期。

〔2〕 参见"中缅瑞丽—木姐跨境经济合作区"，载http://www.rlsyq.gov.cn/list-13-1.html，最后访问时间：2018年10月25日。

昆明的友好城市越南岘港市建立投资贸易互惠机制，推动产业深度合作；在综合保税区争取境外投资、离岸结算业务等外汇管理政策，推动与东部沿海区域港口建立跨区域多港联动机制。

（二）加强依法行政制度建设

依法行政是市场经济体制条件下对政府活动的要求，是政治、经济及法治建设本身发展到一定阶段的必然要求。在云南省和昆明市参与澜湄次区域经济合作中，尤其需要深化行政管理机制改革。深入推进简政放权和放管结合，加快建立健全政府权力清单、责任清单和负面清单，健全市场体系和市场规则，进一步落实"三证合一""一照一码"登记制度改革；[1]提高项目审批效率，加快推进网上审批，在云南滇中新区、高新区、经开区等试点行政审批事项集中办理，推行一个窗口受理制；完善项目绿色通道，探索推广工业类建设项目联合审批和联合竣工验收模式，探索重大工业转型升级项目审批园区"全程代办制"，为澜湄次区域经济合作营造便利化、法治化的营商环境。依法行政的落实将作为我省融入澜湄次区域经济合作的先行站，成为促进澜湄次区域经济合作的关键支持和保障。

（三）加强边境地区国际执法合作

云南与越南、老挝、缅甸山水相连，村寨相望，且国境线无天然屏障，两国边民出入境、探亲访友、通婚、互市往来频繁。由于特殊的地理位置和历史原因，非法越境、非法就业和非法居留问题突出，境外沿边一侧的"黄、赌、毒"现象突出。边境一线容易成为滋生犯罪的温床和违法犯罪的庇护所。为了预防犯罪，保障澜湄次区域经济合作的开展，云南省急需加强边境地区的国际执法合作。需搭建完善执法安全合作平台，进一步加强双多边执法安全合作机制建设，大力加强国际反恐合作、禁毒合作和其他执法领域务实合作。全面加强公安机关特别是边境地区公安机关国际执法合作工作，启动办理跨国案件扁平化对接机制建设，加强跨国案件情报信息共享和司法协助，建立边境案件调查取证绿色通道，羁押扣押及时反馈，文书送达专门机构，努力使每一起跨国案件都得到及时高效办理。[2]完善省、州市、县三级公安国际警务合作机构和机制建设，在沿边重点地区可成立独立的国际执法安全合作机构，努力打造符合国际执法规律性，具备国际执法权威性，拥有国际执法整体性的长效国际执法合作机制。[3]完善中老缅泰四国湄公河执法安全合作机制，推动建立湄公河流域综合执法合作中心，积极推动与其他东盟国家警方间的合作机制建设。[4]加大对边境地区开

---

〔1〕 参见董成惠："'权力清单'的正本清源"，载《北方法学》2017年第2期。
〔2〕 参见付其运："行政法治视角下有组织犯罪防治研究"，载《河北法学》2013年第9期。
〔3〕 参见蒋巍："中国-东盟国际河流航运执法安全合作机制探究"，载《广西民族大学学报（哲学社会科学版）》2014年第3期。
〔4〕 参见孔令杰："中老缅泰湄公河流域联合执法的法律基础与制度建构"，载《东南亚研究》2013年第2期。

展执法合作的授权，建立边境地区公安机关与周边国家地方警务、边检（移民）、禁毒、边防、海关、检验检疫等执法部门对口合作机制，进一步加强在禁毒禁赌、打击恐怖主义、非法出入境、追逃、拐卖人口、走私等方面的边境执法合作，尽力避免武力使用，武力使用应有最低限度，并且实施之前需要使用执法记录仪记录事前警告。[1]加强文化执法合作，强化文化市场监管，深入开展卫星电视地面接收设施等集中整治活动，打击非法文化产品流入和非法传教，构筑边疆地区文化安全屏障。

（四）进行相关机制建设

为了更好地发挥辐射作用，从国际法和国内法的双重视角出发，云南省需要巩固并完善以下机制建设：

1. 参与国内决策机制。二十多年来，云南成为中国参与次区域合作成果最显著、开展重大合作项目最多、最具吸引力的地方政府，是中国在大湄公河次区域合作中的半决策主体、完全执行主体，也推动着其他地方政府参与次区域合作。云南省作为我国参与澜湄合作的前沿阵地，通过参与国内决策过程，可以有效地推动云南经济的发展。例如当前云南省是中央一级"国家澜沧江—湄公河流域开发前期研究协调组"的副组长单位成员，在国家开展与湄公河流域国家合作重大事情的决策中，以及在具体政策的实施过程中，不仅能及时与有关部门沟通，还可以将自身的利益诉求直接导入决策的整个过程，从而使合作机制更顺畅、更加符合云南省当前的实际、更加符合发展的需要。

2. 完善地方政府对外机制。在国家授权下，云南作为参与次区域合作的主体省份之一，与次区域各国相关地区合作不断深化，逐步形成了政府重视、企业积极参与、社会各界关注的互动格局。目前，云南省与次区域国家相关地区已建立了"云南—泰北工作组""滇越五省经济协商会""云南—老北工作组""滇缅合作商务论坛"等双边合作机制。云南省参与澜湄次区域国际合作机制成为中国与东盟国家国际合作的重要突破口。通过在次区域经济合作中的经贸合作、人员往来、民族沟通对话，云南省政府成为推动合作的倡导者、合作机制的创设者、合作议题的确定者和合作的最终执行者，合作将提升地方实力、促进地方经济社会发展，实现中央与地方的共赢。云南通过加强与南亚东南亚国家在经贸往来、交通基础设施互联互通、科技人文交流乃至安全等领域的全面合作，实现辐射作用的发挥，湄公河国家是云南能否成为辐射中心的关键。

3. 强化协调机制。在澜沧江—湄公河次区域现在已经存在了多种机制，其中大湄公河次区域经济合作和中国—东盟自由贸易区的经济合作中，云南省都是重要的参与者。在众多机制共存时，云南省在参与澜湄次区域经济合作中，需要发展一定的协调

---

〔1〕参见高健军："海上执法过程中的武力使用问题研究——基于国际实践的考察"，载《法商研究》2009年第4期。

机制，积极参与不同的合作框架，推动协调发展和相互补充，如在不同机制下的早期收获计划、项目规划、跨境经济合作区建设方案有所区别和侧重，争取在不同合作框架下得到更多的项目和政策支持。此外，云南省需支持沿边州、市人民政府与毗邻国家有关部门和地方政府建立健全经贸协调机制。

4. 探索相关主体利益补偿机制。澜湄次区域经济秩序维持不仅在于执法队伍严格执法、公正执法、文明执法，更取决于是否能够把那些利益受损的相关方纳入合作中。中缅边境历来都有走私活动，冻鸡肉、冻牛肉、活猪、活牛等肉类制品，琥珀、翡翠等矿产资源，水果、大米等经济作物都是走私对象。对于澜湄次区域经济合作，走私活动是避不开的问题。堵不如疏，通过探索利益补偿机制，加强利益补偿立法，可有效实现非法求利向合法逐利转化。如提供政策将原来肉类走私方，经过卫生安全检验检疫后，成为屠宰合作区的稳定供货方；提供交易平台将原来矿石走私方，授予经营资格证，成为经济贸易区的纳税经营者；提供销售渠道将原来的经济作物走私方，产销规范化，成为商品多样化的稳定来源方。合法的身份、合法的利润、合法的买卖渠道，不仅可以为原来的非法走私者带来稳定的经济收益，也可以减轻边境政府的联合执法压力，减少偷税漏税损失，形成良性的经济发展循环和和谐的边境民意关系。

（五）加强平台建设

1. 国际投资立法改革。公共法律服务平台是公共法律服务工作有效开展的重要载体，能为澜湄次区域经济合作提供各类法律服务，这一平台建设可依托于"'澜湄机制'法律智库"的建立。智库功能体现在，第一，参与规则制定。整合律师等专业法律服务工作者，通过参与规制谈判、政策制定、规划设计和适用国际规则，发挥政策法律咨询和参谋作用。第二，加强维权本领。澜湄次区域国家和地区法治水平差异大，法治环境较为复杂，尤其是国际经济往来中适用的法律为多国国内法、国际公约或区域性规定，国际经贸合作容易发生矛盾纠纷，需要我们围绕国际货物贸易、服务贸易、国际投资、知识产权国际保护与国际技术转让、国际税收等领域提高维权本领。第三，加强信息沟通。在推进澜湄次区域中，法律服务工作者要加强信息沟通、畅通信息渠道，建设律师信息交流平台，借助参加有关国际会议、博览会等，推进沿线国家交流合作。[1]

2. 澜湄次区域争端解决中心。运用法治思维和法治方式，建设具有国际影响力、体现国际化水平的争端解决中心，对于推进全方位高水平对外开放、构建开放型经济新体制具有重要意义。在借鉴世界各国纠纷解决机制的经验基础上，建设澜湄次区域争端解决中心，包括澜湄次区域国际商事仲裁中心和澜湄次区域国际商事调解中心等分中心，公平公正高效地处理国际经贸争端，积极探索仲裁员名册的开放化、国际化，

---

〔1〕 参见全毅、尹竹："中国—东盟区域、次区域合作机制与合作模式创新"，载《东南亚研究》2017 年第6 期。

不断完善涉外仲裁的现代化规则，努力探索与国际接轨的国际商事仲裁和国际商事调解制度机制。此外，努力和最高人民法院国际商事法庭建立长效联系机制，将澜湄次区域经济合作中的有关案件作为国际商事法庭的重要裁判范围，并加以探索承认与执行涉外商事海事仲裁裁决和外国商事海事仲裁裁决的切实途径，依法支持相关纠纷的仲裁解决。[1]

四、结语

推动澜湄次区域的经济合作，离不开云南省的深度融入，并需提供良好的法治环境，包括完善地方立法并加强依法行政制度建设、加强边境地区国际执法合作、进行相关机制建设、加强平台建设、对涉外法律服务的人员和机构提供政策支持等方面。云南省作为澜湄次区域经济合作中的重要组成部分，可以通过提供区域性公共产品以及推动平台建设，如互联互通基础设施建设、产能合作、谈判和对话机制、会展服务、跨境经济合作区建设、加强与次区域国家在传统和非传统安全经济领域的合作，以充分发挥辐射作用，实现次区域的内部创造力和外部发展能力的提升，推动澜湄次区域经济合作融入"一带一路"的建设框架，成为"一带一路"建设中的示范区。

---

〔1〕 参见韩平："前海深港现代服务业合作区设立香港商事仲裁机构的可行性研究"，载《暨南学报（哲学社会科学版）》2011 年第 4 期。

FIRRMA 对美国外资国家安全审查机制新发展的中国策[1]

梁　咏[2]　张一心[3]

摘　要：2018 年 8 月 13 日，美国总统特朗普签署《外国投资风险审查现代化法案》（FIRRMA），FIRRMA 不仅大幅扩张了美国外国投资委员会（CFIUS）的审查权限，对审查标准和审查程序等也进行了重大修改。在当下中美经贸摩擦持续的背景下，此次修改被视为美国对来自中国投资加强国家安全审查的集中体现，可能进一步加剧中国企业赴美投资的困难。传统国际法认为国家安全属于当事国可以自由裁量的内容，不受其他国家（地区）政府或国际组织的规制。面对现实存在的困难，中国投资者和中国政府有必要考虑对美国政府可能滥用国家安全审查权力予以适度"钳制"。随着"美国利益优先"政策的逐步推进和不断深化，美国更多从多边合作转向双边合作；加上 WTO 当前遭遇严重危机，通过 WTO 争端解决机制对美国滥用国家安全进行"钳制"前景不明朗，中国政府与投资者应当更加关注从双边层面和美国国内法层面思考解决路径，从而保障中国企业对美国投资的正当权益。

关键词：FIRRMA　国家安全审查　安全例外　自判断

---

〔1〕　本文是作者主持的 2014 年上海市教育委员会科研创新项目"双边投资协定发展趋势与中国对策研究"（课题批注号：14ZS001）、2012 年上海社科青年项目"欧债危机背景下中国与欧盟贸易摩擦及对策研究"（课题批注号：2012EFX001）、2014 年司法部国家法治与法学理论研究中青年项目"大数据时代的信息安全法律保障研究"（课题批注号：14SFB30039）的阶段性研究成果。
〔2〕　梁咏，复旦大学法学院副教授，法学博士，主要研究方向是国际投资法和国际贸易法。
〔3〕　张一心，上海方达律师事务所律师，法学学士。

随着我国改革开放的深入以及"走出去"战略的实施，自 2003 年以来，中国对外直接投资（OFDI）实现了连续 14 年增长。2016 年中国 OFDI 流量为 1961.5 亿美元，[1]位居世界第二。[2] 2017 年中国 OFDI 虽然比 2016 年峰值下降了 19.3%，[3]但是仍然达到了 1582.9 亿美元。[4]参照同期所吸收的外国直接投资（FDI）数额，自 2015 年开始，中国已经连续三年成为资本净流出国。[5]截至 2017 年底，中国对美国 OFDI 存量高达 673.81 亿美元，在中国对外投资流向地国（地区）中位居第四。[6]由于中国前三大海外投资流向地的中国香港特别行政区、开曼群岛、英属维尔京群岛均属于世界上著名的税收筹划地，[7]投往这三地的投资多进行税收筹划后再投往最终目的地或进行返程投资，因此，美国在中国 OFDI 中的重要性更加显著。

美国外国投资委员会（Committee on Foreign Investment in the United States，以下简称"CFIUS"）近年来对中国企业对美国企业并购审查数量居高不下。美国财政部网站公布的《2015 年度 CFIUS 年报》显示，2013 年~2015 年 CFIUS 各年审查外资并购案分别为 97 起、147 起、143 起，[8]其中涉中国企业并购案分别为 21 起、24 起和 29 起，我国连续三年位居被 CFIUS 审查国家之首。[9] CFIUS 批准了 2013 年万向集团收购 A123 系统公司案和 2013 年双汇国际收购史密斯菲尔德（Smith Field）案等重大收购案，但也否决了部分重要交易。截至目前，美国总统共否决 5 起中国企业对美投资案，但是 2016 年 12 月至今的两年内已经发生 3 起，有力佐证了 CFIUS 近年来加强了对中国企业投资，特别是投往敏感行业投资的关注与审查。

---

〔1〕 参见商务部、国家统计局、国家外汇管理局主编：《2016 年度中国对外直接投资统计公报》，中国统计出版社 2017 年版，第 3 页。

〔2〕 参见商务部、国家统计局、国家外汇管理局主编：《2017 年度中国对外直接投资统计公报》，中国统计出版社 2018 年版，第 3 页。

〔3〕 2016 年 12 月起，中国政府加强对企业对外投资的真实性、合规性审查，市场主体对外投资更趋成熟和回归理性。中国企业对外投资增速放缓，结构进一步优化。参见商务部、国家统计局、国家外汇管理局主编《2017 年度中国对外直接投资统计公报》，第 6 页。

〔4〕 2017 年中国对外直接投资 1582.9 亿美元，同比下降 19.3%，自 2003 年中国发布年度对外直接投资统计数据以来，首次出现负增长，但仍为历史第二高位（仅次于 2016 年），占全球比重连续两年超过一成，中国对外投资在全球外国直接投资中的影响力不断扩大。

〔5〕 参见商务部、国家统计局、国家外汇管理局主编：《2017 年度中国对外直接投资统计公报》，中国统计出版社 2018 年版，第 7 页。

〔6〕 参见商务部、国家统计局、国家外汇管理局主编：《2017 年度中国对外直接投资统计公报》，中国统计出版社 2018 年版，第 22 页。

〔7〕 截至 2017 年底，中国对中国香港特别行政区、开曼群岛和英属维尔京群岛的投资存量为 13530.09 亿美元，占中国 OFDI 总量的 74.7%。参见商务部、国家统计局、国家外汇管理局主编《2017 年度中国对外直接投资统计公报》，第 22 页。

〔8〕 See CFIUS, *CFIUS Annual Report to Congress*, CY 2015, p. 3.

〔9〕 See CFIUS, *CFIUS Annual Report to Congress*, CY 2015, p. 16.

表1　美国总统否决的中国企业在美进行的并购案

序号	否决时间	并购案简介
1	1990 年 2 月 2 日	布什总统否决了中国航天技术进出口公司（以下简称"中国航天"）对美国飞机零部件制造商梅姆斯公司（Mamco）的收购
2	2012 年 9 月 28 日	奥巴马总统否决了中国三一重工关联公司罗尔斯（Ralls）公司对位于俄勒冈州靠近军事设施的四个风电场项目的收购
3	2016 年 12 月 2 日	奥巴马总统阻止德国半导体公司爱思强（Aixtron）将其在美国境内资产出售给中国福建宏芯基金公司的交易
4	2017 年 9 月 13 日	特朗普总统否决凯桥私募股权公司（Canyon Bridge Capital Partners）对美国莱迪思半导体（Lattice Semiconductor）的收购，认为凯桥私募股权公司虽然是一家私营企业，但其后受多家中国国有企业的资金支持

特别值得注意的是，在 Broadcom 收购 Qualcomm 案中，目标公司 Qualcomm 虽有"乖张"，但 CFIUS 对国家安全的解读也确有明显政治化倾向。[1] 如果计入因为对得到 CFIUS 批准预期不乐观而被交易方自行撤回而终结的并购案，CFIUS 审查确已构成中国企业赴美投资的"拦路虎"。[2]

表2　2013 年 ~ 2015 年 CFIUS 年报对审查案的统计 [3]

年度	通知 CFIUS 案件数（件）	审查期撤回案件数（件）	进入调查案件数（件）	调查开始后撤回案件数（件）	总统决定案件数（件）
2013 年	97	3	48	5	0
2014 年	147	3	51	9	0

〔1〕 2018 年 1 月 29 日，Qualcomm 在没有与 Broadcom 达成协议并得到 Broadcom 合作的情况下，单方面通知 Broadcom 试图选出 Qualcomm 董事会的大部分成员。Broadcom 注册在新加波，在美国纳斯达克上市，当时还没有完成将住所地迁移至美国的手续。2018 年 3 月 4 日，美国财政部秘书长 Steven Mnuchin 签发临时令，要求 Qualcomm 推迟 30 天召开股东会，并要求如果 Broadcom 要进行变更住所地的任何行动都需要提前 5 个工作日通知 CFIUS。Broadcom 非但没有提前履行此种义务反而加快了住所地迁移手续，并于 2018 年 3 月 12 日宣布将住所地迁移手续提前至 2018 年 4 月 3 日。2018 年 3 月 12 日，美国总统特朗普否决此项并购交易。

〔2〕 2018 年 1 月 ~ 5 月，对获得 CFIUS 批准不乐观而由交易方撤回的交易包括：2018 年 1 月 2 日，CFIUS 认为蚂蚁金服对 Money Gram 的交易涉及 MoneyGram 所掌握的个人信息可能被中国投资者掌握，在 CFIUS 通知双方交易不会被批准后，该交易终止；2018 年 2 月 20 日，蓝色光标发布公告，宣布由于 CFIUS 拟不予批准其收购 Cogint 的 63% 股权案，因此双方协商终止收购；2018 年 2 月 22 日，中青芯鑫（苏州工业园区）资产管理有限公司对 Xcerra Corporation 的收购，由于 CFIUS 告知双方交易可能得不到批准，因此终止收购；2018 年 3 月 3 日北京大北农科技集团股份有限公司撤回对 Wadlo Farms 的收购；2018 年 5 月 9 日中国重型汽车集团公司撤回对 UQM Technologies 的 34% 股权的收购（中国重汽是国有企业，原计划以两步交易取得目标公司 34% 的股权）；2018 年 5 月 10 日，深圳市新纶科技股份有限公司撤回对 Akron Polymer 的 45% 股权收购，根据深圳新纶申报材料，Akron 参与了美国某军事项目中的材料制造。参见潘永建、朱晓阳、洪馨："CFIUS 审查新趋势及中国投资者的应对"，通力律师事务所，载 http://www.linkslaw.com/uploadfile/publication/45_1539591245.PDF，最后访问时间：2018 年 10 月 12 日。

〔3〕 根据 CFIUS 年报统计数据整理而成，See CFIUS, *CFIUS Annual Report to Congress*, CY2015, pp.16-18.

续表

年度	通知 CFIUS 案件数（件）	审查期撤回 案件数（件）	进入调查 案件数（件）	调查开始后 撤回案件数（件）	总统决定 案件数（件）
2015 年	143	3	66	10	0

由于近期中美两国在经贸、投资、知识产权等问题上摩擦加剧，中国企业对美投资大环境明显恶化。在此背景下 FIRRMA 的生效，为 CFIUS 进一步加严对来自中国投资的国家安全审查提供了合法依据，使中国企业对美投资不确定性进一步增加。

一、美国外国投资安全审查制度的实体和程序

美国奉行的国家安全理念可以追溯至强有力的国内经济必须建立在美国稳定的政局基础上的思考。[1]基于对国家安全的考虑，美国建国初期征收高额关税，1812 年美英战争后为抵制英国产品大量进入美国市场，美国制定 1816 年《关税法》采取保护性关税措施以保护国内产业。1904 年西奥多·罗斯福总统在美国国会演讲时第一次使用了"国家安全"的表述，这一概念在 20 世纪中期获得了较大的发展。[2]

CFIUS 成立于 1975 年，是负责对在美外国投资可能涉及的国家安全问题进行审查的跨部门政府委员会，由美国财政部牵头，还包含国务院、国防部、国土安全部、商务部、能源部、司法部以及两个白宫办公室（美国贸易代表谈判处和科学与技术政策办公室）等八个部门。CFIUS 依据 1950 年《国防生产法案》（Defense Production Act of 1950）、1988 年《埃克森–弗罗里奥修正案》（Exon–Florio Amendment of 1988）以及 2007 年《外国投资与国家安全法》（Foreign Investment and National Security Act of 2007，FINSA），行使对外国投资实施安全审查的职权，并可能向总统提出是否阻止交易的建议。[3]

（一）CFIUS 的审查内容

理论上，CFIUS 所审查的国家安全是指与国土安全有关的事项，包括其对关键基础设施的影响。[4]1988 年《埃克森–佛罗里奥修正案》、2006 年《国家安全外国投资改革与加强透明度法》（National Security Foreign Investment Reform and Strengthened Tr-

---

〔1〕 See Jaemin Lee，"Commercializing National Security? National Security Exceptions' Outer Parameter under GATT Article XXI"，*in Asian Journal of WTO & International Health Law and Policy*，No. 13，2018，p. 281.

〔2〕 See Galina S. Belyaeva. Valeriy P. Belyaev, Olga V. Grechkina, Vladimir I. Shepelev and Sergey Yu Chapchikov，"Conceptual Bases of State Management in the Sphere of National Security: The Anglo–American Approach"，*in Journal of Politics and Law*，Vol. 10，No. 4，2017，p. 208.

〔3〕 参见郝勇、杜江："中国公司赴美投资中的美国国家安全审查问题"，载君合律师事务所，http://www.junhe.com/images/ourpublications/Research_Reports/Research_Reports_CN/20150610.pdf，最后访问时间：2016 年 5 月 1 日。

〔4〕 50 U. S. C. App. § 2170 (a) (5).

ansparency Act) 和 2007 年 FINSA 中共列举了 13 项审查标准，[1]但审查标准较笼统。为配合 FINSA 的实施，2008 年 11 月，CFIUS 公布了《关于外国投资委员会实施的国家安全审查的指导》，[2]这一条例主要针对"国家安全方面的考虑"（national security considerations）概念进行了说明，将其解释为"与交易有关的，能够对国家安全产生潜在影响的相关事实和情况"。[3]有学者将 CFIUS 在实践中重点审查的内容概括为管辖交易可能带来的三种威胁，其一为阻碍或操控关键商品或服务的供给；其二为将军事相关的技术或知识转移给外资控股企业或外国政府；其三为引发蓄意破坏和平的行为或间谍活动。[4]

（二）CFIUS 的审查程序

一般而言，若某一交易属于 CFIUS 的审查对象，交易一方或双方就应在交易完成之前主动向 CFIUS 进行申报以启动审查程序。若交易各方未主动向 CFIUS 申报交易，但 CFIUS 认为有必要，CFIUS 也可以自行决定启动审查程序，已经完成的交易也被纳入审查范围之中。CFIUS 整个审查程序由 30 天的初步审查、45 天的进一步审查和 15 天的总统裁决期三部分组成。初步审查中，如果 CFIUS 认为该交易不会对美国国家安全构成威胁，可决定终止审查程序；如果 CFIUS 认为交易存在以下三种情形之一，即①确实威胁到美国国家安全；②交易由外国政府控制；③外国人拟通过交易控制美国关键基础设施并且此控制会威胁美国国家安全，则 CFIUS 将进入为期 45 天的进一步审查。审查结束后，CFIUS 可以与交易双方协商有效的缓解措施，或是提请总统中止或否决交易。总统须在 15 天内作出最终决定。当有可靠证据证明交易可能会对美国国家安全造成影响，且现行其他法律不能为国家安全提供有效保护，总统可以颁布总统令，暂停或否决此交易。同时，FINSA 允许交易方在审查和调查期间主动撤回申报以终止程序。[5]

---

[1] 考察的因素主要包括下列事项：国防计划所需要的国内生产力；国内产业完成国防要求所需的能力和产能，包括人力资源、产品、技术、资料和其他供应品与服务；由外国公民控制国内产业以及外国公民的商业活动，而该等控制或活动会对美国完成国防要求所需的能力和产能产生影响；拟议或待定交易对特定国家的军事产品、设施或技术是否会产生潜在影响，这些国家支持恐怖活动、导弹技术及生化武器的扩散，或对美国构成了潜在的地区军事威胁，或在"核不扩散国家清单"之列；拟议或待定交易是否会影响美国在国家安全关键领域所处的国际技术领先地位；对美国的关键基础设施在国家安全方面的影响，包括大型能源资产；对美国的关键技术在国家安全方面的影响；管辖交易是否外国政府控制的交易；尤其针对需要调查的交易，外国投资者所属国对军备的控制、与美国在反恐方面的合作、是否会转运或转移军事技术；美国对能源和其他关键资源的长期需求计划；总统和 CFIUS 认为对审查或调查所适宜的其他因素等。

[2] See Guidelines Concerning the National Security Review Conducted by the Committee on Foreign Investment in the United States, *Federal Register*, Vol. 73, No. 236, 2008, pp. 74567~74572.

[3] See Guidelines Concerning the National Security Review Conducted by the Committee on Foreign Investment in the United States, *Federal Register*, Vol. 73, No. 236, 2008, pp. 74567~74570.

[4] See Theodore H. Moran, "Three Threats: An Analytical Framework for the CFIUS Process, Policy Analyses in International Economics", *in Peterson Institute for International Economics*, No. 89, 2009, p. 4.

[5] See FINSA, H. R. 556, §5 (1) (2) (A).

在以往实践中，CFIUS 一般不将外国主体持股 10% 以下视为"控制"，而且"纯投资目的"或"外国投资者无意控制或指挥目标公司的基本商业决策"的交易也被排除在 CFIUS 管辖范围之外。

虽然相较于整体调查案数量，被 CFIUS 暂停或由总统否决的案件比例并不高。但是，近年来 CFIUS 对外资的国家安全审查有加严趋势，对投资者身份（尤其是外国政府控制的交易）和被收购的美国公司身份特别重视。尽管在实践中，CFIUS 不会因为一项交易是由外国政府所控制这一因素否决此项交易，[1] 但会更加关注交易完成后外国政府是否能够利用其对目标公司的控制以实施损害美国国家安全的行为，以及该外国政府是否有可能采取此种行为。但是，对国家安全的忧虑通常会将投资者与投资者母国一并予以考虑，相比一般的私营企业，[2] 国有企业更加受到关注。当然，投资者的独立性及信息披露也可能对结果产生影响。

有学者分析 CFIUS 以往案件审查结果后，认为现行审查机制存在三个主要弊端：第一，适用随机性，稳定性不够。这种对国家安全适用的随机性对外国投资者对美投资带来了难以预测的不确定性；[3] 第二，政治动机。实践中，在审查外资对美国企业的并购案中，政治动机发挥了重要的因素，在 2005 年中国海洋石油总公司（CNOOC，以下简称"中海油"）对尤尼科（UNOCAL）并购案中，由于美国国会施加压力，中海油最终撤回收购要约，使竞争对手雪佛龙（Chevron）仅以约 176 亿美元价格且以换股形式（比中海油出价低了约 9 亿美元且中海油采用全部现金收购）完成了并购。在交易期间，雪佛龙支付了超过 400 万美元活动费。[4] 第三，实践中相当数量的涉及国家安全行业和企业已经私有化，由于排除了外国投资者的竞争，部分行业价格上涨、革新缓慢。[5]

二、FIRRMA 之后的美国对外国投资安全审查机制的发展

由于美国政府认为现行 CFIUS 机制不足以解决外国投资，特别是来自中国等新兴国家投资对美国国家安全的潜在威胁，[6] 自 2017 年 11 月起，美国开始制定 FIRRMA，

---

〔1〕 中国国有企业对美国投资在 2015 年到 2017 年三年间分别为 28 起、31 起和 17 起，投资额分别为 33 亿美元、96 亿美元和 11 亿美元，这些国有企业主导的交易未受 CFIUS 的阻碍。

〔2〕 See Peter Thomas, Abram Ellis and David Shogren, *A Primer on CFIUS: Navigating the Evolving U. S. National Security Foreign Investment Review Process*, The Antitrustsource, 2018, p. 4.

〔3〕 See Matthew Aglialoro, "Defend and Protect: National Security Restrictions on Foreign Investment in the United States", *in University of Cincinnati Law Review*, 83（2015），pp. 1280~1281.

〔4〕 See Ben White, "Chinese Drop Bid to Buy U. S. Oil Firm", *Washington Post*, August 3, 2005 and Chervon, OpenSecrets. org, http://www. opensecreats. org/orgs/summary. php? id=D000000015, last visited on February 27, 2017.

〔5〕 See Matthew Aglialoro, "Defend and Protect: National Security Restrictions on Foreign Investment in the United States", *in University of Cincinnati Law Review*, 83（2015），pp. 1283~1286.

〔6〕 在 2010 年 5 月发布的《美国国家安全战略》（The National Security Strategy of the United States of America）中，将安全、繁荣、价值和国际秩序列为四种相关的永久国家利益，同时指明美国政府应对中国、印度、俄罗斯、巴西、南非和印尼等国予以高度关注，关注中心应从"八国集团"（G8）转移到"二十国集团"（G20）。

2018 年 7 月 26 日和 8 月 1 日美国众议院和参议院先后通过该法案，2018 年 8 月 13 日经特朗普总统签署，该法案正式生效。[1]

FIRRMA 对《国防生产法》第 721 节进行了进一步的修订，对 CFIUS 的审查程序进行了修改，并进一步扩大了 CFIUS 对外国投资审查的权限范围。在 FIRRMA 生效后不久的 2018 年 10 月 10 日，美国财政部又颁布了《关于关键技术的试行制度》[2]（Critical Technology Pilot Program，以下简称《试行制度》），将 FIRRMA 的部分规定予以细化，以满足实践所需。FIRRMA 和《试行制度》影响下，美国对外国投资安全审查机制的发展可概括如下：

（一）CFIUS 审查范围扩张

1. 扩展"涵盖交易"（covered transaction）

（1）涉及特定行业敏感技术的交易须强制申报。在 FIRRMA 生效前，CFIUS 主要管辖的是可能导致外国人控制美国业务的交易，申报是以交易方自动申报为主、CFIUS 主动发起为补充。FIRRMA 生效后，对涉及关键基础措施；关键技术设计、生产或制造以及涉及维护或收集美国公民的敏感个人数据等交易等则要求强制申报。这种监管的强化实际有迹可循，上文附注所提蚂蚁金服对 MoneyGram 交易被 CFIUS 预告不会被得到批准正是此种态度表现。FIRRMA 将此种态度转化为明文规则，使今后对这些基础设施、信息等敏感行业强化国家安全审查将具有更合法的依据。

（2）扩展须受审查的房地产交易范围。FIRRMA 前，CFIUS 仅在收购交易涉及临近敏感设施的实物资产的情况下，才对此项房地产交易拥有管辖权。FIRRMA 生效后，如果收购设施或物业属于下列四种情况之一的，[3]该房地产交易则被视为涵盖交易。

（3）CFIUS 的管辖权不再仅限于收购，外资主体就其投资的美国业务享有的权利的任何变更都可能引致 CFIUS 审查。[4]同时，根据 FIRRMA 对 CFIUS"应订立法规以澄清'涵盖交易'一词包括任何交易"的规定，若干破产交易也可能被纳入 CFIUS 审查范围。[5]

---

[1] FIRRMA 法案于 2017 年 11 月正式提出，其标志着 2007 年之后 FINSA 对 CFIUS 程序作出重大修改。FIRRMA 制定背景之一就是美国政府认为现行 CFIUS 机制不足以处理外国投资（尤其是来自中国的投资）对美国国家安全构成的新威胁。

[2]《试行制度》自 2018 年 11 月 11 日起生效。

[3] 具体情形包括：（1）位于、坐落于其中，或将具备其中部分功能的航空港或海港；（2）临近某美国军事设备或由于国家安全属于敏感的美国政府设施或物业；（3）可合理地赋予外国人收集在该设备、设施或物业进行活动的情报的能力；或（4）可另外使该设备、设施或物业中进行的国家安全活动暴露于被外国监视的风险中。不过，法案也纳入以下若干房地产交易的例外情况：（1）美国人口普查局所规定的纯"住房单元"；或（2）位于美国人口普查局所规定的"城市化地区"的房地产，但须受限于 CFIUS 可在咨询美国国防部长后确定的例外情况。See FIRRMA, Section 1703 (a) (4) (B) (ii) and Section 1703 (a) (4) (C) (i).

[4] 具体变更情形包括：（1）该变更导致美国业务被外国控制；或（2）该变更属于新设立的涵盖交易类别（例如关键技术或关键基础设施公司；或收集美国公民的个人信息的公司），CFIUS 就会认真审查公司之间的股份和控制权的转让。

[5] See FIRRMA, Section 1703 (a) (4) (F).

2. 扩展"关键技术"的定义

在 FIRRMA 之前,"关键技术"一词被定义为包括《美国防务目录》(United States Munitions List)所涵盖的项目、《商品管制清单》(Commerce Control List)内的项目、若干关于核武的材料,以及特定制剂和毒素的法规(《美国联邦法规》第 31 章第 800.209 条)所涵盖的项目。FIRRMA 中对"关键技术"的界定则大幅细化,[1]将"关键技术"的定义范围以包括"为维持或加强美国相对于其他国家的令人关切的技术优势(包括国防、情报或其他国家安全的范畴),或在目前可能不存在有关优势的范畴相对于该等国家占有优势所必要的其他新兴技术"。上述宽泛的定义给予 CFIUS 更大的自由裁量权去决定某特定交易是否涉及"关键技术",并判断因此是否可能对美国国家安全构成风险。《试行制度》涉及了北美产业分类系统中的飞机制造、计算机存储设备等 27 个行业,涵盖以任何方式涉及"关键技术"的美国业务。此外,美国商务部、国防部和国务院等其他联邦机构还可能通过新程序判定"新兴和基础技术",扩展关键技术的内涵。

3. 狭义解释"被动投资"

FIRRMA 文本中虽然将纯粹的"被动投资"(passive investment)排除在外,但是对其进行了狭义解读,只包括在不获取美国业务的任何非公开技术信息的权利[2](但关于该美国业务的财务信息除外);没有董事会或董事会观察员权利、不参与美国业务的重大决策的权利;除投资外,不与美国业务建立战略合作伙伴或其他重大财务关系的条件下才能被解读为"被动投资"。

4. 澄清若干间接投资基金投资的处理方法

外资主体通过投资基金对新设定的涵盖交易类别进行间接投资不会自动触发 CFIUS 管辖,具体情形包括:①基金由一般合伙人或管理成员或行使相当权能的人士进行排他性管理;②一般合伙人或管理成员或行使相当权能的人士是美国人;③咨询委员会不拥有赞成、否决或其他控制权力;④外国人不拥有控制基金的能力;⑤外国人无法掌握重大的非公开信息等。[3]

(二)审查程序变化

1. 从自愿申报到强制申报。以往 CFIUS 实行自愿申报,尽管交易方为了避免交易

---

[1] 包括美国《国际武器贸易条例》(ITAR,《美国联邦法规》第 22 章第 120~130 部分)规定的美国军需物品清单中包含的国防物品或国防服务;美国《出口管理条例》(EAR,《美国联邦法规》第 15 章第 774 部分)的商业控制清单所列物品以及根据多边机制或因地区稳定性或监听等理由受控制的物品;《美国联邦法规》第 10 章第 810 部分(涉及协助外国核能活动)涵盖的专门涉及和制造的核设备、零部件、材料、软件和技术;《美国联邦法规》第 10 章第 110 部分(涉及核设备和材料的进出口)涵盖的核设施、设备和材料;《美国联邦法规》第 7 章第 331 部分、第 9 章第 121 部分或第 42 章第 73 部分所涵盖的特定制剂和毒素;以及 2018 年《出口管制改革法案》第 1758 条规定的受管制的新兴和基础技术。截至目前,美国政府尚未界定任何新兴和基础技术。

[2] 包括"不在公开领域范围内的关于关键基础设施的设计、地点或运营方面的知识、专有技术或理解的信息"或"不在公共领域内的,且为设计、装配、开发、测试、生产或制造关键技术所必要的信息,包括流程、技术或方法"。See FIRRMA, Section 1703 (a)(c)(D).

[3] See FIRRMA, Section 1703 (a)(4)(D)(iv)(I), aa-ff.

完成后因 CFIUS 审查而变更或否决，往往在交易前向 CFIUS 进行申报以寻求"放行"许可。然而 FIRRMA 和《关键技术试行制度》规定了强制申报，即凡是属于试行制度范围内的交易，交易方必须向 CFIUS 办理申报。未按规定申报的，交易方可能被处以罚款，罚款金额可能为总交易金额。[1]从实践角度看，上述法律变更将使外国投资者在签署交易买卖协议前必须对美国目标公司开展详尽尽职调查，确认目标公司是否涉及敏感技术和受管辖行业，如果未能识别并遵守强制申报的规定，可能危及整个交易。

2. 延长审查期限。FIRRMA 将 CFIUS 审查期由 75 天（由 30 天的初步审查和 45 天的进一步审查构成）延长为 105 天，其中初步审查期限延长至 45 天，并允许在"特殊情况"下增加额外的 15 天调查期。虽然相比 2018 年 6 月 FIRRMA 草案中基于特殊情况可以增加额外的 30 天调查期有所限缩，但是总审查期延长了 30 天。这种改变带来的后果就是 CFIUS 审查程序延长及其伴随的不确定性增加，外国投资者可能不得不支付更高的"溢价"作为对期限延长和结果不确定性的补偿。

3. 收取申报费。以往 CFIUS 审查是免费的，FIRRMA 中提出应综合考虑收费对于"小型业务"的影响、CFIUS 的开支、收费对外国投资的影响以及"CFIUS 视为适当的该等其他事宜"，根据交易价值收取一定申报费用。

4. 审查流程是否可加速不确定。根据 FIRRMA，交易方可以提交传统申报通知，也可以提交"声明"——篇幅五页纸以内的简式通知，CFIUS 在收到通知或声明后应在 30 天内自行决定以下任何一种行动：①要求交易各方提交正式书面申报；②认为在简式通知下无法做出判断并要求各方提交全面申报（如果交易各方如此选择）；③对该交易启动单方面的审查；或者④结束审查并不采取后续行动。[2]以上四种结果中，只有第四种情况会缩短审查时限，其他三种情况相当于增加了一个前置程序，"叠床架屋"的程序设计反而延长了审查流程。况且，目前美国政府尚未制定"白名单"，因此能否产生加速处于不确定的状态。

对比 FIRRMA 前后的美国对外国投资国家安全审查机制的规定，不难发现 FIRRMA 显著加强了对国家安全的解读，这些变化将在今后实践中逐步显露。美国强化对外资国家安全审查趋势在 2018 年 10 月 1 日签署的《美国—墨西哥—加拿大协定》（USMCA）中也有体现。USMCA 第 32.2 条"基本安全"（essential security）[3]完全"拷贝"了

---

〔1〕 具体包括外国政府直接或间接拥有实质权益（substantial interest）的外资主体收购美国关键技术公司、关键基础设施公司，或保存美国公民个人资料的公司的实质权益。

〔2〕 See FIRRMA, Section 1706 (v)（Ⅲ）.

〔3〕 Article 32.2 of USMCA (Essential Security)："1. Nothing in this Agreement shall be construed to：(a) require a Party to furnish or allow access to information the disclosure of which it determines to be contrary to its essential security interests；or (b) preclude a Party from applying measures that it considers necessary for the fulfilment of its obligations with respect to the maintenance or restoration of international peace or security, or the protection of its own essential security interests. 1. Nothing in this Agreement shall be construed to：(a) require a Party to furnish or allow access to information the disclosure of which it determines to be contrary to its essential security interests；or (b) preclude a Party from applying measures that it considers necessary for the fulfilment of its obligations with respect to the maintenance or restoration of international peace or security, or the protection of its own essential security interests.

2012 年美国 BIT 范本第 18 条的规定，比 1994 年《北美自由贸易协定》（NAFTA）第 2102 条（国家安全）规定更加模糊，保留了保持各缔约方应对紧急事件、特殊情形的及时性和灵活性，为解决现实的和可预测的国家主权问题留下余地，也为可能滥用安全例外条款提供了必要的审核方法。[1]

三、美国外国投资安全审查中的涉华案件简介

理论上，FIRRMA 针对所有外国投资者，并不专门针对中国投资者。但是相比其他国家投资者，中国投资者对美投资所遭遇的国家安全审查是否有其特殊性？本部分将结合数起中国企业赴美投资所受到的美国国家安全审查的案例，为研究如何应对美国外国投资安全审查制度提供针对性的实证依据。[2]CFIUS 以往处理的涉华案件中，主要关注问题包括：

（一）投资对美国军事活动具有潜在影响

中国企业投资对美国军事活动的潜在威胁是 CFIUS 否决中国投资的一个常见理由，相关案件显示，投资涉及的相关设施与美国军事区域的距离较近通常会被 CFIUS 认为存在潜在威胁。

罗尔斯（Ralls）公司是中国三一重工在美国设立的子公司，2012 年 3 月，Ralls 公司从希腊 Tema 公司收购了位于美国俄勒冈州 Butter Breek 风电项目，其中四个风电场的位置与美国海军的空中禁区和轰炸区部分重叠。CFIUS 审查此项交易后，向奥巴马总统提议阻止此项交易，之后，奥巴马总统发布总统令要求 Ralls 公司在 90 天内撤出对风电场的投资。三一重工和 Ralls 公司将此案诉至美国法院，主张 CFIUS 和奥巴马总统违反宪法正当程序，并最终在美国哥伦比亚特区上诉法院胜诉。此案胜诉对有意在美国进行投资的中国企业而言，堪称一项里程碑式的成功，但是此案判决仅涉及 CFIUS 审查中的正当程序（法院认定 CFIUS 和奥巴马总统作出禁止措施前应就收购的性质和做出该项取缔决定的证据询问 Ralls 公司），未涉及 CFIUS 审查制度的核心内容。[3]此外，在 2012 年 CFIUS 所审查的普康资源公司（Procon Resources）并购林肯矿业公司（Lincoln Mining Corporation）约 30% 股权的交易中也出现了类似的问题。CFIUS 认为普

---

〔1〕 从措辞和行文看，NAFTA 第 2102 条基本"移植"了 GATT1994 第 21 条"安全例外"的规定，对安全例外的三种情况进行了列举，实际也对美国政府可能滥用审查权进行了钳制，而 USMCA 中的"基本安全"中说明更显笼统，"任何信息"（any information）"缔约方决定"（it determines）"缔约方认为必需"（it considers necessary）等内涵与外延相对模糊的字眼，给成员方政府保留了更多的自由裁量权。

〔2〕 CFIUS 规定，由于国家安全审查可能涉及机密信息，因此其不会公开披露其审查的任何交易的任何信息。See CFIUS at a Glance, US Department of The Treasury, https://www.treasury.gov/connect/blog/Pages/CFIUS-at-a-Glance.aspx, last visited on May 15, 2016. 因此，本文所析案例的相关信息来源于各类新闻报道或相关文章。

〔3〕 See Court Finds CFIUS Violated Ralls Corporation's Due Process Rights, Skadden, Arps, Slate, Meagher & Flom LLP, https://www.skadden.com/insights/court-finds-cfius-violated-ralls-corporations-due-process-rights, last visited on May 16, 2016.

康资源公司所并购的目标资产接近美国内华达州和亚利桑那州军事基地存在国家安全的威胁。[1]

（二）投资对美国战略产业和技术领先产生安全威胁

战略产业一向是 CFIUS 关注的焦点，有时甚至仅仅因为相关投资涉及敏感行业，投资即遭 CFIUS 否决，或者因为受到 CFIUS 质疑而最终使交易终止。CFIUS 对战略行业外国投资的担忧主要集中于涉及关键供给的安全和军事相关技术或军民两用技术的转让等两方面。

2005 年中海油出高价对美国第九大石油企业尤尼科的并购交易因涉及能源这一关键资源供给，遭到了美国国会的强烈抵制。针对此案，美国众议院以 398 票同意，15 票反对的悬殊比例优势通过决议，要求在 120 天内对中国能源状况进行调查，而调查报告通过 21 天后才能表决。[2]事实上排除了中海油竞标成功的可能性，因此，中海油撤回了对尤尼科的收购要约。美国众议院众多议员认为石油这一重要战略资源是关系到国家安全和经济繁荣的战略性资产，不能让中国人控制美国的石油资源；同时，石油产业在开采、加工和提炼过程中使用了很多敏感技术，这些技术具有军事和民用双重价值，如果并购完成，中海油可能将尤尼科所拥有的技术运用于军事用途。尽管中海油已经明确表示可以排除某些敏感技术，但是却仍未能消除这种质疑。[3]2012 年中海油以 151 亿美元收购加拿大尼克森（Nexen）石油公司的交易虽然最终获得 CFIUS 的批准，但是其附加条件就是中海油不得运营位于墨西哥湾的油田。[4]从两案经验不难看出，美国在反对中国企业控制石油等关键资源的供给方面的态度一贯强硬。

在涉及军事相关技术或军民两用技术转让中，美国政府表现得也一贯比较强硬。早在 1990 年，美国总统布什就曾在 CFIUS 审查后作出总统令，要求中国航天退出对梅姆斯公司已经完成的收购，其主要理由之一是梅姆斯一旦被中国航天收购，其所拥有的相关技术可能会被中国军方所用。2011 年 2 月底，华为宣布退出对三叶公司（3Leaf）技术资产的并购交易，其根本原因是 CFIUS 向华为发出通知，称会将该案提交给奥巴马总统进行裁决并建议总统否决该交易。3Leaf 公司是一家计算机云计算系统的开发公司，尽管此项并购交易额仅 200 万美元，但是 CFIUS 依然担心通过对 3Leaf 公

---

〔1〕 参加"美国外国投资委员会（CFIUS）以及中国投资活动：从史密斯菲尔德食品公司（Smithfield）的收购交易中吸取的教训"，Chadbourne & Parke LLP，载 http://www.chadbourne.com/sites/default/files/publications/cfi-usandchineseinvestments_gong-forsythe_chn.pdf，最后访问时间：2016 年 5 月 1 日。

〔2〕 See H. R. Res. 344, 109th Cong. (2005) (enacted).

〔3〕 参见胡盛涛："寻求投资开放与国家安全的新平衡——美国境内外资并购中的国家安全审查制度及其对中国立法的借鉴"，载《国际经济法学刊》2007 年第 1 期。

〔4〕 参见郝勇、杜江："中国公司赴美投资中的美国国家安全审查问题"，君合律师事务所，载 http://www.junhe.com/images/ourpublications/Research_Reports/Research_Reports_CN/20150610.pdf，最后访问时间：2016 年 5 月 1 日。

司的收购，华为可能掌握计算机方面的核心技术，并进而扰乱美国的电信行业。[1]值得一提的是，此次收购失败并非华为在美国投资的首度受挫，因被怀疑"与中国军方有联系"，之前华为对美国网络设备制造商 3Com、摩托罗拉无线网络部门以及美国私有宽带互联网软件提供商 2Wir 的收购悉数失败。[2]

（三）投资者为国有企业或具有中国政府背景

纵观被 CFIUS 否决或限制的交易，其中绝大多数都涉及中国国有企业（如中国航天、中海油等），或是被认为有政府或军方背景的民营企业（如华为等）。有学者甚至指出，CFIUS 往往认为所有在美投资的中国企业都受中国政府控制，[3]当投资者是国有企业时，CFIUS 的此种顾虑表现得尤为明显。值得一提的是，2016 年 11 月 16 日，美国国会下属的美中经济与安全审议委员会（USCC）公布了 2016 年年度报告，[4]强调近年来中国政府加强对国有企业的控制，中国政府依然将国有企业作为追求社会、产业和外国政策目标的工具，市场化改革很小；同时，中国政府也在强化对私人公司的影响，因此该报告中建议国会授权 CFIUS 禁止中国国有企业获得对美国企业的有效控制权，以免中国国有企业通过并购获取美国的技术、情报和市场力量，进而影响美国的国家安全。[5]

客观讲，我们可以认为实践中 CFIUS、美国国会对中国企业对美投资实施了歧视性标准，美国对外资特别是中资的可接受性并非如美国公开政策所称的那么开放。但是，是否允许外国投资进入本身属于东道国主权范围内的事项，国家安全审查更是属于主权国家"自判断"（self-judging）的事项，因此实践中东道国以国家安全为由对外资进行审查具有极大的自由裁量权。正源于此，东道国完全可能滥用此种自由裁量权。在美国滥用此种权利的时候，中国投资者与中国政府是否可能对此进行一定钳制？这也是本文探讨的最重要价值所在。

本文认为，多边、双边和国内法机制缺一不可，但是鉴于国际投资法"碎片化"特征、[6]以 WTO 为代表的多边机制当下危机重重且美国本身就主张对现行多边机制进

〔1〕 在布什总统发给国会的消息中，他强调："中国航天是中国航天工业部的进出口公司，中国航天与中国不少行业的很多公司有业务，其中也包括商用飞机。航天工业部正在致力于商用和军用的飞机、导弹和飞机发动机的研究和开发、设计和制造。这些机械和设备中的部分属于美国进行出口限制的种类。" 136 CONG. REC. 761-05 (1990)（message from President Bush received during recess）.

〔2〕 参见"华为在美投资遇阻——华为在美国的投资屡屡受阻于莫须有的'安全问题'"，载环球网财经频道，http://www.huanqin.com/zhuanti/finance/huawei/，最后访问时间：2017 年 9 月 2 日。

〔3〕 See Edward M. Graham, David M. Marchick, *US National Security and Foreign Direct Investment*, Washington D. C. : Institute for International Economics, 2006, p. 105.

〔4〕 See Stephen D. Bryen et al., *U. S. -China Economic and Security Review Commission*, USCC 2016 Annual Report, 2016.

〔5〕 See Stephen D. Bryen et al., *U. S. - China Economic and Security Review Commission*, USCC 2016 Annual Report, 2016, pp. 3~5.

〔6〕 目前国际社会尚未就国际投资问题达成全球层面的框架性投资协定，主要依据 3000 多项 BIT 和 FTA 进行调整。

行根本性变革、运用美国国内法将具体争端诉至美国法院（如三一重工和罗尔斯案）从而推翻 CFIUS 决定属于被动应对，一案一诉必然耗费巨大资源。如果要改变被动应对局面，在双边层面上能有所突破至关重要。

四、应对美国外国投资安全审查的中国策：双边层面

自 2008 年中美启动 BIT 谈判至 2016 年 11 月，中美 BIT 共完成了第 31 轮谈判。中国不仅同意在准入前国民待遇和"负面清单"基础上进行谈判，并完成了对双方负面清单的第三次修订。自 2017 年 1 月特朗普总统上台后因其强硬坚持推进"美国利益优先"目标，中美 BIT 谈判暂停至今。但是，推进双边投资自由便利化水平和分享发展成果对中美两国的利益影响巨大，未来尽管中美之间摩擦可能不断加剧，中美 BIT（或以 FTA 或其他协定）谈判仍可能重启，对外资的国家安全审查问题是中美 BIT 无法回避的关键问题之一。[1] 在中美 BIT 谈判中对国家安全审查问题进行考虑和预先安排，其作用主要表现为：第一，在中美 BIT 中对国家安全问题进行规范，有助于美国按国内法实施国家安全审查的同时负有一定的国际法义务；第二，中美 BIT 中对国家安全的具体规定有利于减轻政治因素对美国外国投资安全审查的影响；第三，BIT 中内含的投资者—东道国争端解决机制（Investor-State Dispute Settlement，ISDS 机制）、国家—国家争端解决机制（State-State Dispute Settlement，SSDS 机制）的存在，使得东道国滥用国家安全审查权力的争端可能通过国际投资争端解决途径予以解决，因此可以缓解中国投资者对 CFIUS 决定投告无门的困窘。

为了保障国家对其境内投资事项的治安权（police power），国家在对外商签 BIT 或其他经贸协定时，通常在承诺促进和保护外资的同时，也会将部分产业、部分特殊事项予以排除，其中安全例外条款就是这种例外排除。依据安全例外条款，一国可以以外国投资可能对其国家安全产生危害为由，拒绝该外国投资进入其国内市场，或是对该外国投资施加限制性措施，在符合条款规定的情况下，投资东道国拒绝或限制外国投资的行为不被视为对其在国际条约项下义务的违反。要在中美 BIT 框架中对美国外国投资安全制度予以有效应对，说到底就是如何设计好安全例外条款。为此，需要了解以下四方面：

（一）明确国家安全的内涵

要在安全例外条款中对国家安全审查制度予以安排，首先就要明确国家安全概念

---

〔1〕 2015 年 9 月习近平对美国进行国事访问，中方成果清单第 6 点中对中美两国关于外资的国家安全审查问题进行了专门总结，明确国家安全的范围限于属于国家安全关切的问题，不通过纳入其他更广泛的公共利益或经济问题将审查范围泛化。双方承诺就两国家安全审查的有关问题继续开展交流，包括各自国家安全审查程序的范围、各自国家安全审查程序中非投资方的作用。参见丁峰："习近平主席对美国进行国事访问中方成果清单"，载新中网，http://www.xinhuanet.com/world/2015-09/26/c-116685035.htm，最后访问时间：2017 年 9 月 4 日。尽管中美双方未承诺将国家安全审查问题纳入中美 BIT 谈判，但是中美 BIT 中涉及的非歧视待遇、透明度原则、市场准入、竞争中立、争端解决机制等均与国家安全审查机制有一定关联性。

的内涵和外延。本文对美国缔结的已生效的 40 项 BIT[1]统计分析后，列表如下：

表 3　美国缔结的已生效 BIT 中对国家安全的描述统计表（截至 2018 年 9 月 30 日）

类型	对国家安全的描述	BIT 数量（项）	BIT 生效的年份及对应的 BIT 数量（项）
1	国际和平与安全，根本安全利益（international peace and security, essential security interests）	11	1998 年之后生效：10 1996 年生效：1
2	公共秩序、国际和平与安全、根本安全利益（public order, international peace and security, essential security interests）	25	2004 年生效：1 1997 年之前生效：24
3	公共秩序与道德、国际和平与安全、根本安全利益（public order and morals, international peace and security, essential security interests）	4	皆为 1992 年之前生效

　　从上表中不难发现所有已生效的美国 BIT 中均包含了国际和平与安全以及根本安全利益，显然这两方面内容属于美国政府一贯坚持的要求，同时，从本身措辞看，美国所缔结的 BIT 似乎有收紧国家安全内涵范围的趋势，先排除了"公共道德"，之后又排除了"公共秩序"。值得一提的是，从 1982 年美国与巴拿马签署首项 BIT 以来，美国政府一贯注意根据发展需要每隔数年更新 BIT 范本，并以 BIT 范本指导同期的 BIT 缔约实践，2012 年美国 BIT 范本的态度基本代表了目前美国政府的基本态度。此外，美国缔结的已生效的 13 项 FTA[2]中的安全例外条款均采用了"国际和平与安全，根本安全利益"（international peace and security, essential security interests）的表述。2018 年 10 月 1 日签署的 USMCA 也采用了"国际和平与安全、根本安全利益"这种表述，因此我们大致可以推断中美 BIT 谈判（至少美方的文本）中基本也会采纳"国际和平与

----

〔1〕 所述的 40 项 BIT 包括：*US-Rwanda BIT*（2012）；*US-Uruguay BIT*（2006）；*US-Mozambique BIT*（2005）；*US-Lithuania BIT*（2004）；*US-Jordan BIT*（2003）；*US-Azerbaijan BIT*（2001）；*US-Honduras BIT*（2001）；*US-Croatia BIT*（2001）；*US-Bahrain BIT*（2001）；*US- Georgia BIT*（1999）；*US-Albania BIT*（1998）；*US-Ecuador BIT*（1997）；*US-Jamaica BIT*（1997）；*US-Estonia BIT*（1997）；*US-Mongolia BIT*（1997）；*US-Latvia BIT*（1996）；*US-Trinidad and Tobago BIT*（1996）；*US-Ukraine BIT*（1996）；*US-Armenia BIT*（1996）；*US-Republic of Moldova BIT*（1994）；*US-Argentine BIT*（1994）；*US-Congo BIT*（1994）；*US-Poland BIT*（1994）；*US-Bulgaria BIT*（1994）；*US-Romania BIT*（1994）；*US-Kazakhstan BIT*（1994）；*US-Kyrgyzstan BIT*（1994）；*US-Sri Lanka BIT*（1993）；*US-Tunisia BIT*（1993）；*US-Czech Republic BIT*（1992）；*US-Slovakia BIT*（1992）；*US-Egypt BIT*（1992）；*US-Panama BIT*（1991）；*US-Morocco BIT*（1991）；*US-Senegal BIT*（1990）；*US-Turkey BIT*（1990）；*US-Congo BIT*（formerly Zaire）（1989）；*US-Bangladesh BIT*（1989）；*US-Cameroon BIT*（1989）；*US-Grenada BIT*（1989）. 另外 6 项未生效 BIT 按签署时间先后为序依次为 *US-Haiti BIT*（1983）；*US-Russia*（1992）；*US-Belarus*（1994）；*US-Uzbekistan BIT*（1994）；*US-Nicaragua*（1995）；*US-El Salvador*（1999），上述 6 项 BIT 签署时间最晚的也近 20 年，考虑到美国及相关缔约国对投资政策的变化，上述 6 项 BIT 生效的可能性不大。

〔2〕 这 13 个 FTA 分别为 *US-Panama TPA*（2012），*US-Colombia FTA*（2012），*US-Korea FTA*（2012），*US-Peru FTA*（2009），*US-Oman FTA*（2009），*US-Morocco FTA*（2006），*US- Bahrain FTA*（2006），*US-Australia FTA*（2005），*US-Singapore FTA*（2004），*US-Chile FTA*（2004），*US-Jordan FTA*（2001），*NAFTA*（1994），*US-Israel FTA*（1985）.

安全、根本安全利益"的表述方式。

当然到具体实践中，如何解释"国际和平与安全""根本安全利益"则更为关键。尽管美国签署的 BIT 中未对这两个概念予以阐述，但是 1985 年《美国—以色列 FTA》、1994 年 NAFTA、2001 年《美国—约旦 FTA》和 2006 年《美国—摩洛哥 FTA》对涉及"根本安全利益"的具体情境进行了列举，其中主要包括军火买卖、战争或其他紧急状态以及与核武器相关的政策。[1]从这个角度看，如果所涉行业不涉及军火及核武器，CFIUS 所关注的很多战略行业就无法被归入"根本安全利益"的范围之中，CFIUS 以往涉华审查实践中，对投资对美国军事活动具有影响、对涉及军事相关技术或军民两用技术转让等方面的担忧，可以被纳入根本安全利益的范畴，但是仅仅对美国关键供给安全和对投资者为中国国有企业或具有政府背景的忧虑，似乎并不能纳入根本安全利益的范畴。相较而言，"公共秩序"就存在较多的不确定性，譬如 2003 年《日本—韩国 FTA》第 16 条提及"公共秩序例外仅当对社会的根本利益之一存在真实且足够严重的威胁时才可被援引"，这一措辞虽然对适用公共秩序进行了较严格的限制，采用了"根本利益""真实且足够严重的威胁"的要求，但是仅仅依据这些措辞难以判断某些战略行业（如信息技术行业和石油行业）所受的潜在威胁是否属于社会的"根本利益"，以及是否"真实且足够严重"。

因此，笔者主张，在中美 BIT 谈判过程中依然采取美国在近期 BIT/FTA 缔约实践中采用的"国际和平与安全"和"根本安全利益"的定义，而排除"公共秩序"这一用语，这样可以最大程度防止美国援引国家安全例外条款来为 CFIUS 限制中国在美战略行业的投资辩解。若有可能，可以借鉴部分美国 FTA 的做法，在中美 BIT 中对"根本安全利益"的具体情形进行列举，这可进一步增强这一条款在适用方面的明确性、稳定性和可预见性。

（二）明确国家安全的自判断标准

明确了国家安全概念的内涵和外延后，在适用中最大的争议就是某种情形是否属于安全例外、是否属于东道国可以自判断的情形。如果将其视为东道国可自判断的事项，东道国可以保留极大的自由裁量权；如果将其视为非属于东道国自判断的事项，投资者、东道国政府可以在仲裁庭对争议措施是否属于国家安全的内容进行举证、反驳，最终由仲裁庭做出裁决。美国在不同时期制定的 BIT 范本中对安全例外的规定也有发展。譬如，美国《1994 年 BIT 范本》采用了非自判断模式，[2]而美国《2004 年

---

〔1〕 *US-Morocco FTA*（2006），*Article 21.2*；*US-Jordan FTA*（2001），*Article 12.2*；*NAFTA*（1994），*Article 2102*；*US-Israel FTA*（1985），*Article 7*. 其中《美国–以色列 FTA》（1985），第 7 条直接引用了 *GATT* 第 21 条。

〔2〕 美国《1994 年 BIT 范本》第 14 条规定："1. 本条约不应阻碍一方采取为履行其在维护或修复国际和平或安全，或保护其自身根本安全利益方面的义务而必要的措施……"。

BIT 范本》则采用了"缔约方认为（it considers）"的措辞，[1]即采取了自判断模式，2012 年美国 BIT 延续了 2004 年范本的规定。

表 4　美国缔结的已生效 BIT 中对安全例外判断模式统计表（截至 2018 年 9 月 30 日）

国家安全例外条款的判断模式	BIT 数量（项）	BIT 生效的年份
非自判断式 （即条款中未包含"it considers"）	36	皆为 2004 年之前生效
自判断式 （即条款中包含"it considers"）	4	除 1 项生效于 2001 年， 其余皆为 2005 年之后生效

　　2004 年前生效的美国 BIT 基本采用了非自判断模式，而之后转而采用自判断模式。结合当时的缔约和争端解决实践，可能受到两方面影响。一方面，1994 年 NAFTA 生效后，出乎美国政府所料，美国政府频频被加拿大投资者、墨西哥投资者诉至 ISDS 机制，引起美国对 NAFTA、ISDS 机制的重新审视和思考，因此希望修改 BIT 以更好地"留权在手"；另一方面，受 2001 年~2003 年金融危机的影响，阿根廷政府采取的一些特别管理措施对美国投资者产生了不利影响，因此美国投资者频频将阿根廷政府诉至 ISDS 机制。解决投资争端国际中心（ICSID）曾对这一时期涉根本安全例外的五起美国投资者诉阿根廷政府案作出裁决。这些案件的发生均与 2001 年~2003 年期间阿根廷发生的金融危机有关，争端解决中阿根廷政府均援引危急情况作为其暂时背离 BIT 项下义务的理由以寻求其涉诉管理措施的合法性依据，但是 ICSID 对涉诉的 1991 年《美国—阿根廷 BIT》第 4 条第 3 款和第 11 条[2]的解释迥异，对这五起案件的裁决结果有重大分歧。[3]部分裁决认为，阿根廷当时的金融危机已经满足了 BIT 项下的"危急情况"的构成要件，允许阿根廷政府暂时背离 BIT 项下的义务；然而在另一些案件中，仲裁庭却没有支持阿根廷政府的抗辩。究其原因，除了现行投资者诉东道国仲裁机制中是"投资者友好型"机制、仲裁员可能过度扩张其自由裁量权、仲裁裁决不具有先例作用等原因外，涉诉的 1991 年《美国—阿根廷 BIT》第 11 条中没有包含"缔约方认

---

〔1〕 美国《2004 年 BIT 范本》第 18 条规定："本条约中的任何内容都不应被视为：……2. 阻碍一方采取其认为（it considers）为履行其在维护或修复国际和平或安全，或保护其自身根本安全利益方面的义务而必要的措施。"

〔2〕 该项 BIT 签署于 1991 年 11 月 14 日，自 1994 年 10 月 20 日起生效。1991 年《美国—阿根廷 BIT》第 4 条第 3 款规定"对任一缔约国的国民或公司在另一缔约国境内的投资如因战争或其他武装冲突、革命、全国紧急状态、暴动、民众骚乱或其他类似事件所遭受的损失，应当给予不低于其给予本国国民或公司或其给予第三国国民或公司的待遇"；第 11 条规定"本条约不应排除缔约任何一方为了维护公共秩序，履行其维护或恢复国际和平或安全的义务，或保护其根本安全利益所采取的必要措施"。

〔3〕 这五个案件分别为：CMS v. Argentina, ICSID Case ARB/01/08, Award, May 12, 2005；Sempra v. Argentina, ICSID Case ARB/02/16, Award, September 28, 2007；Enron v. Argentina, ICSID Case No. ARB/01/03, Award, May 22, 2007；LG&E v. Argentina, ICSID Case ARB/02/1, Award, October 3, 2006；Continental v. Argentina, ICSID Case No. ARB/03/9, Award, September 5, 2008。前三案仲裁庭否认阿根廷所采取措施的正当性，而 LG&E 和 Continental Casaulty 案仲裁庭肯定了阿根廷根据第 11 条采取措施的合法性，并免除了其巨额赔偿责任。

为"（it considers）的自判断性措辞也是重要原因。值得一提的是，在前述阿根廷经济危机所引发的一系列 ICSID 仲裁案中，虽然各仲裁庭对阿根廷经济危机是否属于国家安全例外的适用范围观点不一，但所有仲裁庭都认为 1991 年《美国—阿根廷 BIT》属于"非自判断"模式。

自判断模式会赋予东道国更多的自由裁量权，东道国完全可以从自身立场出发对外国投资施加限制措施，并寻求其在 BIT 项下的合法性和正当性依据。从"钳制"美国可能滥用国家安全审查权力的角度出发，中国似乎应该在中美 BIT 中坚持非自判断模式，但笔者却认为，中国在 BIT 谈判中仍应采用自判断模式，理由包括：第一，中国在吸收外国投资和保护对外投资两方面均有着关键利益，如果轻易放开"缔约方认为"（it considers）的限制，尽管可能在一定程度上有利于中国投资进入美国，但是在更多情况下也是大大限制了中国政府对境内美国投资进行合理规范的管制权。特别是，近年来中国推进的产业转型升级措施在具体实施中可能会对现存外资产生不利影响，如果轻易放弃东道国政府自由裁量权，实践中可能带来巨大风险，同时也不符合 2015 年《国家安全法》本身所体现的立法目的。第二，中美两国在目前对外商签 BIT/FTA 时基本都采用自判断模式，美国缔结 BIT/FTA 的规定这里不再赘述，2012 年《中国—加拿大 BIT》对安全例外的规定也采用了自判断模式；[1]第三，目前美国政策出现了重要转向，从以往较积极通过引领多边规则构建实现美国利益而更多转向为通过双边甚至是单边模式更直接实现"美国利益优先"。如果多边规则不能直接实现美国利益或"对美国不利"，美国就采用退出（如退出 TPP 等多项国际协定和国际组织）或抵制（如阻扰 WTO 上诉机构正常换届）等方式加以对抗。在达成不久的 USMCA 中，强化东道国管理权也是突出重点之一。当然近年来中国也大幅强化了国家安全概念，国家安全概念的内涵和外延都得到了较大扩展。因此，在中美 BIT 如能达成，在安全例外问题上应该也会坚持自判断模式。

当然，即便中美 BIT 中接受了自判断模式，也并不意味着美国政府对安全例外能够自由进行解释和适用，我们应注意在中美 BIT 中通过细化安全例外适用范围、完善争端解决机制条款，对美国可能滥用安全例外予以一定钳制。

（三）细化安全例外条款的适用范围

美国已缔结的 BIT 中并未对国家安全例外条款的适用范围作出明确规定，无论根据

---

〔1〕 2012 年《中国—加拿大 BIT》第 33 条第 5 款所规定的根本安全例外包括：（a）要求缔约方提供或允许获得其认定披露后将违背其根本安全利益的信息；（b）阻止任何缔约方采取其认为对保护其基本国家安全利益所必需的任何行动：（i）与武器、弹药和作战物资的贸易有关的行动，及与此类贸易所运输的直接或间接供应军事机关或其他安全工程的其他货物或物资有关的行动；（ii）在战时或国际关系中的其他紧急情况下采取的行动；（iii）与核武器或其他核爆炸装置不扩散有关的国家政策或国际协议实施有关的行动；（c）阻止任何缔约方为履行其在《联合国宪章》项下的维护国际和平与安全的义务而采取的行动。

两种表达方式中的哪一种方式,[1]该条款均可适用于整个条约的所有条款,即只要外国投资触及国家安全,美国就可援引国家安全例外条款,排除美国在 BIT 项下的所有义务。总结其他国际贸易或投资条约,对国家安全例外条款的适用范围进行限制的一种方式是明确规定该例外条款仅适用于一些特定条款,主要有准入权条款[2]、非歧视条款[3]、资金转移条款[4]和争端解决条款[5]。在这种方式下,没有统一的国家安全例外条款,国家安全例外仅分散在具体适用的各条款之中;第二种方式是除统一的国家安全例外条款之外,还会在一些特殊条款之中列举国家安全例外,例如透明度条款[6],以及商务访客入境权条款[7]。采用这种方式一般是为了强调在某些特定情况下国家安全的潜在风险,以方便东道国直接引用该条款;第三种方式是规定统一的国家安全例外条款,并在其他特定条款中明确国家安全例外不予适用的情形,这些不适用国家安全例外的条款一般有损失补偿条款[8]以及征收条款[9]。

从中国的立场出发并结合中美两国以往的 BIT 缔约实践,我们建议在中美 BIT 中采用第三种方式。一方面,美国可以在国家安全例外条款的广泛适用中获益,即其在某些正当情况下可以直接援引总的国家安全例外条款,便可涵盖其各方面的限制措施;另一方面,国家安全例外条款对某些特定条款的明确不适用也给了外国投资者较强的确定性和可预见性,尤其是就损失补偿条款和征收条款而言,安全例外对这两项条款的不适用也能够给中国投资者留有寻求救济的余地。

(四) 在中美 BIT 框架下寻求对国家安全审查的救济

前文的分析解决了国家安全例外条款实体方面的问题,然而一旦美国对中国投资实施国家安全审查并施加限制措施,使中国投资者遭受损失,中国投资者是否可能寻求损失救济?因此,笔者认为,诉诸 BIT 中内含的争端解决机制似乎更具有可行性。中美两国已经签署的 BIT 中基本均包含了 ISDS 机制和 SSDS 机制两种争端解决方式。

1. 在 ISDS 机制下寻求对国家安全审查救济的可行性

在国际投资争端解决中被广泛适用的 ISDS 机制为外国投资者提供了直接将东道国诉诸国际投资仲裁的可能,在这一机制下,外国投资者与东道国可以处在相对平等的

---

〔1〕 美国已生效的 40 项 BIT 中,一类 BIT 采取的是 1998 年美国 BIT 范本的用语,即"本条约不应阻碍……";另一类 BIT 采取的是 2012 年美国 BIT 范本的用语,即"本条约中的任何内容都不应被视为……""本条约"和"本条约中的任何内容"这两个词语都显示,该项例外条款适用于整个条约。

〔2〕 Article 46 of Treaty Establishing the European Community (consolidated version of 2002).

〔3〕 2003 年《中国—德国 BIT》第 3 条。

〔4〕 Article 58 of Treaty Establishing the European Community (consolidated version of 2002).

〔5〕 1998 年《墨西哥—荷兰 BIT》第 12 条。

〔6〕 2003 年《澳大利亚—新加坡 BIT》第 20 条。

〔7〕 2005 年《印度—新加坡 FTA》第 9 条第 3 款。

〔8〕 2003 年《日本—越南 BIT》第 15 条。

〔9〕 1994 年《能源宪章条约》第 24 条。

地位，由中立的第三方仲裁庭来裁决投资争端。对于涉及东道国的国家安全审查问题来说，投资仲裁的方式无疑为投资者提供了更强的可预见性与保障。然而，美国《2012 年 BIT 范本》第 24 条（提交仲裁请求）允许将因第 3~10 条产生的投资者与东道国政府之间的争端提交 ISDS 机制，显然已经将第 18 条（根本安全）产生的投资争端排除在 ISDS 机制之外。同时参考中国 BIT 缔约实践也可以发现，2012 年《中国—加拿大 BIT》第四部分对 34 条的附录中明确规定，加拿大政府根据《加拿大投资法》所作出的投资事先批准和国家安全审查决定并不适用于该项 BIT 第三部分（第 19~32 条）所规定的争端解决机制。中美两国现行 BIT 缔约实践均将国家安全审查排除在 ISDS 机制之外。更何况，如上文所述，有鉴于 ISDS 实践对东道国管制权的挑战，美国正推动 ISDS 改革，中美 BIT 谈判中要求将因国家安全审查引致的争端提交 ISDS 机制基本没有可行性。

2. 在 SSDS 机制中寻求对国家安全审查给予救济的可行性

传统上，我们对 ISDS 机制关注较多，几乎完全忽视了 BIT 中存在的另一套争端解决机制即 SSDS 机制，无论是 BIT 还是相关理论研究中基本都未明确 ISDS 和 SSDS 机制之间的关系。实践中 SSDS 机制仅启动过 4 次。[1] 近年来，在考虑改进完善 ISDS 机制的同时，国际社会也日渐关注到 SSDS 机制与 ISDS 机制之间的适用顺序以及 SSDS 机制对 ISDS 机制的补缺作用。中美两国以往与其他国家商签的 BIT 基本上都纳入了 SSDS 机制，而且有别于 ISDS 机制，SSDS 机制中的争端双方都是主权国家，由主权国家通过磋商、国家间仲裁等方式解决国家安全审查这一属于主权范围内的事项，在法理上更具有可行性。

3. 完善损失补偿条款

在限定国家安全例外条款的适用范围时，最好将损失补偿条款排除在其适用范围之外，因为国家安全例外是否适用于该条款关系到东道国以国家安全为由限制外国投资时，投资者能否向其主张损失赔偿。前文所述的有关阿根廷经济危机仲裁案论及了这一问题。LG&E v. Argentina 案仲裁庭认为，阿根廷政府所采取的投资管制措施没有违反 BIT 义务，因此不需要对投资者进行补偿；[2] 而 CMS v. Argentina 案仲裁庭则认为，阿根廷政府在金融危机中所采取的管制措施违反了 BIT，因此需要对外国投资者作出补偿。[3] 但之后 CMS v. Argentina 案临时撤销委员会撤销了裁决，认定阿根廷经济危机适用国家安全例外条款，且在这种情况下排除了 BIT 中许多实质条款的适用，因而不需

---

〔1〕 启动 SSDS 机制的四个案子包括：（1）意大利诉古巴案，See Italian Republic v. Republic of Cuba, Ad Hoc Arbitration, Interim Award, March 15, 2005；（2）秘鲁诉智利案，See Luke Eric Peterson, ICSID Tribunal Declines to Halt Investor Arbitration in Deference to State-to-State Arbitration, http://www.iisd.org/pdf/2003/investment_ investsd_ dec19_ 2003. pdf, February 8, 2017；（3）厄瓜多尔诉美国案，See Republic of Ecuador v. United States, PCA Case No. 2012-5；（4）墨西哥诉美国案，See Mexico v United States（in the Matter of Cross-Border Trucking Services）, NAFTA Chapter 20, State-to-State Arbitration, Final Report of the Panel, February 6, 2001。

〔2〕 See LG&E v. Argentina, ICSID Case ARB/02/1, Award, October 3, 2006, p. 264.

〔3〕 See CMS v. Argentina, ICSID Case ARB/01/08, Award, May 12, 2005, p. 388.

要补偿。[1]根据上述分析可以认为，若事先没有在中美 BIT 中排除国家安全例外对补偿条款的适用，则一旦美国的外国投资安全审查被认定为符合国家安全例外条款，投资者便无法依据补偿条款向美国主张损失赔偿；相反，若排除国家安全例外对补偿条款的适用，则在中国投资者因 CFIUS 审查而遭受损害时，其在符合条件的情况下都可以向美国主张相关损失赔偿。

4. 完善征收条款

如前所述，CFIUS 对外国投资的审查，既存在于准入前阶段，也存在于准入后阶段，而相关案例显示，东道国否定外资准入权这一行为本身并不能构成对外国投资的征收。[2]因此，征收条款作为一项救济途径，只能适用于外资进入之后东道国要求其撤离投资的限制措施。就国家安全例外条款是否应适用于征收条款而言，同之前对补偿条款的分析一样，如果国家安全例外条款适用于征收条款，则东道国在以国家安全为由进行征收时不再需要支付补偿；如果 BIT 明确规定国家安全例外条款不适用于征收条款，那么在援引国家安全而进行征收的情况下，东道国也必然要履行其在征收之下的义务，即对被征收的投资者予以补偿。因此，为了保证中国投资者能够对抗 CFIUS 对准入后投资的限制，中美 BIT 中应当明确国家安全例外条款不适用于征收条款。

五、应对美国外国投资安全审查的中国对策：其他层面

如果能达成中美 BIT，并在 BIT 对国家安全问题进行规定，并使之与征收条款、赔偿条款等有效对接，那么在遭遇 CFIUS 滥用或错误适用其管辖权时，中国投资者可以援引相关规定，利用相关条款或 SSDS 机制对 CFIUS 的审查权进行一定"钳制"。但从现状看，短期内达成中美 BIT 有很大困难，而有条件的中国企业赴美投资却是现实的需求。中国企业除了在进行交易之前应做好更加充分的尽职调查工作、与美国目标公司进行良好合作、聘请专业的中介机构、以适当手段进行必要的游说和活动，同时针对实践中随时可能受到的 CFIUS 审查阻挠投资，中国也要考虑运用多边层面和国内法层面的规则去对 CFIUS 可能滥用管辖权进行一定"反制"。

（一）多边层面的应对

以 WTO 规则为代表的多边规则在规范国家贸易问题中涉及了国家安全问题，主要

---

〔1〕 See CMS v. Argentina, Decision of the Ad Hoc Committee on the Application for Annulment of the Argentine Republic, September 25, 2007, p. 146.

〔2〕 Chemtura Corporation v. Government of Canada, UNCITRAL, Award, August 2, 2010, p. 243. 在该案中，仲裁庭批判了 Pope & Talbot Inc. v. The Government of Canada 案仲裁庭的观点，认为市场准入权本身并不能构成不得未经补偿而被征收的"财产"（property）。

表现为《关税与贸易总协定》（以下称为 GATT）第 21 条（安全例外）、[1]《服务贸易总协定》（以下称为 GATS）第 14 条[2]和《与贸易有关的知识产权协定》（以下称为 TRIPS）第 73 条。以 GATT 第 21 条为例，相较于被频繁援引的 GATT 第 20 条（一般例外），GATT 第 21 条中不存在限制性序言、"缔约方认为（it considers）"的措辞使得其比第 20 条赋予了成员方更大的自主权。但是正因为该条的高度自判断性及其对 GATT 所希望实现的贸易自由化等目标的"背离"，GATT/WTO 绝大部分成员方对援引此条款进行抗辩予以高度克制。1995 年 WTO 成立至今仅有 3 个案件（其中有 2 个案件合并审理）真正援引了第 21 条。[3]由于 2018 年 3 月 8 日美国特朗普总统签署公告，以"国家安全"为由，根据 1962 年《贸易扩展法》（Trade Extension Act）第 232 条款授权，对进口钢铁产品征收 25% 的关税，对进口铝产品征收 10% 的关税，遭到众多 WTO 成员的抵制，多个 WTO 成员将美国诉诸 WTO，[4]使 GATT 第 21 条再次引致高度关注。

　　GATT 第 21 条尽管赋予了成员方"自判断"的权力，但这显然并不意味着成员方就可以依据"自判断"而为所欲为。在不断让渡主权寻求国际协作的现代国际法体系中，若要单方面突破国际协定的约束，即便是行使正当的权利，也要考虑国际协定义务的约束。因此，从这个角度讲，尽管 WTO 成员方可以根据其自己的判断采取必要措施以维护国家安全，但这些措施必须是善意的，而不应是专断的或歧视性的。在判断善意与否问题上，通常要考虑两个因素：第一，成员方是否以诚实和公平对待的方式

---

[1] GATT 第 21 条（安全例外）明确规定为：

本协定的任何规定不得解释为：

（a）要求任何缔约方提供其认为如披露则会违背其基本安全利益的任何信息；或

（b）阻止任何缔约方采取其认为对保护其基本国家安全利益所必需的任何行动：

（i）与裂变和聚变物质或衍生这些物质的物质有关的行动；

（ii）与武器、弹药和作战物资的贸易有关的行动，及与此类贸易所运输的直接或间接供应军事机关的其他货物或物资有关的行动；

（iii）在战时或国际关系中的其他紧急情况下采取的行动；或

（c）阻止任何缔约方为履行其在《联合国宪章》项下的维护国际和平与安全的义务而采取的任何行动。

[2] GATS 第 14 条第 2 款规定：

1. 本协定的任何规定不得解释为：

（a）要求任何成员提供其认为如披露则会违背其根本安全利益的任何信息；或

（b）阻止任何成员采取其认为对保护其根本安全利益所必需的任何行动：

（i）与直接或间接为军事机关提供给养的服务有关的行动；

（ii）与裂变和聚变物质或衍生此类物质有关的行动；

（iii）在战时或国际关系中的其他紧急情况下采取的行动；或

（c）阻止任何成员为履行其在《联合国宪章》项下的维护国际和平与安全的义务而采取的任何行动。

2. 根据第 1 款（b）项和（c）项采取的措施及其终止，应尽可能充分地通知服务贸易理事会。

[3] *US−The Cuban Liberty and Democratic Solidity Act*（*DS39*）和尼加拉瓜—*Measures Affecting Imports from Honduras and Colombia*（DS188 和 DS201）中。在 2009 年中国原材料案和 2012 年中国稀土案中，曾经考虑过援引第 21 条，但最终未援引。在近期俄罗斯与乌克兰案件中提及国家安全，但是专家组尚未建立。

[4] 相关案件包括 DS544，DS547，DS548，DS550，DS551，DS552，DS554，DS556，DS564。

行事；第二，援引安全例外条款是否有合理的根据。[1]

一般国际法允许国家在危急情况或"国家的紧急状态"（state of emergency）情况下暂时性背离其国际义务。如果有关危急情况原则的主张被国际法庭或者仲裁庭所接受的话，那么国家就不会被要求针对外国投资因为相关东道国政府所采取的措施所导致的负面影响支付补偿，这些措施无论是经济上的、安全上的或者其他方面的，并且采取这些措施的目的是为了应对在该国肆虐的经济上、安全上或者其他方面的紧急情况。国家采取这些措施的权利并不仅局限于军事措施和战争行为。诸如经济濒临崩溃等紧急情况也同样可以成为适用危急情况原则的原因。[2]

WTO 安全例外条款主要限于以军事安全为中心的传统安全保护，但在新的形势下，应当考虑将非传统安全事项纳入 WTO 安全例外条款中"基本安全利益"，适度允许（或者至少默认）WTO 成员利用该条款在非传统安全领域采取必要措施，但同时也应当对 WTO 安全例外条款确立若干底线，譬如设定安全例外之例外以防止该安全例外条款被滥用，整体上这些底线应至少包括：

第一，在承认 WTO 安全例外条款赋予援引该例外的成员较大自由裁量权的同时，不应将安全抗辩的合法性完全交由采取这一行动的成员方来判断。这一点在以往的 GATT/WTO 争端解决实践中有所体现，争端解决机构从未支持过成员方的"自判断"是不受审查的。因此，建议推进对 WTO 规则的修改，对该例外进行一定程度的"司法审查"——如专家组和上诉机构应审查涉诉成员方的相关解释是否合理，或某一措施是否构成明显的滥用，[3]从而保证在实践中的把握适度。当然在具体实施上，可以考虑相关方法应有一定灵活度。比如，如果认为由专家组和上诉机构负责进行司法审查可能过度扩张 WTO 争端解决机构的权力并可能影响效率，也可以考虑成立专门的审查委员会，由 WTO 秘书处组织部分无利害关系的成员方一起参与研讨，如果能在研讨基础上形成具有可操作性的指导意见和标准则对今后的实践更有价值。

第二，在解释其"基本安全利益"等措辞时，一定要明确尽管成员方在援引安全例外条款时比援引其他例外条款（如一般例外条款）有着更多的自由裁量权，但此种自由裁量权也应受到适度限制。在解释"基本安全利益"时，应基于善意解释原则出发并遵循通行国际公共秩序（international public policy），比如对经济性安全利益的保护就不应当包含在内，因为对经济性安全利益的保护可以通过援引 WTO 的非关税壁垒如反倾销、反补贴、保障措施等来加以规范，以免让安全例外条款偏离其应关注的核心并承担过重的责任。

---

〔1〕 See William W. Burke-White, Andreas von Staden, "Investment Protection in Extraordinary Times：The Interpretation and Application of Non-Precluded Measures Provisions in Bilateral Investment Treaties", in Virginia Journal of International Law, 48（2008）, pp. 376~381.

〔2〕 参见［尼泊尔］苏里亚·P. 苏贝迪著，张磊译：《国际投资法：政策与原则的协调》，法律出版社 2015 年版，第 200 页。

〔3〕 See P. Van Den Rossche, The Law and Policy of the World Trade Organization：Text, Cases and Materials, Cambridge：Cambridge University Press, 2008, p. 666.

第三，在未来相关成员方实践的基础上，WTO 应通过政治决定或司法解释对是否应将所有的非传统安全事项都可以纳入 WTO 安全例外条款所保护的"基本安全利益"，以及相应的范围和门槛如何确定等问题进行审慎和必要的说明。值得一提的是，GATT 全体缔约方曾经在 1982 年通过了一个《关于 GATT 第 21 条的决定》，提出在未来缔约方对第 21 条进行正式解释之前，对该条款的适用应当确立若干程序性指导方针，[1]但之后并没有后续发展。

理论上，假设美国 CFIUS 滥用自由裁量权影响到中国正当的投资权益，或许可以向 WTO 寻求争端解决。然而，WTO 正面临巨大危机。由于上诉机构未能在 2018 年 9 月前完成换届，因此 2018 年 10 月起 WTO 仅剩 3 名上诉机构成员，已是上诉机构运转的底线要求。如果 2019 年底前 WTO 上诉机构仍不能正常完成换届，仅剩下 1 名成员的上诉机构将彻底瘫痪。有鉴于此，维持 WTO 的正常运转已经成为目前最紧迫的任务，今后中国不仅应该是 WTO 规则的维护者，更应该是新规则的积极推动者和建设者。2018 年 11 月 23 日商务部召开的世界贸易组织改革有关问题新闻发布会上，商务部副部长兼国际贸易谈判副代表王守文就强调中国支持在维护多边贸易体制核心价值、保障发展中成员发展利益并遵循协商一致的决策机制这三大原则基础上积极推进 WTO 进行改革。[2]

（二）寻求美国国内诉讼救济

除了运用多边规则对 CFIUS 可能滥用权限进行抵制外，前述三一重工和 Ralls 诉奥巴马政府案是中国投资者通过美国国内诉讼救济的例证。但该案在美国国内所受到的阻力是巨大的，也难以保证美国法院在国家安全审查方面始终采取相对中立的态度。更何况，此案中方虽然胜诉，但是主要赢点在于 CFIUS 和美国政府违反了正当程序，并没有深入涉及美国对外资国家安全审查机制的主体内容，对今后中国投资者有一定参考价值，但是例证效应明显薄弱。

五、结语

中国对美国的投资无疑会同时推动中美两国的经济发展，但 CFIUS 对中国投资严格的甚至是带有歧视性的审查，无疑会为中国企业赴美投资增加很多不确定因素。从长远看，也可能对中美之间良好的双边投资关系产生不利影响，这对中美双方均不利。围绕 FIRRMA 的最新变化，结合中美以往的 BIT/FTA 缔约实践及相关案例，笔者建议

---

[1] 这些程序性指导方针包括：(1) 除第 21 条第 1 款外，根据第 21 条采取的贸易措施应最大限度地通知各缔约方；(2) 一缔约方根据第 21 条采取行动后，所有受此类行动影响的缔约方保留其在总协定下的全部权利；(3) 受影响的缔约方可以请求理事会在适当时候考虑这一问题。See World Trade Organization, *Analytical Index: Guide to GATT Law and Practice*, Vol.2, Lanham: Bernan Press, 1995, p.603.

[2] 参见任晶希："坚定维护及边贸易体制，积极参与全球经济治理"，载中华人民共和国中央人民政府网，http://www.gov.cn/xinwen/2017-10/18/content_523263/htm，最后访问时间：2018 年 11 月 29 日。

应以双边规则为主，结合多边规则和国内法规则，对 CFIUS 可能滥用审查权进行一定"钳制"。双边规则层面，应从明确根本国家安全定义、明确自判断模式、明确国家安全适用范围、完善争端解决机制、完善补偿条款和征收条款等方面，希望将备受关注的美国外国投资安全审查制度部分纳入双边规则框架之下；在多边规则层面推动 WTO 规则改革并积极维持其向心力和引导力，适度运用美国国内救济途径积极维护中国投资者和中国政府的正当权益，使中美双边投资关系在国际投资法的保障之下蓬勃发展。

国际经贸体制阶段性"高效"与"失效"的根源探析

蒋君仙[1]

摘　要： 20世纪40年代以来，国际经贸体制先后经历了以《关税及贸易总协定》（以下简称《关贸总协定》）和世界贸易组织为核心的两个重要阶段。《关贸总协定》时期贸易自由化取得了不凡的成就，但到了世界贸易组织时期的"多哈回合"，国际经贸体制陷入发展困境。本文从政治经济学视角，运用驱动因素分析法，对国际经贸体制两个阶段的发展进行了深入的探究，分析导致国际经贸体制阶段性"高效"与"失效"的根源。主要结论是：（1）《关贸总协定》时期，在世界贸易自由化、区域经济一体化的推动下，发达国家在"互惠性原则"下竞相减让关税，"特定差异化待遇原则"豁免了发展中国家，"约束机制+允许报复"的机制有效保障了互利共赢的局面，三条紧急逃脱通道的存在给发展中国家提供了豁免的机会，这些因素促成了国际经贸体制的阶段性"高效"状态。（2）到了世界贸易组织时期，国际治理格局深刻变革、离岸贸易快速发展以及逃脱通道的彻底关闭，是国际经贸体制陷入"失效"的根本因素。由此可见，在国际治理格局风云变幻的当前，世界贸易组织改革依然面临很大的不确定性，未来"两极"并存的国际经贸体制将是众多国家面临的常态。

关键词： 国际经贸体制　关税与贸易总协定　世界贸易组织　政治经济学

---

[1]　蒋君仙，世界经济博士，上海杉达学院胜祥商学院国际经济与贸易系副系主任，讲师。

一、引言

20 世纪 40 年代以来，伴随着国际经济与贸易的不断发展，全球多边贸易体制初步形成。先后以《关贸总协定》和世贸组织为核心的国际经贸体制，既取得过不凡的成就，也经历过或正经历着发展的困境。尽管贸易自由化是历史发展的主流，但自美国特朗普政府上任以来，美国片面强调"美国优先"，奉行贸易保护主义、单边主义和经济霸权主义，导致了国际贸易摩擦不断，贸易自由化与多边贸易体制面临严峻挑战。美国的做法不仅可能损害其他国家的利益，更动摇了全球多边贸易体制的根基，损害了世界贸易组织及其争端解决机制的权威性。全球经贸发展面临越来越多的不确定性。

在复杂多变的全球经贸发展格局背景下，如何科学合理地梳理出国际经贸体制不同发展阶段的特点？如何透过现象探究出阶段性"高效"与"失效"的根源？如何合理推测国际经贸体制未来的发展方向？对这些问题的探查与研究，无疑将促进国际经贸规则走向更科学、更合理、更有效的新阶段，从而推动世界经济贸易的新发展，构建更包容开放的人类命运共同体。

本文将在回顾国际经贸体制发展背景及历程的基础上，从政治经济视角探究其阶段性"高效"与"失效"的根源，深入剖析世贸组织发展面临困境的根本原因，在此基础上结合当前世界贸易组织面临改革的紧迫性，提出相关建议并预测国际经贸体制未来的发展方向。

二、国际经贸体制总体发展历程

1947 年 10 月 30 日，23 个国家在日内瓦共同签署了《关贸总协定》，目的是为了建立一个基于规则的世界贸易体系，促进互惠贸易自由化。随着时间的流逝，《关贸总协定》不断演化，于 1994 年 4 月 15 日在摩洛哥的马拉喀什市升级为世界贸易组织。世界贸易组织（WTO）致力于建立一个 163 个成员共同接受并遵守的基于准则的世界贸易体系。尽管《关贸总协定》取得了不凡的成就，但世界贸易组织被认为陷入了发展的困境。其主要原因是世贸组织谈判"多哈回合"自 2001 年启动以来，一直处于停滞不前、徘徊回旋的境地。"多哈回合"陷入困境，并不是因为关税限制了自由化。恰恰相反，过去的 15 年间，大多数世界贸易组织成员国都已经通过世界贸易组织以外的其他途径，双边、单边或者区域性地大幅度削减了贸易、投资及服务壁垒。截至 2016 年，世界大多数贸易关税税率已低于 5%，很大一部分进口已经实现零关税。

表1 "多哈回合"受阻背景下的关税减让表

地区	2001 年关税税率（%）	2012 年关税税率（%）	2001 年~2012 年间的百分比变动率（%）	2001 年~2012 年间削减幅度百分比（%）
南亚国家	22	13	-9	-41
中东及北非（发展中国家）	19	12	-7	-38
撒哈拉沙漠以南的非洲发展中国家	14	11	-3	-19
拉丁美洲及加勒比海发展中国家	11	8	-4	-32
东亚及太平洋发展中国家	11	8	-3	-31
世界	10	7	-3	-30
欧洲及中亚发展中国家	8	4	-4	-49
欧盟	4	1	-2	-63

数据来源：世界银行在线数据。

注：上表中数据是所有产品的简单平均数。

如表1显示，过去的十几年间，全世界都在大幅度降低关税税率，关税降幅丝毫不逊色于世贸组织前几回合的谈判。更值得深思的是，"多哈回合"受阻也并没有破坏一些国家加入世贸组织的热情和兴趣。2001年以来，包括中国和俄罗斯在内的20多个国家先后加入了世贸组织。

这种"困境"与"发展"并存的独特现象，令人深思。国际经贸体制为什么在陷入"多哈困境"的同时，还能激发众多国家加入的兴致呢？其背后的规则及原则是如何一边推动着"发展"又一边陷入停滞的呢？这样的"困境"到底应该如何破局呢？为了深入分析这些问题，有必要回顾一下《关贸总协定》签署的背景，以及世界贸易组织成立后面临的挑战。

三、《关贸总协定》为什么"高效"

（一）《关贸总协定》签署的历史背景及主要原则

《关贸总协定》的推出可以追溯到20世纪20、30年代，当时贸易自由化需求强劲。原因是20世纪30年代美国《斯穆特—霍利关税法案》将关税提升到历史最高水平，许多国家对美国采取了报复性关税措施，国际贸易关税水平相当高。高关税的贸易保护主义，使得卷入其中的所有国家企业及民众深受其害。为了避免历史的重演，避免再犯之前的贸易保护主义错误，在一般条款上，很多大的贸易国领袖开始倡导贸易自由化，一时间贸易自由主义势头强劲。这种高需求高供给的贸易自由化势头是在一战余波及冷战爆发的政治背景下强力驱动的，世界贸易一体化不仅仅是各国关注的重要商务话题，更是关键的地缘战略的重要组成部分。

《关贸总协定》的设计是在总结历史上所有贸易自由化的努力的基础上形成的（Ir-win, Mavroidis, and Sykes 2009[1]）。一战前的全球化只有极少的国际组织，而且是受到英国强权支持的。二战期间，美国成为强大的全球领导人，美国希望战后建立基于全球化的国际机构。然而，掌控美国贸易政策的美国国会，拒绝受制于一个新的国际机构。在这样的情况下，贸易自由化只能由一个"贸易协定"来支持，而不是由像国际货币基金组织这样的正式机构来推进。在这样的背景下，《关贸总协定》应运而生。

《关贸总协定》的签署并没有列出明确的原则（相关文献作者对这些原则具体包括哪些也莫衷一是。参见 Hoekman and Kostecki 2009[2]），但是，用1个"总则"和5个"细则"来概括还是不难的。

"总则"也可称为宪法原则，即世界贸易体系应该是建立在规则基础上的，而不是结果导向。《关贸总协定》及现在的世贸组织把关注点放在流程、规则及指导原则的设计、执行、更新及实施方面，而不是寻求达成多大的出口规模或者市场份额。具体来说，"总则"之下包括以下五个"细则"：

（1）非歧视原则。边界上非歧视，用世贸组织的行话来说就是"最惠国待遇"（世贸组织成员国给一国的最惠国待遇也应该给其他国家），其含义就是：采用的任何优惠关税应该同等地适用于所有世贸成员国。当然，也允许许多例外（比如，自由贸易协定），但这些都作为显式条件受到掌控。非歧视的另一方面表现被称为"国民待遇"，即在一国内部，税收和管制应该公平地适用于国内商品和进口商品。

（2）透明性原则。当实际政策对所有人都公开透明时，贸易自由化和减少贸易冲突就会变得更简单。

（3）互惠性原则。削减进口关税的国家可以期待其他国家予以回报。当然，也有例外。最著名的就是在《关贸总协定》时期，发展中国家由于最惠国条款从其他国家的市场开放中获益，而它们被允许可以不削减它们自己的进口关税。互惠性也体现在相互报复。当一个国家采取了对另一成员国不利的举措或政策，受侵害的国家有权利实施报复。

（4）灵活性原则，或者"安全阀"。《关贸总协定》的创始者们知道，成员国偶尔会面临无法抵御的国内压力而设置贸易壁垒。《关贸总协定》不会威胁这些成员国说一旦设置贸易壁垒可能会带来可怕的后果，而是允许一些国家可以有设置关税壁垒的例外，但会通过各种指责、约束以及补偿条件来处罚它们。

（5）决策一致性原则。像其他原则一样，这个原则也有例外，但大多数世贸组织决策都是大家达成一致才能通过。

〔1〕 See Irwin Douglas, Petros Mavoridis, Alan Sykes, *The Genesis of the GATT*, Cambridge：Cambridge University Press, 2009.

〔2〕 See Brehard M. Hoekman, Michael K. Kostecki, *The Political Economy of the World Trading System：The WTO and Beyond*, 3rd edition, Oxford：Oxford University Press, p. 2009.

上面这些原则交互作用，就形成了推动贸易自由化的政治经济势头。

（二）《关贸总协定》时期取得的成就

《关贸总协定》被广泛认为已经有效地促进了关税减让，至少在发达国家之间。大部分国家从20世纪80年代以后才有关税的系统数据，但是粗略的衡量指标——有效关税税率即关税收入除以进口总值（由Clemens和Williamson[1]在2004年共同搜集整理），他们的数据甚至可以追溯到《关贸总协定》签署的初期。有效关税税率的一个突出问题是，真正高的关税税率会导致很低的进口，因此在平均数中的比重就很轻。另外，对于个别国家若干年的有效关税税率，就会有干扰，因为它们不仅反映了税率的变化，也反映了进口模式的变化。除了这些难以避开的问题，在《关贸总协定》下，有效关税税率还是可以比较合理地描绘减税的情况的。

从历史数据中我们可以看出两个显著的事实。一是低收入国家往往关税较高，二是发达国家稳步降低了关税，而贫穷国家从20世纪80年代才开始降税。我们看到有效关税在几年中起起伏伏、有所波动，这些数据的变动可能是因为特定进口商品的价格或数量发生了改变，同时还可能伴随着关税政策的改变。

根据所选取的不同发达国家和低收入国家有效关税税率的平均数，我们可以把《关贸总协定》时期（1950年~1994年）的贸易自由化分成四个阶段：

第一阶段：从1947年《关贸总协定》签署到1960年。1947年《关贸总协定》签署后，最早的"日内瓦回合"掀起了大范围的减税浪潮（参见美国数据）。但是，其他几个早期的回合关注的焦点并不在减税上。相反，它们考虑的更多的是规则的细节，以及吸纳诸如德国（1951年）、日本（1955年）等国家加入《关贸总协定》的相关条件。而且，关税并不是阻碍国际贸易的主要障碍。相反，战争时期保留下来的限制措施、国营贸易以及货币不可兑换，这些才是制约国际贸易的主要因素。

第二阶段：从1960年到1972年。这段时期《关贸总协定》受到欧洲区域贸易自由化的带动（Preeg 1970[2]）。比如，1960年~1961年的"狄龙回合"着手解决的是关税减让问题，因为欧洲成员国形成关税同盟后，它们必须得补偿其他《关贸总协定》的成员国。1963年~1967年"肯尼迪回合"部分地源自于欧洲国家形成关税同盟后发生了贸易转移，美国、日本及其他大的出口国试图努力重新调整贸易格局。1967年之后发达国家之间的关税减让，部分原因是《关贸总协定》的推动，还有一部分原因是诸如席卷大部分欧洲的关税减让措施，以及1965年的削减美国及加拿大双边汽车关税的《美国—加拿大汽车公约》。在这段时间，地区主义和多边主义并行发展。相比之下，自从《关贸总协定》的规则允许低收入国家免去《关贸总协定》谈判中互惠对等

〔1〕 See Clemens Michael A., Jeffrey G. Williamson, "Why Did the Tariff-Growth Correlation Change after 1950?" *Journal of Economic Growth*, Vol. 9, No. 1, 2004, pp. 5~46.

〔2〕 See Preeg Ernest, Traders and Diplomats, *An Analysis of the Kennedy Round of Negotiations under the GATT*, Washington DC: Brookings Institution, 1970.

地降低关税的义务以来，这些国家的关税水平并没有降低。这是非歧视原则的一个例外，即给发展中国家所谓的"特别的差异化待遇"。

第三阶段：约从 1973 年开始到 20 世纪 80 年代中期，这个阶段也是多边主义和区域主义并驾齐驱的时期。《关贸总协定》的"东京回合"谈判与欧盟扩展（英国、爱尔兰及丹麦加入欧盟）在同一年启动，欧盟与许多西欧国家签署了双边自由贸易协定。20 世纪 70 年代，有人提出"有效关税"指标可能有一定的欺骗性。因为表面上看起来，发达国家之间大幅度削减了关税，但是《关贸总协定》要求的关税减让，直到 1979 年"东京回合"谈判结束才得以实施。这种假象源自于 20 世纪 70 年代的物价上升，这隐性地提高了石油在进口中的份额；而发达国家由于对石油进口征收低关税甚至零关税，相对价格变化看起来就好似平均关税降低了。由于相关数据剥离了免税进口（包括石油进口），显而易见这段时期关税并没有降低。

第四阶段：多边的、区域性的贸易谈判从 20 世纪 80 年代中期开始。1986 年，《关贸总协定》推出了"乌拉圭回合"，美国和加拿大开始双边自由贸易谈判，欧盟扩容，西班牙和葡萄牙加入其中，同时欧盟也推出了"单一市场计划"，取消了大量的跨境商品、服务及人员流动中的非关税壁垒。区域贸易自由化（而非多边贸易自由化）的发展推动了发达国家之间的有效关税缓缓下降。举个例子，"乌拉圭回合"1986 年启动之初，约 40%的全球贸易发生在自由贸易区内部，其中约 50%发生在欧盟。这个阶段真正的贸易自由化的源动力来自于发展中国家的快速减税，发展中国家是在《关贸总协定》以外主动这么做的，原因是它们对工业品进口征收高关税的态度发生了改变。发展中国家之间也签署了许多区域性的贸易协定，比如南美洲和南非的"南方"关税同盟。这些对降低关税产生了一定的效果，许多发展中国家在降低与它们签订自由贸易协定的伙伴国关税水平的同时，也降低了对其他国家进口品的关税（Estevadeordal，Freund，and Ornelas 2008[1]）。

正如上述四个阶段的贸易自由化发展过程所述，推动关税减让浪潮的不仅包括多边贸易协定，也包括区域性的贸易协定。接下来的问题就是，到底是什么催生了这种政治经济驱动力？

（三）《关贸总协定》时期贸易自由化发展的驱动力分析

关税，像大多数的经济政策一样，是政治经济发展过程的产物。为了解释政府为什么降低原先对它们政治有利而征收的关税，一些文献指出了贸易协定的角色及作用（Bagwell and Staiger 2004[2]）。他们采用的基本方法是，通过建立模型，模拟出在某个时期由于贸易协定的推动，一国从不合作转向合作的过程。这有助于解释《关贸总协定》签署伊始美国降低关税的行为，但是从一个均衡转向另一个均衡这种讨论方式，

---

〔1〕 See Antoni Estevadeordal, Caroline Freund and Emanuel Ornelas, "Does Regionalism Affect Trade Liberalization toward Nonmembers?", *Quarterly Journal of Economics*, Vol. 123, No. 4, 2008, pp. 1531~1575.

〔2〕 See Kyle Bagwell, Robert W. Staiger, *The Economics of the World Trading System*, MIT：MIT Press, 2004.

忽略了《关贸总协定》在之后一系列的谈判回合中促成多种形式的减税措施过程中的丰富性。而且，这种方法也没有解释为什么发展中国家从 20 世纪 80 年代开始在《关贸总协定》之外主动降低关税。

围绕关税减让的政治经济分析的更详尽的方法，是利用 Putnam（1988）[1]提出的直观的（虽然可能不太正式）两个层级的博弈法，1995 年 Grossman 和 Helpman[2]使该方法正式化了。这种方法提出理由证明了政府不仅与国内的特定利益集团商谈，而且与别国政府开展国际谈判。这里的讨论采用的是两个层级的博弈法，叫"驱动效应"分析法，用它来解释贸易自由化的历史背景最浅显易懂。

在《关贸总协定》之前，出口商只能享受它所在国进口关税的间接好处。但是在《关贸总协定》互惠性原则下，外国关税水平与国内关税水平挂钩，当然这种挂钩只适用于遵循互惠性原则的发达国家。从某种意义上来说，《关贸总协定》的成功并不仅仅是因为国际交易本身，而是因为主导国际贸易的准则改变了成员国（发达国家）国内政治的实际情况。同时我们也知道，由于"特定差异化待遇原则"，发展中国家政府被允许可以豁免互惠性原则，因而在《关贸总协定》各个回合之前、当中及之后，发展中国家也面临着大量的国内支持关税或者反对关税的特定利益集团。在理论和实践中，这就意味着它们不能随意降低之前认为有利于它们而征收的关税水平。

分析一下关税减让的驱动机制。第一轮的关税减让开创了良好的贸易自由化的政治经济势头。随着关税水平的降低，支持设置关税的进口竞争企业面临着更多的国际竞争。许多企业营业收入下降，利润不断减少，甚至无法正常运营。与此相反，对外关税降低后，刺激了出口企业的发展。他们不断扩张，盈利能力也得到增强。这样，从政治经济学的角度来看，一次性的关税减让削弱了贸易保护主义的势力，增强了贸易自由主义的势力。沿着这条路走下去，几年后，又一轮《关贸总协定》的谈判回合开启了，进口商和出口商之间的政治经济势力在变化中不断发挥着作用。如前所述，由于互惠性原则，出口商有动力为削减关税水平而战，而进口竞争性企业有动力为保留关税而战。但是比起前一回合的贸易谈判，因为反自由主义阵营系统性地变弱，而支持自由主义的阵营系统性地变强，所有秉持互惠性原则运作的政府越来越发现关税减让给它们带来的好处。而当新的关税减让逐步被采用，进口竞争性企业的退出和出口商的进入又会在每一个参与贸易的国家重新划分政治版图，自然而然地，又一轮周期开始了。关税减让的驱动机制就是这样滚滚向前的。

关税减让的驱动机制也解释了为什么多边的和区域的关税减让会并驾齐驱、如影随形。一旦初始的关税减让削弱了贸易保护主义，培植了贸易自由主义，政府就会降低关税，无论是多边还是区域性的。

---

〔1〕 See Robert D. Putnam, "Diplomacy and Domestic Politics: The Logic of Two-Level Games", *International Organiza-tion*, Vol. 42, No. 3, 1988, pp. 427~460.

〔2〕 See Gene Grossman, Elhanan Helpman, "Trade Wars and Trade Talks", *Journal of Political Economy*, Vol. 103, No. 4, 1995, pp. 675~708.

　　一个相关的政治经济驱动力是区域性的贸易协定，它能启动多边贸易自由化。例如，看一下美国有效关税情况，20世纪50年代以前美国减让关税的动力并不强。但是，当西欧国家从1959年开始降低相互之间的关税之后，由此带来的关税歧视引起了美国、日本和加拿大等国的出口企业的强烈关注。在那个时候，北美和日本将近三分之一的出口商品销往欧洲。由于欧洲国家结成关税同盟后，关税同盟内部的欧洲企业相互享受出口零关税，北美和日本的出口企业担心失去欧洲市场。由于这种关税歧视的冲击可以通过欧盟降低最惠国关税而减少，北美和日本出口商就游说政府，要求启动新一轮的《关贸总协定》回合的谈判，从而取消关税歧视。类似的情况在1973年欧洲关税同盟扩容的时候也发生了，就在那一年，"东京回合"谈判启动。

　　除了上述驱动机制，《关贸总协定》还有其他机制来保障渐进的、互惠互利的关税减让能走上正轨。毕竟，前面所说的政治经济驱动机制也可能起反作用，正如20世纪30年代的情形一样。因此，《关贸总协定》的流程涵盖了一套精心设计的、使单个国家政治势力难以逆转贸易自由化的规则。一个规则是：一国过去已做的"关税减让"就以之前协商的关税水平为界，不需要再谈判协商。而且，一国的贸易伙伴国如果违反了商定的关税减让的边界，该国可以通过提高关税对伙伴国的出口商品实施报复。这个集"约束机制"与"允许报复"于一体的游戏规则，能有效确保每个国家的政府一旦故态复萌提高关税，这个国家的出口商就将因此受到惩罚。如此，出口商就有动力推动它们的政府遵守约定，按照之前商定的关税边界来开展贸易。请注意：这样的规则设计并不取决于一国自己的政府，相反，它是以外国政府报复性提高关税的风险（作为越界行为的处罚）而得以实施的。

　　《关贸总协定》这么多成员国如何在协调一致的原则下工作，从而达成协议的呢？答案之一就是历史上通用的一些逃脱通道，这使得成员国更容易在关税减让上首先达成一致。

　　第一个紧急逃脱通道是：在《关贸总协定》"特定差异化待遇"方面的大量实际操作中，发展中国家并不受《关贸总协定》规则的约束。它们可以豁免互惠性地降低关税，它们不同意的《关贸总协定》的规则也尽可以忽略。简而言之，《关贸总协定》中的低收入国家可以遵循"不遵守，不反对"的方针行事。然而，豁免互惠性地降低关税并不意味着发展中国家对《关贸总协定》的成功运行漠不关心。《关贸总协定》最惠国待遇原则意味着发达国家之间的关税减让可以自动扩展并适用于发展中国家的出口商。发展中国家因此搭上了《关贸总协定》的"顺风车"。发达国家很乐意让它们搭顺风车，因为发展中国家市场在那个时候都还比较小，不显眼。

　　第二个逃脱通道出现在20世纪60到70年代"东京回合"期间。当时贸易规则谈判是用所谓"编码"的方法来进行的。在这种方法中，每一套达成协议的规则都以"编码"的形式被采用，这种编码只对自愿签署的成员国（在实践中往往就是发达国家）有约束力。比如，在"东京回合"期间一些超越关税的议题（如生产补贴限制）就是用"编码"的方式列入议程的，涉及新的贸易保护形式的议题在20世纪60到70

年代不断增多，抵消了早先时候关税减让带来的竞争效应（Baldwin 2009, 1970[1]）。然而，"非歧视性原则"意味着同意这些编码的国家中大多数有义务把规则延伸至所有《关贸总协定》成员国，即便这些国家当初并没有在"编码"下签字。

第三个逃脱通道是《关贸总协定》争端解决机制不足以确保规则得到遵守与实施。有争议的国家之间发生贸易争端时，《关贸总协定》会组织一些成员国（包括争议国家）成为工作组，仔细查看它们争议的具体细节。根据协商一致原则，只有所有各方都一致同意，工作组的认定意见才被接受。比如1959年欧洲自由贸易协会国家想在它们内部推行工业产品自由贸易。1965年，美国和加拿大想在汽车产业实现双边贸易自由化。当《关贸总协定》分别成立了工作组，专门调查这些限定范围的自由贸易协议"在关贸总协定下的合法性"时，欧洲自由贸易协会成员国和美国都阻止了工作组最终达成协议。

当然，如果《关贸总协定》成员国各自偏好极度多元化，像这样阻止争端解决过程的逃脱通道就很可能成为主要出口，从而造成贸易规则无效。相反，既有逃脱通道又有争端解决程序，这样的组合就能促成协议的达成，只要能让《关贸总协定》的成员国对协议中"建设性的模棱两可"的措辞感到满意。《关贸总协定》准法律性质的、带逃脱通道的争端解决机制在解决争端方面还是比较可靠的，至少能在有必要澄清的时候，帮助搭建未来（旨在澄清模糊点的）谈判的框架。

这里所讲的都是《关贸总协定》推动了关税减让，但我们怎么知道是不是还有第三种因素导致《关贸总协定》的发展和关税减让呢？由于缺乏高质量的历史关税数据，连计量经济分析也没法做，即便如此，乍一看相关论据都还是很清晰的。有两种关税并没有在《关贸总协定》期间得到快速减让：一个是发展中国家的关税，另一个是所有《关贸总协定》成员国的农产品关税。农产品关税没有降低是因为它们没有被列在谈判的范围之内，而发展中国家的关税未降是因为它们得到了互惠减税的豁免。由此可见并没有什么导致全面降低关税的第三因素，而且《关贸总协定》驱动的只是关税减让。

（四）《关贸总协定》后期发展：再注驱动力但关闭逃脱通道

截至20世纪70年代，发达国家关税已经相当低了，至少在它们愿意谈判的产品上是如此。农产品和劳动力密集的工业品（比如服装），在《关贸总协定》较早的几个回合中，并没有被列入讨价还价的谈判桌。这样，《关贸总协定》贸易自由化最终只体现在发达国家出口商最感兴趣的产品领域，基本上都是工业品。发展中国家出口商由于享受"特定差别化待遇"，并不被包括在游戏范围内，它们经常对农产品和劳动密集型制成品缺乏贸易自由化措施而感到很失望。

---

[1] See Robert E. Baldwin, *Nontariff Distortions of International Trade*, Washington DC: Brookings Institution, 1970. Robert E. Baldwin, "Trade Negotiations within the GATT/WTO Framework: A Survey of Successes and Failures", *Journal of Policy Modeling*, Vol. 31, No. 4, 2009, pp. 515~525.

为了重振贸易自由化的信心，在《关贸总协定》的驱动下，发达国家决定扩展议程。"东京回合" 启动的 "编码" 方式也被采纳到非关税议题的谈判中来。1986 年乌拉圭回合开始启动，发达国家的出口商感兴趣的新领域被列入了谈判的范畴，最著名的就是知识产权方面的，针对外商投资的限制措施，服务出口方面的。这些领域就是大家熟知的 TRIPs（与贸易相关的知识产权）和 TRIMs（与贸易相关的投资措施）以及服务贸易。另外，原本高关税的两个产业——农产品及服装——也被放到了谈判桌上，原因是为了维护发达国家农产品出口商和低工资出口商的利益。这一系列的新议题有望进一步平衡南方国家和北方国家的利益，并给国际贸易自由化注入新的动力。发达国家的出口商想要从 TRIPs（与贸易相关的知识产权）和 TRIMs（与贸易相关的投资措施）以及服务贸易的新规则及新的市场进入机会中获利，而发展中国家的出口商想要从食品和服装的自由贸易中获益。但是，由于谈判力量的相互制衡，以及新兴经济体扮演越来越重要的作用，新的议题被扩展进来后，早先时候的逃脱通道被关闭了。

比如，工业国家国内法律已经确认会给外商提供知识产权保护，因此发达国家的知识产权出口商将有望从发展中国家手中获得这些国家使用专利、版权等之类的回报。在 "乌拉圭回合" 中，发达国家担心它们一旦开放农业、纺织业市场，好处会被发展中国家私吞，而 TRIPs（与贸易相关的知识产权）和 TRIMs（与贸易相关的投资措施）以及服务贸易的新规则会被拆的七零八落。自愿性的 "编码" 协议方式又不会为这种交易做很多。受很大影响的发展中国家则会选择退出。因此，"乌拉圭回合" 最终以 "一揽子承诺" 的特色而结束。所有的成员国，发达国家和发展中国家，即便是那些在谈判中并不积极的国家，都有义务一揽子地接受乌拉圭回合达成的协定。这种一揽子交易方式的基本框架在 1991 年 12 月进行了讨论（Croome 1995 [1]）。因此，很显然对于大多数发展中国家来说，这是令它们吃惊的，尤其是那些在 8 年中迂回曲折并没有遵循 "乌拉圭回合" 的国家来说。

另外，由于新的议题包含一定的模糊性和新鲜度，参与 "乌拉圭回合" 谈判的成员国认为有必要大幅度缩小争端流程中的回旋余地。南方国家和北方国家都担心本国出口商在新领域所获的利益，会被含糊不清的贸易保护或者狡猾的规则诠释带来的损失所抵消。举个例子，许多新兴经济体担心在《1974 年贸易法》的 301 部分条款下，美国会对它认为不公平的贸易做法采取单边制裁行动（Keohane and Nye 2001 [2]）。"乌拉圭回合" 减少了阻碍争端解决或小组决议这两种方式的可能性，把 "一揽子承诺" 推行到所有领域，这种紧密结合的判决方式彻底关闭了逃脱通道。

---

〔1〕 See John Croome, *Reshaping the World Trading System: A History of the Uruguay Round*, World Trade Organization, 1995.

〔2〕 See Robert O. Keohane, Joseph S. Nye, *Power and Interdependence*, 3rd edition, New York: Addison-Wesley Longman, 2001.

（五）《关贸总协定》时期成就斐然：双赢的多边合作

从 1946 年开始启动到 1995 年被世贸组织取代，《关贸总协定》通过建立道格拉斯·诺思所说的"机制"（由正式的规则和非正式的约束条件组成的引导政治经济互动的约束机制）促进了双赢的多边合作。《关贸总协定》的原则推动建立了一种合作与成功的自我实施模式。随着《关贸总协定》自由化进程开始发挥其魔力，制成品出口出现了繁荣，从 20 世纪 60 年代末直到 2009 年贸易崩溃前，制成品出口增长速度是制成品生产速度的两倍。持续繁荣的贸易和不断增长的收入进一步强化了成员国遵循《关贸总协定》行为准则的信念。由于各个国家及利益团体预期到这些贸易规则会得到很好的尊重，它们就会采纳遵循规则的行为，这样遵守承诺就蔚然成风。

四、世界贸易组织"多哈回合"为什么陷入"困境"

对世贸组织的表现进行评论，就不会像前面《关贸总协定》时期那么乐观了。自从 1997 年签署一系列协议以来，过去的近 20 年里，世贸组织几乎没有取得什么进步。2001 年启动的"多哈回合"戛然而止。在世贸组织所有职能中，只有争端解决机制能获得较高的分数。为什么《关贸总协定》贸易自由化的魔力没有传给世贸组织呢？我想既有外部因素也有内部因素，这些因素对多边和区域性的贸易谈判也产生了影响。

首先从外部因素来看。发达国家统治地位开始松动。表现在：（1）发展中国家的市场规模不断增大，美国、欧盟、日本和加拿大（the Quad）在《关贸总协定》期间占有全球 2/3 的进口，如今它们只能占 1/2 了。（2）发展中国家在世贸组织中的比重越来越大，贸易谈判的难度也不断增加。在 1986 年的成功磋商之后，超过 70 个发展中国家加入了世贸组织，其中约一半是世贸组织成立后加入的。

理论上来说，成员国越多并不必然阻碍税收关税减让，毕竟更多的国家意味着市场进入机会更多，有更大的需求和更多的供给。但在现实中，比起谋求更便捷地进入他国市场，发展中国家对阻止外国企业进入本国市场更感兴趣（Patel 2007[1]）。原因很简单，基于互惠性原则，由于大多数发展中国家市场规模较小，它们让外国开放市场的能力有限。而"协商一致原则"给了发展中国家很大的权力阻止别国进入政治上敏感的市场。

区域主义也带来了很多挑战。在贸易治理中，区域贸易协定是其中重要的一块。然而从 1990 年开始，随着区域贸易协定的剧增，它们扮演的角色也发生了改变。区域协定中所有的关税减让须汇集到世贸组织，且都要占用政治经济"资金"，区域主义的迅猛发展反而可能使谈判更难有结果。而在推动贸易自由化方面，如果世贸组织是唯一一个国际性的贸易组织，"多哈回合"谈判或许会更容易达成。

---

〔1〕 See Mayur Patel, "New Faces in the Green Room: Developing Country Coalitions and Decision-Making in the WTO", *GEG Working Paper*, *Global Trade Governance Project*, 2007.

区域性的投资协定、深度合作条款的兴起虽然没有给世贸组织带来直接的竞争对手,但是它们显然证明,许多世贸组织成员国正在寻求建立远比世贸组织"空洞"的谈判更有效的经贸安排。

世贸组织面临的又一个挑战来自于发展中国家开始单边地降低关税。离岸贸易的发展开辟了工业化的新路径。发展中国家只要能加入国际生产网络,就能提升竞争力,促进国内工业化(Baldwin 2011[1])。在这种新的发展模式下,关税非但没有促进工业化,反而阻碍了它的发展。因此发展中国家开始单边地在世界贸易组织的谈判中降低关税。为了保持灵活性,发达国家并没有把发展中国家的关税减让列入世贸组织的约束规则中去,即便发展中国家的关税减让是非歧视性的。在之前的《关贸总协定》期间,双边的关税减让是推动贸易自由化的政治经济动力。而如今,对于发达国家来说,即便"多哈回合"一直停滞不前,由于发展中国家主动单边地关税减让,它们的出口商销量不断上升,多边贸易谈判显然不如以前有吸引力了。

其次,从内部因素来看。在《关贸总协定》时期,美国、欧盟、加拿大及日本(the Quad)等发达国家首先开展减税谈判,后面谈判达成了协议,发展中国家搭便车便是了。但是世贸组织成立后,情况变了。除了最贫穷落后的国家,任何谈判结果都适用于所有其他国家。由此可见,从政治经济学角度看,世贸组织与《关贸总协定》是很不一样的国际组织。特别是"多哈回合"谈判,一旦达成结果,除非有明确的例外,对所有国家都有"约束力"。之前在《关贸总协定》中发展中国家享有的可以"不遵守,不反对"的待遇被取消了(Oyejide 2002[2])。这就难怪发展中国家在"多哈回合"谈判中一旦碰到威胁它们利益的条款就会直言不讳地提出来,比《关贸总协定》时期发言积极多了。

以上外部和内部因素表明,世贸组织下的多边主义谈判确实面临挑战。

(1)多边谈判更难了,"一揽子承诺"原则意味着所有成员国都可能投反对票,而且由于新兴经济体主动降低关税,发达国家也没有动力推动"多哈回合"谈判;

(2)况且在国际贸易的长期实践中,由于实际关税已经远远低于"边界关税",无论是发展中国家还是发达国家,都缺乏让对方减税的必要。在农产品方面,随着农民人数的减少,发达国家的民众越来越了解农业补贴只会流向富裕的农场主和农产品公司,欧盟和日本也主动地减少了类似补贴这样的扭曲市场的做法。与此同时,迫于国内城镇与农村的政治压力,一些发展中国家却采用了扭曲贸易的农业政策。如此一来,反对开放农产品贸易的呼声就高了。

(3)离岸贸易规模的不断上升也激发了促进国际生产网络发展的需求和供给。包括商品、服务、专有技术、实物投资、核心人力资源、金融资本在内的各种"全球价

---

〔1〕 See Richard Baldwin, "Trade and Industrialisation after Globalisation's 2nd Unbundling: How Building and Joining a Supply Chain are Different and Why it Matters", *NBER Working Paper* 17716, 2011.

〔2〕 See T. Ademola Oyejide, "Special and Differential Treatment", Chap. 49 in Bernard Hoekman, Aaditya Mattoo and Philip English eds., *Handbook of Development*, *Trade and the WTO*, Washington DC: World Bank, 2002.

值链"都在大力推动和构建中。TPP 和 TTIP 这样的区域性投资贸易安排越来越发挥更大的作用。

由此可见，如今的国际政治经济格局与以前已经截然不同了，以前是"你的公司要进入我的市场"，现在则是"我的工厂进入你的国家是为了推动你们的改革"，发展中国家之所以要推动贸易自由化，之所以建立促进改革的商业环境，目的是吸引发达国家的生产设施进入它们的国家。

从根源上来说，为什么世贸组织成立后，在"多哈回合"中失去了它以往的"魔力"了呢？主要有两方面的原因。其一：《关贸总协定》最后一轮谈判"乌拉圭回合"试图通过扩大关注的范围（比如吸引更多国家加入世贸组织、在协议中扩展更多领域等）推动产生更多的自由贸易。然而，这些扩大范围的举措也需要改变一些之前已经推动自由贸易的历史规则与原则。一旦这些规则变化了，世贸组织的政治经济势头很可能终结。其二：世贸组织规则与流程当时是为全球经济中的类似"这儿生产销往那儿"的跨越国际边界的货物贸易设计的，但是随着离岸贸易的快速发展，高科技国家制造业开始流向低工资国家，创造出了一种新型的国际商务。从根本上来说，过去常常发生在一国内部或发达国家工厂之间的商品、服务、投资、培训以及专有技术贸易，现在成为国际商务的重要内容。对于这样的离岸国际商务，关税类的贸易规则根本不起作用，起作用的反而是投资及知识产权保护方面的贸易规则，以及确保双边商品、服务、投资及人员流动不受阻碍的相关法律监管措施。

我们可以想象，理想中的世贸组织应该可以提供上述规则。但是实际情况是，这些规则只是被写在了 TPP 以及美国与欧盟之间的 TTIP 这样的地区性或者超级区域性的贸易协定中。

五、结论：未来的国际经贸体制将走向何方

世贸组织规则及贸易自由化措施还是早在 1994 年制定的。目前的世贸组织谈判，"多哈回合"没有显示出任何能很快达成协定的迹象。即便如此，近些年世贸组织的停滞不前却也并没有阻止全球开放的脚步，没有阻止新的国际经贸规则诞生。表现在：（1）成员国尤其是发展中国家，大量的单边降低关税；（2）与国际贸易相互交织在一起的国际投资方面的新规则，涌现在 3000 多个双边投资协定中；（3）新的深入合作的规则被写入了很多发达国家与发展中国家之间的区域贸易协定中，促进了离岸贸易的快速增加和生产的国际化。

由此看来，多边主义即便不发挥作用，也没什么好担忧的。那么世贸组织和多边主义的未来到底会走向何方呢？目前，世界贸易组织正面临着迫在眉睫的改革。主要经济体对此都开始明确提出相应的立场、原则和改革主张。尽管美国的单边主义与贸易保护主义依然在挑战世界贸易组织及其争端解决机制的权威性，但欧盟、日本等发达经济体，以及以中国为代表的众多发展中经济体仍然在力推贸易自由化和多边主义。

据此可以预见，未来世界贸易治理将走向"两极"体系。一极是世贸组织，继续

用 1994 年的规则治理传统贸易领域；另一极则是针对新的国际生产网络或全球价值链，逐步形成一系列超越区域的多边贸易治理体系，它们可能是分散的，或者是叠加的，甚至是不连贯的，这些多边贸易治理体系将治理包括中间产品与服务、投资与知识产权保护、资本流动、关键人才的流动在内的特殊贸易领域。

随着中国及其他几个大的新兴经济体的发展，他们将越来越具备足够的实力来抵御当前一些超级区域（如欧盟、美国等）将他们排除在外的做法。在未来很长一段时间里，"两极"体系下共存共生，将是大多数国家极有可能遭遇的国际经贸环境。

判断协定当事国缔结国际条约意图的标准

张海飞[1]

摘　要： 国际条约是国家作为主体以国际法为标准的国际协定。最为核心的要素是判断当事国是否意图创设国际法上的权利和义务。学术界试图探索判断国家创设国际法权利和义务意图的标准，但是这些探索并不成功，提出的标准不能自圆其说。应当根据具体协定的特点分析当事国是否具有接受协定约束的意思表示。

关键词： 当事国　国际条约　标准

〔1〕　张海飞，中国社会科学院研究生院法学系博士研究生，国家留学基金委资助瑞士比较法研究所联合培养博士生。

一、国际条约的定义

1969 年《维也纳条约法公约》并没有明确判断国际协定法律性质的标准，并没有说明判断国际协定的方法是创设了国际法上的权利和义务，还是仅仅是政治性宣言。解释国际协定应当推定主权国家不主动承担强行法以外的义务[1]，在解释国际协定效力时，应当最大程度上尊重国家主权。这是国家主权原则的要求。因此判断国际协定是具有国际法上的约束力还是仅仅是一个政治性宣言时，应当分析国际协定双方是否作出同意受到协定约束的意思表示。[2]

《维也纳条约法公约》第二条第一款（甲）："称'条约'者，谓国家间所缔结而以国际法为准之国际书面协定，不论其载于一项单独文书或两项以上相互有关之文书内，亦不论其特定名称如何；"[3]从条约定义来看，包括以下几个核心要素：国家作为主体缔结，国际协定，以国际法为准。

国家作为主体。条约的定义要求国家作为主体，但是公约本身并没有对国家作出定义，但是公约并不影响或者限制其他国际法主体缔结条约的能力。

国际协定。根据《维也纳条约法公约》的定义，条约是一种国际协定，但是并不是所有的国际协定都属于条约，条约的定义依赖于国际协定。但是公约同样没有对国际协定作出定义。协定自然排除了单方声明，并且协定也意味着指向未来的行为或者关系，[4]否则条约的履行、效力、终止等都将失去意义。虽然国际协定的定义不明确，这并没有在很大程度上影响条约的定义。

以国际法为准。以国际法为准排除了其他以国内法为准的国际协定，比如国家间采购合同，或者其他商业交易。以国际法为准一直是困惑最多的概念，这是判断一项国际协定是否属于条约的争议最多的条件。[5]在起草《维也纳条约法公约》时，Lauterpacht 和 Fitzmaurice 主张条约的定义应当包含"意图创设法律权利和义务"，一些国家的代表如墨西哥[6]和马来西亚也主张条约定义应当包含"以创设法律关系为目的"，但是公约最终版本并未采纳。虽然条约定义没有包含"意图创设法律权利和义务"，但是公约起草委员会认为"以国际法为准"包含了"意图创设国际法上的权利和义务"。[7]

[1] See J. E. S. Fawcett, "The Legal Character of International Agreements", 30 *Brit. Y. B. Int'l L.*, 1953, p. 387.
[2] See Jan Klabbers, *The Concept of Treaty in International Law*, Hague: Kluwer Law Internatioanl, 1996, p. 65.
[3] https://treaties.un.org/doc/Publication/UNTS/Volume%201155/volume-1155-I-18232-Other.pdf.
[4] See Jan Klabbers, *The Concept of Treaty in International Law*, Hague: Kluwer Law Internatioanl, 1996, p. 51.
[5] See Jan Klabbers, *The Concept of Treaty in International Law*, Hague: Kluwer Law Internatioanl, 1996, p. 55.
[6] See *Vienna Convention on the Law of Treaty*, 1 *Official Records*, at 23, p. 26.
[7] See *Vienna Convention on the Law of Treaty*, 2 *Official Records*, p. 346, p. 22.

判断一项国际协定是否属于条约的关键因素是判断当事国的意图。[1]但是《维也纳条约法公约》并没有说明判断当事国意图的方法。

二、判断协定当事国意图的方法

鉴于当事国意图对于判断国际协定是否属于条约的重要意义，学者试图寻找判断当事国意图的标准，他们试图从签署的方式是否经过民意机构批准、是否包含强制性的争议解决机制、协定内容是否清晰明确、协定是否向联合国登记等事实来判断当事国是否意图创设国际法上的权利和义务。

由于国家是一个抽象的组织，只能通过国家授权的机构或人员的法律行为判断国家的意思表示。一些协定的形式更为正式，而另一些协定则故意措辞模糊，或者授予协定当事方更大的裁量权，甚至一些协定仅仅表达双方的良好意愿，而没有约定明确的义务。这些仅仅表达当事国良好意愿的文件并不具有法律约束力[2]

政治宣言性协定的典型代表是全面战略协作伙伴关系宣言，比如《中华人民共和国与俄罗斯联邦关于全面战略协作伙伴关系新阶段的联合声明》《中英关于构建面向21世纪全球全面战略伙伴关系的联合宣言》等，这些协定描绘了协定当事国之间关系的基本原则，但是协定项下的义务多数并不明确，而是宽泛的原则，因此这些协定的性质是政治性宣言，而不具备法律约束力。但是这并不意味着这些战略伙伴关系宣言没有意义，这些政治性协定有效地增强了当事国的共识，描绘了双边关系发展的蓝图，对于外交关系具有积极的意义。

协定是否经过议会批准。国家间协定并不当然具有法律约束力，判断协定是否具有约束力的标准之一是当事国明确表示同意受到协定的约束，1969年《维也纳条约法公约》第11条规定，国家可以通过签署、换文、批准、接受或者加入或者其他约定的方式表示其同意受条约约束。这些方式强有力地表明国家同意受到条约约束，比如以批准方式表示愿意接受协定约束的，这些被批准的协定通常都具国际法约束力。但是以签署的方式同意接受协定的，签署的协定并不一定具有有国际法法约束力。[3]

协定是否具有强制性争议解决机制。除了是否经过议会批准外，还可以通过协定是否具有强制性的争议解决机制，是否接受国际法院的管辖来判断协定当事国的意图。协定具有强制性的争议解决机制是协定具备法律约束力的积极因素，但是如果协定缺少强制性的争议解决机制，并不表示协定不具有法律约束力。这是由国家主权原则的强有力的地位决定的，多数主权国家并不希望将有关协定的争议解决方式强制性地交给国际法院或者其他争议解决机构。国家间争议的复杂性以及国际法在众多领域存在法律不明的现实使得众多国家间争议并不适合通过国际法院等司法机构裁判，如果将

---

[1] See Jan Klabbers, *The Concept of Treaty in International Law*, Hague: Kluwer Law Internatioanl, 1996, p. 64.

[2] See Harold Nicolson, *Diplomacy*, Oxford University Press, 1952, p. 243.

[3] See Jan Klabbers, *The Concept of Treaty in International Law*, Hague: Kluwer Law Internatioanl, 1996, p. 75.

强制性争议解决机制作为条约具备法律约束力的必要条件，那么现有多数条约都不具备这个条件，但是这些条约[1]通常被认为具备法律约束力。

条约是否登记。协定是否根据《联合国宪章》第102条向联合国登记或者根据《国际联盟盟约》（以下简称《国联盟约》）第18条予以登记，以及当事国是否同意其协定受到国际法约束是判断协定是否具有国际法约束力的标准。[2]国际公约应当登记的思想渊源是美国总统威尔逊于1918年提出的"十四点原则"，"十四点原则"的第一项即公开性原则，要求公开缔结和平协定，避免秘密协定，伍威尔逊公开性原则的目的是加强美国对国际关系的参与。虽然美国主导国际关系格局的目的没有实现，但是威尔逊的公开性原则却被《国联盟约》采纳。国联盟约第十八条规定："嗣后联盟任何会员国所订条约或国际协定应立送秘书处登记并由秘书处从速发表。此项条约或国际协定未经登记以前不生效力。"该条采取了不登记不生效的原则，但是该条规定仅仅对国联成员国有效，因此其实际意义不大。[3]

《国联盟约》的遗产被《联合国宪章》继承，《联合国宪章》第102条规定："一、本宪章发生效力后，联合国任何会员国所缔结之一切条约及国际协定应尽速在秘书处登记，并由秘书处公布之。二、当事国对于未经依本条第一项规定登记之条约或国际协定，不得向联合国任何机关援引之。"就不登记的法律后果而言，《联合国宪章》约定的后果更轻，即使没有向联合国秘书处登记，条约对于缔约国仍然有效，仅仅不得向联合国及其机构包括国际法院援引。协定向联合国秘书处登记并不能说明协定一定具有国际法约束力。因为联合国秘书处在遇到模棱两可的协定时，倾向于同意登记。此外联合国秘书处不仅接受协定登记，而且还接受单方面声明的登记。由于联合国秘书处倾向于将其收到的申请予以登记，并且还接受单方面声明的登记，因此一项协定向联合国秘书处登记并不能说明其是具有国际法约束力的法律文件。[4]

协定内容是否清晰、明确。协定内容清晰、准确是判断条约具有约束力的积极因素，这一标准是由条约的定义引申而来的，条约的目的在于增强稳定性和法律的确定性。国家缔结条约的目的在于将条约约定的事项从复杂混乱的政治关系转变为清晰的法律关系，从而增强法律机制的预测性，以及双方行为的合理预期。[5]条约的功能和目的决定了协定应当清晰、明确。如果协定约定当事国单方面有权决定协定义务是否产生，并且当事国有权决定其协定项下义务的程度，这意味着协定具有较强的模糊性，但是并不能因为协定具有较强的模糊性，就否认协定具有法律约束力。典型的代表是《北大西洋条约》，第五条规定在成员国受到攻击时，其他成员国应当采取其"认为"必要的方式恢复北大西洋地区的安全。显然该条赋予了缔约国决定其义务范围的权利，

---

〔1〕　See Kobert Kolb, *The Law of Treaties*, Northampton: Edward Elgar Publishing Limited, 2016, p. 4.

〔2〕　See J. E. S. Fawcett, "The Legal Character of International Agreement", *Brit. Y. B. Int'l L.*, 1953, p. 388.

〔3〕　See Jan Klabbers, *The Concept of Treaty in International Law*, Hague: Kluwer Law Internatioanl, 1996, p. 79.

〔4〕　See Jan Klabbers, *The Concept of Treaty in International Law*, Hague: Kluwer Law Internatioanl, 1996, p. 83.

〔5〕　See Jan Klabbers, *The Concept of Treaty in International Law*, Hague: Kluwer Law Internatioanl, 1996, p. 5.

当事国具有较强的裁量空间，条约义务具有较强的模糊性。即便如此，《北大西洋条约》通常被认为对于缔约国而言是具有法律约束力的条约，而不是政治性宣言。

在"卡塔尔和巴林海洋划界和区域问题"一案中，（联合国）国际法院（ICJ）就管辖权协定是否是具有约束力的法律协定作出了裁判。法庭认为双方和沙特国王之间于1987年12月的信件往来，以及1990年的备忘录是具有法律约束力的国际协定。沙特国王作为调解人分别向卡塔尔和巴林发出了数个调解方案，这些方案被两国元首接受。第一个调节方案是争议事件提交海牙国际法院以便作出对双方有约束力的判决，双方都应当履行该判决。其他的方案包括暂时维持现状，设立由沙特、卡塔尔和巴林三国代表组成的三方委员会以向法院提交解决方案，沙特提出了将争议交由法院根据双方已经同意的框架原则进行仲裁的方案，这一方案得到了卡塔尔和巴林的认可。这些方案被双方公布并提交联合国备案，国际法院认为这些信件往来和调节方案构成具有约束力的国际协定，争议双方认可国际法院的这一认定。[1]国际法院据此协定认为其对案件有管辖权，并就实体问题作出裁判。本案中当事人明确作出了愿意接受调解方案的约束，并且将调解方案向联合国登记，调解方案确定的内容清晰，因此被认定是创设了法律权利和义务的具有约束力的协定。

中国近期签署的有国际法约束力的重要条约的典型代表是《中华人民共和国和俄罗斯联邦睦邻友好合作条约》（以下简称《中俄睦邻友好合作条约》）、《中华人民共和国政府和大不列颠及北爱尔兰联合王国政府关于香港问题的联合声明》（以下简称《中英联合声明》）。

《中俄睦邻友好合作条约》的法律约束力可以从其名称、批准程序、具体的协定项下义务来判断。该协定以"条约"命名，经过最高权力机关——全国人民代表大会的批准，并且该条约明确约定了在双方东段边界划定之前，保持边界现状不变。不率先使用核武器，不适用核武器瞄准对方等明确、清晰的条约义务。

《中英联合声明》的性质是条约还是政治性文件？外交部发言人陆慷表示："1984年的《中英联合声明》就中方恢复对香港行使主权和过渡期有关安排作了清晰划分。现在香港已经回归祖国怀抱20年，《中英联合声明》作为一个历史文件，不再具有任何现实意义，对中国中央政府对香港特区的管理也不具备任何约束力。英方对回归后的香港无主权，无治权，无监督权。"一些媒体误解外交部发言人认为《中英联合声明》不属于国际条约。外交部条法司长徐宏在出席香港一个国际法研讨会后表示中方从来没有否认《中英联合声明》是国际条约。

根据1969年《维也纳条约法公约》，条约的定义是"国家间所缔结而以国际法为准之国际书面协定，不论其载于一项单独文书或两项以上相互有关之文书内，亦不论其特定名称如何"，因此名称和形式并非决定协定是否具有国际法约束力的标准。《中

---

[1] See Shabtai Rosenne, "The Qatar/Bahrain Case What is a Treaty? A Framework Agreement and the Seising of the Court", *LJIL*, 1995, p.166.

英联合声明》缔约双方均是国际法主体，符合国际法的基本原则和规范，规定了香港主权归还中国政府的权利义务关系，并根据《联合国宪章》第一百零二条向联合国秘书处登记。[1]《中英联合声明》属于国际条约是得到公认的。

《中英联合声明》的主要内容是英国将香港归还中国。虽然在该文件中中国"声明"了香港回归中国后的政策，中国政府的声明并不是向英国作出的承诺，更不是针对英国承担的法律义务，而是单方面的声明，英国没有权利要求或者监督中国履行其声明的香港回归后的政策。英国在《中英联合声明》谈判过程中，策略是实现香港的"光荣撤退"，维持英国的国际信誉和其在香港的经济利益。[2]在中国政府恢复对香港行使主权二十年后，英国仍然借口《中英联合声明》在道义上指责中国。外交部发言人认为《中英联合声明》作为一个历史文件，不再具有任何现实意义，并不是否定其条约属性，而是针对英国以监督者姿态指责中国政府的香港政策作出的回应。由于中国政府在《中英联合声明》中香港政策的声明属于单方面声明，并不属于条约权利义务内容，因此就中国政府的香港政策而言，香港回归后《中英联合声明》已经成为历史文件，不应再成为英国指责中国的借口。

三、结论

学者期望通过协定的生效方式、是否具有强制性争议解决机制、是否登记、内容是否清晰明确等推断当事国意思表示，但是这些标准都存在着根本的缺陷，不能自圆其说。签署方式是否经议会批准只是条约的缔结方式，与当事国的意图没有必然联系；《维也纳条约法公约》并不要求条约必须具有强制性争端解决机制；国际协定内容是否清晰、是否向联合国登记与当事国是否意图创设国际法权利义务也没有必然联系。因此分析一项国际协定是否属于条约时，判断当事国的意图只能个案分析，根据协定的具体内容判断当事国是否意图创设国际法权利义务关系。

---

〔1〕 参见港实："从国际法看中英关于香港问题的联合声明"，载《法学研究》1990 年第 1 期。
〔2〕 参见郑宇硕："从国际法观点评析中英联合声明"，载《法学评论》1988 年第 4 期。

附录1　世界贸易组织讲席计划（WCP）
WTO Chairs Programme

世贸讲席简介及申请过程

世界贸易组织讲席计划（WTO Chairs Programme，简称WCP）旨在通过在全球范围内选拔设立世贸组织讲席（学术带头人）并与之长期合作、资助讲席主持人的学术活动以此推动国际贸易和贸易合作领域的教育、研究和信息传播，加强发展中国家的学术界、公众、政策制定机构对贸易体制的认知和理解。世贸组织秘书处在提供技术援助时会将这些机构视为官方合作伙伴。

2008年10月7日至8日，世贸组织秘书处邀请上海对外经贸大学WTO研究教育学院院长张磊教授作为中国正式代表参加了该组织举办的"全球学术网络构建和学术支持动议"会议，即世贸组织讲席的预备会议，会议的宗旨主要是征求专家意见，如何在全球范围内分享与世贸组织秘书处的学术资源和经验，建立和确认世贸组织在全球的学术网络布点。该项目拟在全球范围内根据国别选择学术带头人，由世贸组织秘书处对其提供资助。

2009年3月4日，世贸组织秘书处在官网发布世贸组织讲席公开竞争申请通告。经有关方面同意，张磊教授作为中国成员代表申请。在此之前，张磊教授已经与世界贸易组织有过三次成功的合作：2005年至2006年，张磊教授任世贸组织秘书处为其专设的中国项目首位访问学者；2007年5月，在商务部世界贸易组织司的大力支持下与WTO秘书处成功举办了"2007中国大学教授和专家学者WTO事务高层研讨会"。该研讨会是WTO成立以来第一次与中国大学联合主办的学术会议；同年10月份，世贸组织又专门派出两位专家到上海对外经贸大学展开了"中国大学教授WTO专业方向研究生课程开发项目"，与张磊教授一道开发了国内唯一一套WTO方向研究生课程体系。

此次讲席申请过程竞争非常激烈，启动后全球共有近70个国家的大学提出了申请。世贸组织秘书处专门邀请了全球WTO领域内的22位著名学者组成顾问委员会，负责对各教授提出的讲席申请书进行严格的国际同行评议，其中包括讲席依托学校的基本情况、讲席计划的设计内容、讲席主持人的教育背景、国际学术交流经历、学术成果等。经顾问委员会综合评议，2009年11月13日，世界贸易组织秘书处技术与培训司司长 Hakim Ben Hammouda 先生、经济研究与统计局局长 Patrick Low 先生联合致函张磊教授告知申请顺利成功。此举意味着张磊教授荣获世贸组织历史上首批讲席教授（WTO Chair），上海对外经贸大学成为世贸组织（含关贸总协定）历史上的首批世贸讲席依托院校，张磊教授也成为由世贸组织秘书处培养的 12 名国际学术带头人之一。

世贸组织自此开始向张磊教授世贸讲席提供为期 8 年的项目资助，并在学术资源、人力资源、科研成果传播和共享等方面提供全方面支持，22 名顾问委员会成员也将适时地对讲席计划的实施进行监督和指导。同时，秘书处指定原总干事办公室主任 Arancha Gonzalez 女士等三人为张磊教授的协调人。

中国世贸组织讲席工作的主要内容及成就

为了支持发展中国家的学术机构和相关学者的工作，世贸组织讲席计划的工作内容可具体表现为课程研发、教学、科研和信息传播。

根据此项宗旨，上海对外经贸大学讲席工作将工作重心放在以下三个支柱：科研；课程开发和教学；信息传播、学术交流等外展活动。

（一）科研

讲席主持人必须承担学术研究项目，并邀请初级研究人员共同参与，以期为年轻学者提供更多的学习和研究机会，同时注重将中青年学者培养为国际学术带头人。世贸组织讲席计划希望科研重心能够偏向扩大专门知识的研究和解释现有研究政策重要性的研究。上海对外经贸大学讲席在研究方面主要集中于多边贸易体制及政策、世贸组织争端解决机制、世贸组织贸易政策审议和 GTAP（全球贸易分析项目）方向，每年发表有关论文和相关著作。

在第一期讲席建设中，上海对外经贸大学讲席共完成了 26 本专著（含译著）、87 篇论文（含英文）、28 项科研项目（包括 3 项国家级项目、15 项省部级项目）。

（二）研究生课程开发和教学

在课程开发和教学方面，主要是由世贸组织秘书处和国际著名大学帮助上海对外经贸大学进一步开发 WTO 方向研究生课程、贸易政策课程以及其他与世贸组织有关的课程，并建立世贸组织寄存图书馆（第一家为国家图书馆）和资料中心。讲席还与业内研究生项目权威机构西班牙巴塞罗那大学和瑞士世界贸易学院建立了合作。在第一期讲席建设中，上海对外经贸大学讲席共开发出版了 4 本教材，并选送 5 名研究生到世界贸易组织秘书处实习，并有 10 余位研究生同学前往瑞士伯尔尼大学、瑞士洛桑大学、西班牙巴塞罗那大学等国外大学攻读学位，或前往美国普度大学、美国乔治城大学、香港大学、香港中文大学等进行短期培训。

（三）信息传播、学术交流等外展活动

讲席院校还需加强与世贸组织讲席计划下的其他学术机构的学术合作，这些合作包括联合研究、讲学和互访交流的合作协议等。

讲席主持人每年参加美国乔治城大学法律中心举办的 WTO 法与政策年会；在信息传播方面，上海对外经贸大学每年召开全国 WTO 专业方向研究生暑期学校；每年召开中国 WTO 争端解决机制研究中心年会。在第一期讲席建设中，上海对外经贸大学成为了若干国际学术组织和机构成员，包括联合国贸易和发展会议虚拟学院（成员）、日内瓦国际贸易与可持续发展中心（中国合作伙伴）、联合国亚太经社理事会亚太贸易研究和培训网络（成员）等，并受世界贸易组织援助建成"WTO 资料中心"，包括纳入全球"WTO 资料中心（RC）"网络、建设中国 WTO 资料高校托管（保存）中心、提供 WTO 相关信息和数据、建立 WTO 数字学习中心、WTO 资料中心学科馆员培训等内容。

上海对外经贸大学世贸讲席工作被前任总干事多次点名表扬，秘书处认为张磊教授领导的讲席工作是一个典型的成功故事。在上海对外经贸大学与世贸组织联合举办的"世贸组织 20 周年暨主题报告发布仪式"国际研讨会上，世界贸易组织易小准副总干事特别肯定了上海对外经贸大学作为讲席依托院校以及张磊教授作为讲席特聘教授在帮助发展中国家参与多边贸易体制中发挥的积极和重要作用。

世贸组织高度评价上海对外经贸大学世贸组织讲席成为中国 WTO 事务的"卓越中心"

2019 年 9 月 26 日，世界贸易组织（WTO）发布世贸组织讲席项目评估报告，上海对外经贸大学世贸组织讲席在此次评估取得了优异成绩，世贸组织称上海对外经贸大学两个世贸组织讲席计划承担单位贸易谈判学院和世贸组织讲席（中国）研究院锐意进取，晋身中国最重要的 WTO 研究和教学培训机构之列，在所有世贸组织讲席中成果最突出，作为中国 WTO 事务卓越中心（center of excellence）实至名归。

世贸组织采取公开招标邀请第三方评估机构实地评估和国际同行评议的方式对全球 19 个世贸组织讲席计划进行总体绩效评估。4 月中旬，英国评估机构对上海对外经贸大学实施第三方实地评估。评估方实地考察了上海对外经贸大学世贸组织讲席（中国）研究院和贸易谈判学院，与世贸组织讲席管理团队进行了座谈，考察了论文发表和课程设置情况，抽查了校友就业情况，与部分在校研究生和毕业研究生进行了座谈，并访问了中国有关高校、研究机构和政府官员。

根据该评估报告，在中国讲席计划的执行期间（2014 年~2018 年），中国世贸组织讲席团队发表了 164 篇学术论文（不含决策咨询报告）；设立了世界贸易组织法硕士点、国际经贸规则本科专业以及国际商务硕士项目（国际经济组织方向，与国际经贸

学院合作）；在信息传播和国际合作方面，举办了 100 多场学术讲座和论坛，与比利时布鲁塞尔自由大学合作培养法学（国际经济法方向）博士并与比利时外交学院合作开展硕士研究生互换交流，与本领域旗舰学校瑞士伯尔尼大学世界贸易学院签署了合作协议，目前已有 3 名研究生在该校就读；成为联合国贸发会（UNCTAD）虚拟学院成员和联合国亚太经社理事会贸易培训网络（ARTNeT）成员，并实质性展开了合作。

世贸组织最终评估报告指出：上海对外经贸大学贸易谈判学院和世贸组织讲席（中国）研究院已晋身中国最重要的 WTO 研究和教学培训机构之列，这一点在中国和亚太地区内得到了公认；在所有世贸组织讲席中成果最突出，特别是在成果发表和信息传播方面，并且在中国公共部门和私营部门中的重要性得到了显著提升；规模不断扩大，逐渐涵盖了 WTO 全部技术领域。世贸组织讲席（中国）研究院已成为上海乃至全国卓越的 WTO 研究机构，并与各级相关政策制定者有着定期、积极和持续的接触；对中国贸易政策的影响取得了显而易见的效果（例如竞争政策改革、世贸组织改革等）。中国讲席信息传播方面的活动得到了包括高层人士在内各方的广泛参与和赞赏。

据悉，世贸组织正在积极推进新一轮世贸组织讲席计划。贸易谈判学院和世贸组织讲席（中国）研究院已经着手制定新的中国讲席计划规划方案。

附录2 上海高校智库上海对外经贸大学 国际经贸治理与中国改革开放联合研究中心

Shanghai University of International Business and Economics
Shanghai Center for Global Trade and Economic Governance（SC-GTEG）

上海对外经贸大学国际经贸治理与中国改革开放联合研究中心（以下简称"智库"）成立于2013年，是上海市教育委员会批准设立的首批高校智库之一。智库致力于建设具有较大影响力和国际知名度且具有中国特色、中国风格、中国气派的高端智库，推动科学决策、民主决策，推进国家治理体系和治理能力现代化、增强国家软实力。

智库聚焦国际经贸治理领域，以中外合作为基础，以世界贸易组织讲席（WCP）为学术支撑，集合了世界贸易组织（WTO）、联合国贸易和发展会议（UNCTAD）、国际贸易中心（ITC）等国际组织、研究机构的研究力量，与国际学者、国际组织、国际智库的研究保持同步，为我国实行更加积极主动的开放战略、完善互利共赢、多元平衡、安全高效的开放型经济体系和参与国际经贸治理献计献策。

目前，智库不仅实现了实体化的管理机制，建立起一整套规章管理制度，还在决策咨询、战略研究、国际交流和社会影响方面取得了诸多突破。

在制度建设方面，学校专门制定《上海对外经贸大学非常设科研机构（智库）管理办法》，对智库的设立、审批、管理、考核等进行专门规定，建立实体化管理机制。智库同时制定了《理事会章程》、《特聘研究员管理办法》和《与企、事业、机关等单位互派人员挂职的管理办法》等11项具体规定，建立成果年度发布和专报制度，并成立智库理事会和学术委员会，通过制度化方式制定中长期发展规划和确定研究方向。智库目前已形成约30人固定研究队伍，并拥有10余位国外兼职研究专家，涉及经济学、法学、国际关系等多学科门类，开展交叉学科研究。

在决策咨询方面，智库对接国家有关部门，完成了多项定向发布的应急课题，报送了大量决策咨询报告，其中多篇报告得到有关领导的首肯和批示，还有多篇报告被有关内参录用。

在战略研究方面，智库围绕 WTO 改革、"一带一路"、大区域主义、自贸港区和国际贸易中心等下设 9 个研究室，形成专门研究团队。智库积极开展全局性、战略性和前瞻性研究，多次承接国家有关部门应急研究项目，受邀参加 G20 智库 T20 网络活动，参与 G20 峰会相关贸易议题研究。

在国际合作方面，智库参与我国唯一 WTO 讲席计划，智库主任张磊教授为我国唯一 WTO 讲席特聘教授，参与 WTO 学术管理。智库还吸引国际一流专家参与研究工作，并受邀参与国际组织技术援助，每年与国际机构联合举办学术研讨会。

在社会影响方面，智库标志性成果不断丰富，每年出版《中国世界贸易组织评论》和《国际经贸治理评论》等刊物，每月发布《国际经贸治理动态》，在《国际商报》等媒体开设"国际经贸治理"专栏。智库还被中国服务贸易协会授予"全国服务贸易创新研究基地"。2017 年，智库入选中国社会科学院中国社会科学评价研究院遴选的"中国智库综合评价核心智库榜单"；2018 年，智库入选"中国智库索引"（CTTI）高校智库百强榜单，成为全国"A 区高校智库"。

智库工作得到了我国商务主管部门、国际组织或国际同行的充分肯定。

图书在版编目（ＣＩＰ）数据

国际经贸治理评论/张磊主编. —北京：中国政法大学出版社，2019.8
ISBN 978-7-5620-9160-8

Ⅰ.①国… Ⅱ.①张… Ⅲ.①国际贸易—研究 Ⅳ.①F74

中国版本图书馆 CIP 数据核字(2019)第 200149 号

出 版 者	中国政法大学出版社
地 址	北京市海淀区西土城路 25 号
邮寄地址	北京 100088 信箱 8034 分箱　邮编 100088
网 址	http://www.cuplpress.com (网络实名：中国政法大学出版社)
电 话	010-58908285(总编室) 58908433（编辑部）58908334(邮购部)
承 印	固安华明印业有限公司
开 本	787mm×1092mm　1/16
印 张	10.75
字 数	229 千字
版 次	2019 年 8 月第 1 版
印 次	2019 年 8 月第 1 次印刷
定 价	42.00 元